DESIGNING YOUR NEW WORK LIFE

HOW TO THRIVE AND CHANGE AND FIND HAPPINESS—AND A NEW FREEDOM—AT WORK

スタンフォード式 人生デザイン講座

仕事篇

ビル・バーネット&
デイヴ・エヴァンス
千葉敏生訳

早川書房

スタンフォード式　人生デザイン講座
仕事篇

日本語版翻訳権独占
早　川　書　房

DESIGNING YOUR NEW WORK LIFE
How to Thrive and Change and Find Happiness
—and a New Freedom— at Work
by
Bill Burnett and Dave Evans

Translated by
Toshio Chiba
First published 2022 in Japan by
Hayakawa Publishing, Inc.
This book is published in Japan by
arrangement with
The Marsh Agency Ltd., London,
acting as the co-agent for Idea Architects, California
through Tuttle-Mori Agency, Inc., Tokyo.

装幀／ 吉村 亮（Yoshi-des.）

毎日、同じ時間に起き、着替え、仕事に向かう世界じゅうの労働者たちに捧ぐ――
世の中のために仕事をしてくれて、本当にありがとう。本書が、いま以上の目的意識、やりがい、楽しさをもって働く方法を見つけるのに役立つことを願ってやまない。まちがいなく、あなたにはその資格がある。

わたしの最高の子どもたち、イライザ、ケイシー、ベンに捧ぐ――
きみたちが人生をデザインし、一人前の大人として旅立っていく姿を見るのがなによりの楽しみだ。

――ビル・バーネット

デイヴ&キム、ロビー&クリッシー、リサ&ドニー、ゲイブ&ニコル、ロージーに捧ぐ――
わたしのライフデザインの最大の目標は、父親になること。充実した人生を送りたい、というわたしの切なる願いを叶えてくれたきみたちには、どれだけ感謝してもしきれない。きみたちや孫たちと一緒に人生のダンスをするのが、わたしのいちばんの喜びだ。

――デイヴ・エヴァンス

目次

第8章　仕事を上手に辞める

第9章　新たな仕事を探す

第13章

破壊的変化をデザインする　364

第14章 ひとりの人間として働く 408

最後に 幸せの〝許可証〟を手にしよう 434

※訳者による註は小さめの（ ）で示した。

まえがき　新しいワークライフを手に入れよう

これまで、わたしたちは二冊の本を書いた。

一冊目が二〇一六年刊行の *Designing Your Life*（二〇一七年に『ＬＩＦＥ　ＤＥＳＩＧＮ　スタンフォード式　最高の人生設計』として邦訳刊行、二〇一九年に『スタンフォード式　人生デザイン講座』として改題文庫化）で、二冊目が二〇二〇年二月二五日刊行の *Designing Your Work Life*（未邦訳）だ。

二〇二〇年二月末、マンハッタンで新著の刊行に向けたメディア・インタビューを受けていたときは、みんなの生活がこれほど一変するなんて、想像すらしていなかった。

数週間後、ニューヨーク州知事は、不要不急のすべての事業者に対して、通勤労働者の密度を平常時の五〇パーセント、続いて二五パーセント、ついには〇パーセントにまで削減するよう行政命令を出した。労働者の部分的な削減がはじまってから、完全な削減にいたるまでに、たったの三日間しかかからなかった。

同じことが、ニューヨークやカリフォルニアだけでなく、アメリカ全土、そして世界じゅうで巻き起こった。

学校は次々と閉鎖。失業率は急上昇。わたしたちの知る仕事は、永久にその姿を変えてしまった。

そう、わたしたちはパンデミックが起こる数週間前に、「職場で成功、変化、幸せをつかみとる」ための本を刊行してしまったわけだ。

わたしたちはパンデミック後のいまでも、「職場で成功、変化、幸せをつかみとる」ことはできると信じているし、本書の改訂前の版で紹介したツールはすべて価値があり、役に立つと確信している。反面、だれもがそれ以上の内容を求めていることもまた、よくわかっている。

そこで、わたしたちがマンハッタンで二作目の著書の刊行インタビューを受けてから一年近くがたったいま、その二作目を改題し、ひとびとのパンデミック後の現状に合わせて内容を改訂することにした。

ようこそ、『スタンフォード式　人生デザイン講座　仕事篇』へ。

本書には、だれもが直面する新しい現実に対応するためのまったく新しいセクションをつけ加えた。

その新しい現実の名前とは？

破壊的変化《ディスラプション》だ。

すべてが変わってしまった。未来がどうなるかなんてわからないけれど、ひとつだけ確かなのは、これからの仕事や人生はこれまでとはまったくちがう姿になるだろう、ということ。

いままで以上に、この破壊的変化と向きあうための独創的で柔軟なツールが求められている。

そして、この混沌と変化には、とてつもなく巨大なチャンスが潜んでいる。永久に様変わりしてしまった仕事の世界のなかで、仕事や人生をデザインしなおすチャンスが。

あなたが企業の従業員なら、よりあなたのライフスタイルに合った働き方をする自由が手に入るだろう。あなたが管理者なら、より高い信頼、熱意、生産性をもって部下たちと仕事をし、成果を管理する、まったく新しい管理方法を学ぶきっかけになるかもしれない。そして、あなたが事業主やCEOなら、どのみちやってくる未来が加速していくことだろう。高額な賃貸オフィスは、インターネットと自宅兼オフィス（またはキッチン・テーブル、キャンピングカー）へと置き換えられ、世界じゅうの優秀な人材への仕事のシフト、事業費の急激な削減が起こるはずだ。

それでも、二〇一九年以前の人生から、二〇二〇～二一年のパンデミック後の人生への劇的な変化に戸惑っているひとは（あまりにも）多い。この変化に〝メリット〟と呼べるものなんてひとつもない、と感じているひともいるだろう。仕事を失ったひと。会社を失ったひと。業界部門をまるまる失ったひと。そういうひとたちからすれば、変化の多くが危機に感じられ、チャンスと思えるものなんてほとんどないはずだ。破壊の牙は、すべてのひとに平等に向けられるわけではない。あまりにも多くのひとびとが、苛酷な現実を受け入れ、つらい悲しみと向きあっている。とくに、コロナで愛するひとを失ったひとびとの気持ちを思うと、胸が締めつけられる。どんなにうまく見方を切り替えても、愛するひとを失った痛みは消えない。ただ、その喪失感となるべく建設的に向きあえば、きっと前に進む助けになると思う。本書では、そのためのデザイン・ツールも紹介したい。

前著でも述べたとおり、デザイナーは問題が大好きだ。そして、問題を受け入れないかぎり、問題は解決できない。わたしたちはいま、これまでとはちがう考え方が必要な、まったく新しい問題や変化に満ちた世界にいる。

いまこそ、もういちどデザイナーの考え方をとり入れる時だ。

わたしたちは、そんな混乱のまっただなかにいるひとびとに、少しでも手を差し伸べられたら、と思っている。

新しいアイデア、ツール、見方を提案できたら。

そして、全員の状況にぴったりと合う完璧なツールキットや、元どおりの暮らしに戻る簡単な方法なんて存在しないことはじゅうぶんにわかっているけれど、今回加筆した新たな章（第11～14章）では、こうした受難の時代を生き抜くヒントを提供できると信じている。ぜひあなたに合うツールを自由に選びとり、残りのツールも、それを必要としていそうなひとに勧めてあげてほしい。

ようこそ、破壊的変化のデザインへ。

ようこそ、あなたの新しいワークライフへ。

はじめに　職場で最高に輝ける自分になろう

本を書いた。

この本ではなく、別の本だ。読んだひともいれば、まだ読んでいないひともいるだろう。その本では、デザイン思考を使って人生をデザインする方法をお教えした。また、ソファから起き上がり、人生やキャリアの何通りものプロトタイプ（試作品）をつくる方法を紹介した。[1] そして、その本をベースにワークショップを開き、人生が大きく向上した何千人という読者の体験談を聞いた。そうしたひとびとの明かしてくれたエピソードの一つひとつが、本書の物語の血肉になっている。前著『スタンフォード式　人生デザイン講座』を読み、気に入ってくれたのは、転換期にいるひとびとだった。つまり、人生のターニングポイントに差し掛かり、次のステップで迷っているひとたちだ。次はどっちに進もう？　なにをしよう？　どんな人間になろう？　そんな迷いを抱えるひとびとのために、別の未来や、忘れかけていた夢を叶える方法をイメージする演習もおこなった。

前著のテーマはイメージ。

そして、本書のテーマはその実現だ。

よく、こんな感想をもらった。あなたたちの提唱する「冒険プラン《オデッセイ》」は本当に最高。でも、いまの生活から抜けだして、ビミニ島でスキューバ・インストラクターになるなんて、現実的じゃない。保険、住宅ローン、公共料金の支払い。就学中の子どもたちだって抱えているし[2]……。

そんなひとたちにせがまれたのが、別の種類の本だ。

それは、いまの居場所にいながら、職場で最高に輝くためのツールやアイデアを提供してくれる本だ。

見てみてほしい。今日《こんにち》の職場は絶えず流動している。企業がどんどん機敏になり、変化する市場に合わせてどんどん形を変えていくなか、職場はますます不安定になっていっている。この絶えず変化する仕事の風景のなかで、自分自身の幸せや成功を定義するのはますます労働者自身の責任になってきている。そしてまた、労働者に歩み寄り、絶えず変化する職場や市場に適応するための資源（たとえば本書）を提供するのは、賢明な管理者や企業の責任になってきている。しかし、本当に必要なのは、人間として変化し、成長していくなかで、自分の成功をくり返し創造するのに使えるツールなのだ（ますます増えつつある自営業者にとってはとくにそうだろう）。とりわけ、ミレニアル世代やZ世代の労働者たちは、やりがいがあり、世界に影響を及ぼしていると実感できる労働体験を強く求めている。

やりがいや影響力に満ちた日々を送りたいという願いは、万人共通なのだ。

その点、ほとんどのひとは、日々の大半を仕事に費やしている。そう考えると、わたしたちがやりがいや影響力を求める第一の場所が職場なのは、不思議ではない。それなのに、ほとんどの仕事はひたすら単純作業や取引の連続で、ほとんどの管理者は仕事のやりがいや影響力について話したがらない。ところが、どうだろう。自分自身のワークライフのデザイナーになれば、上司や企業にあなたの望みどおりの仕事を形づくってもらえる。あなたが事業主なら、やりがいや影響力が手に入るまで、あなたの事業を何度も創造しなおせるだろう。ワークライフをデザインすることは、従業員でも事業主でもできる。デザイン思考はあなたのようなひとたちのためにあるのだ。あなたが給与明細を受けとる側なのか、発行する側なのかなんて関係ない。本書には、生きがいを高めるだけでなく、毎日の仕事により多くの楽しみをくみこむためのツールやアイデアがぎっしりとつまっている。

職場は変化していっているだけでなく、大きく構造を変えつつある。ギグエコノミー（ネットなどを通じて単発で仕事を請け負う働き方）、ＡＩ（人工知能）、ロボットは、実現しつつあるどころか、すでに社会構造へとくみこまれ、仕事の概念を一変させようとしている。賢く働くには、この新しいテクノロジーの現実のなかで成功するための心構えが必要だろう。本書では、この未来の職場に、クリエイティブなデザイナーのように対応するための実践的なツールをたくさん紹介していく。

あなたが前著『スタンフォード式　人生デザイン講座』をもう読んだなら、あなたの立てた「冒険プラン」がなんであれ、本書は楽しいワークライフを送るのに役立つ新たなデザイン思考のマインドセットをつけ加えてくれるだろう。前著をまだ読んでいないなら（または読んだが演習を実行していないなら）、本書を読むだけでも、きっとデザイン思考を用いて仕事をデザインし、週四〇、五〇、六〇時間の勤務時間を、より楽しく充実した時間へと変えることができると思う。もちろん、そのために転職したり、別のキャリアへと転身したりする必要なんてない。ただし、どうしてもそうせざるをえないひとびとのため、本書ではそのコツも紹介しているのでご心配なく。

さあ、いまこそ、ソファから起き上がって、仕事の行きづまりから抜けだそう。仕事で最高に輝けるあなたになるために！

仕事で「なにかがおかしい」と感じたら

三〇歳のボニーは、大学卒業後、五つの仕事についてきた。はじまりはいつも同じだ。明るい希望、興奮、どんな仕事なのだろうという期待感。ところが、最後はいつも失望が待っている。毎回、仕事にがっかりするのだが、その理由がわからない。そのたびに、「なんとなく合わなくて」と両親に説明し、家賃を借りるはめになる。仕事を辞める理由があいまいなことは自分でもわかっているけれど、「なにかがおかしい。でも、具体的になにがおかしいのかはわからない」ということ以外、どうしてもわからないのだ。

中間管理職のルイスは、ある中規模企業で一五年間働いている。毎日、電車で通勤し、八時一五分きっかりに職場に着く。彼が率いる営業チームは、きっちりと並べられたパーテーション・デスクに座って働いているのだが、調和が完璧に欠けている。部下たちを管理し、やる気にさせるのが彼の仕事だが、毎日、営業部門のフロアに足を踏み入れてあたりを見渡すたび、異国の地にやってきた観光客みたいな気分になる。

ここはわたしの会社じゃない。

みんなどうでもいい。

ルイスは五時一五分の電車で帰途につく。中学生の子どもがふたりいて、住宅ローンはやっと三分の一ほど返済したばかりだ。帰りの電車のなかで、窓ガラスに頭をもたれながら、通り過ぎていく街並みを見つめる。頭のなかでは、トーキング・ヘッズのある曲の歌詞が何度もリピートしている。

「そうしてきみは自問する。〝うーん、いったいどうしてこうなった？〟」（「Once in a Lifetime」の歌詞）

医師のマリーは、医学界の頂点に立っている。まちがいなく退屈してはいるが、医師としての華々しいキャリアを捨てる気はない。ラジーブは、大好きな仕事についているが、やることが多すぎて、時間が足りない。もう、いっぱいいっぱいだ。ブルースは、アプリを使った配車サービスで運転手の副業をしている。仕事の予定を自由に立てられるところは気に入っているが、安定した収入や明確な出世コースがある〝まともな仕事〟でないところが玉に瑕《きず》だ。あるハイテク企業の人事部門を率いるジェニファーは、部下たちのやる気と生産性が低いのはわかっているが、そういう従業員を手助けする方法を習ってこなかったので、勤務評定で悪い評価をビシビシつけてお茶を濁している。

いま紹介したひとたちは、みんな職場に不満を抱えている。そして、自分の仕事について語れるような苦労話も抱えている。わたしには向いていない。この仕事はわたしに合わない。状況を変えたりなおしたりするのはたいへんすぎる。でも、仕事をこのままつづけるべきか、辞めるべきかがわからない。次はどうすればいい？

行きづまり思考↓この職場はわたしには合わない。

こう考えなおそう↓（ほとんど）どんな職場でも、あなたが輝くことはできる。

仕事にやる気を感じないひとはこんなに多い

あなたが週に四〇時間、年間五〇週（残りの二週間は〝アメリカ式〟のケチな休暇）、四〇年間働いたとしよう。すると、合計八万時間以上は働いたことになる。週に平均五〇時間以上を五〇年間以上なら、合計一二万五〇〇〇時間以上だ。仕事ほど、あなたの時間とエネルギーを吸いとるものは人生にないといってもいいくらいだ。

それなのに、ギャラップの調査では毎回、アメリカの労働者の約六九パーセントが仕事にやる気を感じていないという結果が出る（この割合は、単純に「やる気を感じない（disengaged）」ひとと、怒りや不満を抱くくらい仕事を「積極的にきらっている（actively disengaged）」ひとの合計）[3]。全世界で見ると、人生の大半を捧げる職場に不満を感じている労働者の割合は、なんと八五パーセントにもおよぶそうだ[4]。そうした労働者たちは、笑顔で通勤することなんてありえないし、仕事を「退屈でつまらない」と表現することが多い。それは、退屈な事務作業をするオフィスワーカーや、くり返しの多い肉体労働につくブルーカラー労働者、地元のハンバーガー・チェーンで延々と同じ作業をくり返すファストフード店の労働者だけではない。全国のライフデザインの講演やワークショップで、男性、女性、若年、中年、壮年、未婚者、既婚者、離婚者を問わず、多くの教師、ＣＥＯ、コーチ、医師、歯科医、農業従事者、銀行家、美容師、投資専門家、司書、軍のヘリコプター・パイロット、理学療法士、トラック運転手、官僚、弁護士（とくに多い）などから、同じ話を聞かされてきた。

　いまの仕事が好きじゃない！

　先ほど話したとおり、労働者のやる気の低下は世界的な問題だ。アメリカ以外の国々では、状況はもっとひどい。日本では、労働者の九三パーセント以上がやる気を感じないと申告している。[5] 日本語には、こうしたひどくつらい仕事に関連する特別な単語があるほどだ。「会社の家畜」や「会社の奴隷」を意味する「社畜《しゃちく》」、または「会社の犬」という言葉があるし、「過剰な労働による死」を意味する「過労死」という単語まである。長時間労働や厳しい労働条件に耐えきれなくなった労働者による自殺も目立って多い。

　そう考えると、あなたはまだましなほうなのかもしれない。世の中にはずっとひどい状況に置かれているひともいるからだ。第一、会社の家畜みたいな気分を味わいたいひとなんて、どこにいるだろう？

　ひとびとが仕事に不満を感じる理由は十人十色だ。

「仕事がつまらなすぎる……」

「上司が細かく口を出してくる……」

「会社がフィードバックをくれない……」

「キャリアの選択をまちがえたと思う……」

気持ちはわかる。でも、わたしたちがぜひ伝えたいのは、その仕事はあなたが思うほど悪くないかもしれない、ということだ。仕事があるなら、まずそれだけですばらしい第一歩だ。あなたは幸運なひとりだと考えるべきだろう。少なくとも、ささやかな安定と、ささやかな収入、そしてデザインしなおす場所があるわけだから。世の中には、その日暮らしをしているひとも多いし、労働統計で「長期失業」に分類されるひとたちもいる。これは厳しい立場だ。幸い、本書には、どんな状況にいるひとびとにも役立つアイデアやツールがつまっている。

まだ仕事についていないひとも、本書で紹介している便利なツールの数々を使えば、きっとすばらしい仕事が見つかるだけでなく、その未来の仕事を、スキルを高め、社会に貢献し、次になりたい自分へと成長していく場にできる。

わたしたちの哲学とはこうだ。あなたの人生や仕事をデザインするのはあなた自身だし、デザイン思考を使えば、あなたの人生や仕事をずっとすばらしいものに変えられる。あなたに対する上司の反応や、あなたの仕事の体験を大きく変えられるし、あなたの会社の社風に影響を及ぼすことまでできるかもしれない。職場で輝く方法をデザインしたり、みんなにとってよりよい職場をつくりだしたりすることなら、だれだってできる。そしてなによりの朗報は、それは思うほど難しくない、ということなのだ。

行きづまり思考↓わたしは機械の歯車。
こう考えなおそう↓わたしは機械に影響を及ぼせるレバー。

さらに、こう考えなおそう↓わたしは機械じゃなくて人間。わたしにだって、クリエイティブで楽しい仕事をする資格があるはず。

デザイナーの六つの考え方を身につけよう

さっそくあなたのワークライフをデザインする（しなおす）前に、ひとつ準備がいる。まずは、デザイナーの考え方を身につけよう。その方法はこのあと説明するが、ワークライフをデザインするにあたって、まずはとりわけ重要なポイントを押さえてほしい——デザイナーは前進の道を考えるのではなく、築くのだ。そして、そのためには、デザイナーのマインドセットを理解し、養っていく必要がある。一冊目の著書で、デザイン思考の五つのマインドセットを紹介したのを覚えているだろうか？　本書ではその五つに加えて、六つ目のマインドセットを紹介する（ボーナスとはいえ、とても重要だ）。そのマインドセットとは、「好奇心」「行動主義」「視点の転換《リフレーミング》」「認識」「過激《ラディカル》なコラボレーション」と、ボーナスである「物語」の六つだ。

興味をもつ（好奇心）

人間、仕事、世界に興味をもとう。デザイナーはつねに初心を忘れず、「なぜ？」と問う。好奇心をもつことは、人間の自然な状態であり、なにかをはじめたり、実世界に飛びだしておもしろいひとびとと出会ったりするためのエネルギー源になる。「好奇心」は、デザイナーのいちばん重要なマインドセットだ。好奇心は探求や行動の原動力であり、ほとんどのデザイン活動の出発点になるといっていい。だから、理性的で疑り深い自分は家に置いて（理性は、あとですばらしい選択肢の数々を評価するときに活躍する）、好奇心をもとう。外にはものすごくおもしろい世界が広がっているから！　そして、あなたが人間やモノに心から興味をもてば（つまり好奇心をもてば）、相手も喜んであなたと交流してくれる。おもしろがっているひとはおもしろい、と覚えておこう。

やってみる（行動主義）

「行動主義」は、あなたの好奇心や疑問を実世界での行動に変えるステップだ。前著『スタンフォード式　人生デザイン講座』では、会話や体験のプロトタイプ（試作品）をつくる方法を紹介したが、本書では、あなた自身の未来へとそっと近づき、あなたに合う仕事や人生を発見する方法をさらにたくさん紹介していく。このマインドセットをもてば、やること、話す相手、試したい体験でいつもいっぱいな状態になる。本書では、なにかを「やってみる」ためのさまざまな戦略を紹介していこうと思う。行動主義のマインドセットをもつデザイナーは、つねに前進の道を築き、仕事や人生でなにが自分に合っているのかを発見していくのだ。

問題を別の視点でとらえなおす（視点の転換《リフレーミング》）

「視点の転換」は、重要な考え方のひとつで、視点の転換が上手になれば、二度と行きづまることなんてなくなるだろう。デザイナーはつねに、与えられた問題を別の視点からとらえなおそうとする。最初に与えられた問題が本当に解決すべき問題そのものであることなんて、めったにないからだ。本書では、「行きづまり思考」と呼ばれる、厄介な仕事の問題を中心に話を進めていく。行きづまり思考とは、あなたが抱えているまちがった信念、役に立たない信念、行きづまりを生んでいる信念のこと。つまり、あなたにとってうまく機能していない、仕事や人生にまつわる思いこみだ。本書では、こうした行きづまり思考をとらえなおし、実行可能な課題へと変える方法を紹介していく。あなたもぜひ、視点の転換のスキルを磨いてほしい。これは問題解決能力を高めるのに欠かせないマインドセットだからだ。「的確に定義された問題は、なかば解決されている」という古い表現があるが、「視点の転換」は、解決すべき的確な問題を定義するための方法だ。きっと、あなたが仕事や人生で抱える難題にぴったりの解決策が見つかるだろう。これはかなり重要な考え方なので、第3章をまるまる使って、その方法を解説しようと思う。視点の転換は、デザインのスーパースキルのひとつと呼んでいいだろう。

デザインはプロセスだと理解する（認識）

デザイン思考では、実際にアイデアをどんどん生みだしていく場面がある。「アイデア創造（ideation）」と呼ばれるこの段階では、思考を発散させて（広げて）、よいアイデア、悪いアイデア、ぶっとんだアイデアも含め、手当たり次第にアイデアを探していく。その一方で、あなたが試してみたいと思うひとつのプロトタイプや視点へと、思考を収束させる（狭める）場面もある。この段階では、あなたが検証したい適切な疑問や具体的なアイデアへと目を向ける。この発散《フレア》と収束《フォーカス》というデザイン思考のふたつの段階は、根本的に性質が異なる。だからこそ、優秀なデザイナーは自身のプロセスに細心の注意を払うようになるのだ。思考を発散させるべきなのはいつなのか？　逆に、収束させるべきなのは？　どんどん疑問を挙げていくべきなのはいつなのか？　集まったデータを受け入れて、前に進むべきなのは？　あなたがデザイン・チームの一員なら、その時と場合を判断するのはとくに重要になる。前進しようとするなら、全員で同じ方向に進む必要があるからだ。さらに、プロセスに注目することで、すべての段階を踏み、共感のための調査やアイデアの創造を完了し、正しい判断を下す準備が整った、という安心感が得られるだろう。

助けを借りる（過激《ラディカル》なコラボレーション）

仕事の体験をつくり替えたいと思うなら、家にじっと座って、いつまでも考

えにふけっていてはいけない。業界全体や労働者たちと交流し、助けを求めよう。わたしたちは、この助けを求めるステップを、「過激なコラボレーション」と呼んでいる。これと「行動主義」をくみあわせれば、すばやい学習、豊富な機会のプロトタイプ、人生が変わる体験へとつながっていく。大事なのは、実世界に飛びだし、あなたにとって興味のある物事をしているひとびととたくさん話すことだ。これがあなたのデザイン調査《リサーチ》にあたる。さらに、過激なコラボレーションをおこなえば、あなたはひとりではないこと、多くのひとたちが同じ疑問や悩みを抱えていることがわかる。テーマが仕事ならなおのことそうだ。デザインは共同作業のプロセスであり、ほかの人が最高のアイデアを握っていることも多い。だから、ただ助けを求めればいいのだ。わたしたちの経験上、あなたが世界に手を伸ばせば、世界は手を差し出してくれる。たったそれだけで、すべてが変わるのだ。

あなたの物語を伝える（物語）

最後が、ボーナス・マインドセットの「物語」だ。「あなたの物語を伝える」というマインドセットをとり入れたとたんに、あなた自身の会話や体験を振り返る機会をつねに探すようになる。そして、あなたの物語へとまわりのひとびとを引きこむ新しい方法をつねに探すようになる。だれだっておもしろい話は大好きだし、好奇心、行動主義、たくさんのプロトタイプをつくる意欲があれば、伝える物語が不足することはないだろう。上手に物語を伝える能力は、学習によって身につけられるし、いったん身につけてしまえば、物語はほかのひとびとと交流し、仕事や人生のデザインを前進させる主要な手段のひとつになるだろう。そして、あなたが声を上げれば、おもしろいことが起こる。こんどは世界のほうが声を上げ、新しい友情、仕事の機会、クリエイティブな目標達成の方法という形で、物語を伝え返してくれるのだ。先ほどの「好奇心」のセクションで、「おもしろがっているひとはおもしろい」という話をしたのを覚えているだろうか？　これは正しい。その一方で、「おもしろいひとはおもしろい」というごく当たり前のこともまた正しい。「物語」のマインドセットの根底には、この考え方がある。心からの好奇心と上手な物語、そのふたつをくみあわせれば、あなたにとって強力なコンビが手に入る。ただし、世界にお返しをもらう前に、まずはあなたが声を上げ、物語を伝えること。その方法を紹介しよう。[6]

物語があなたの人間的魅力を高める

この「物語」という新しいマインドセットをとり入れると、いったいどうなるのか？　物語《ナラティブ》という人間の体験のもつ信じられないくらい強い力を活かせるようになるのだ。物語は人間の進化の自然な要素だ。物語を通じて、わたしたちは自分の体験や人生に意味を与えたり、お互いにつながりあったりできるからだ。イングランドのバーミンガム大学の哲学教授、リサ・ボルトロッティは、物語の能力が人間の性的魅力を高め、生殖のチャンスを高める、とまで指摘している。また、クレアモント大学院大学の神経経済学研究センター所長のポール・J・ザック博士の研究によると、「深く没入してしまうような物語は、聞くひとの態度、意見、行動を変える力をもっている」という。[7] とくにあなた自身に対して、新しい物語を語りかけることは、仕事の体験を変える強力な手段になりうるのだ。

原始人たちが新しい技術である火を囲み、石のうえに座って物語を交わしはじめたのは、おそらくそういうわけだろう。そして、人類はそこで止まらなかった。火のまわりであれ、オフィスのコーヒーメーカーの前であれ、子どものサッカーの試合の観戦席であれ、楽しい物語やその語り手は、いつだって歓迎される。本書では、そんな人間になる方法を紹介しようと思う。

ぜひあなたも、物語を語って、もっと魅力的な人間になろう。

いま、あなた自身の人生の物語に不満があるとしても、ご心配なく。わたしたちは、あなたの望みどおりのワークライフをデザインし、その過程であなたの人生の物語を書き換えるお手伝いがしたい。好奇心を伸ばし、いろんなことを試して、行動主義のマインドセットを養う後押しがしたい。そして究極的には、あなたの仕事がなんであれ、あなたに情熱的でクリエイティブな働き手になってほしい。事実、仕事に根本的な不満があるとしたら、人生に根本的な不満があるのと同じことだ。

それじゃ、人生は楽しくない。

あなた自身の仕事やワークライフに満足できるようになってほしい。そして、この世界には、もっと幸せで、やる気のある働き手がたくさん必要だ。

本書全体を通じて、わたしたち自身の物語を紹介していく。また、読者、ワークショップ参加者、そしてライフデザインの考え方やツールを用いて仕事、キャリア、企業をデザインしなおしてきたひとびとの物語も紹介しようと思う。職場で最高に輝く方法を見つけた、あなたと同じようなひとびとの物語を。それから、生産的で、情熱的で、やりがいに満ち、楽しいワークライフをデザインする方法も紹介していく。

将来、あなたは必ず仕事を楽しめるようになる。あなたに必要なのは、そんな未来にそっと近づく方法を知ることだけ。

さあ、いよいよ仕事のデザインをはじめよう。

第1章　まだ着かないの？

行きづまり思考↓じゅうぶんなくらいじゃ満足できない。もっと。
こう考えなおそう↓いまのところは、これでじゅうぶん。

スタンフォード大学のデザイン・スタジオには、「あなたの現在地《ユー・アー・ヒアー》」という看板が掲げてある。わたしたちは、この看板が好きすぎて、一冊目の著書に大きく写真を載せたくらいだ。この看板の言いたいことはシンプルだ。行き先を決める前に、まずは現在地を知ること。現在地を知り、受け入れてはじめて、目的地までの道のりをデザインできるようになる。

しかし、「まだ着かないの？《アー・ウィー・ゼアー・イエット》」という言い方だとどうだろう？　だいぶ印象がちがってくる。この言葉には、現在地への不満が見え隠れする。長い自動車の旅で、後部座席の子どもがよくする質問だ。

「まだ着かないの？」
「もう着いた？」

「いまどこ？」

「いつになったら着くの？」

「ま・だ・着・か・な・い・の？」

この家族での自動車の旅に、楽しいことなんてひとつもない。自動車は、「目的地に着く」とという目的のための、退屈な手段にすぎないからだ。目的地がどこであれ、家族が満足するのは目的地に着いたとき。ねえ、まだ着かないの？　つまんない！

わたしたちは家族のミニバンの後部座席に座っている不満げな子どもではないけれど、まるで不満げな子どもみたいな気分で、人生（とくにワークライフ）を送っているひとは、どれだけ多いだろう？

目的地に着くのをまだかまだかと待っている自分に気づくことは、どれだけ多いだろう？　わたしたちが待ち望んでいる楽園のような場所。ようやく心が満ち足り、幸せになれる場所。わたしたちは、よりよい仕事、もっとたくさんのお金、昇進を手に入れれば、いままでとはちがう楽園のような場所にたどり着ける、と信じてやまない。こんな思考にはまりこみ、自分自身を不幸のどん底へと追いこんでしまっているひとは、どれだけ多いだろう？　実際には、どこかにたどり着くことを待って人生を送っているかぎり、その先にあるのは「行き止まり」だけなのに。

ここで、あなたに伝えたい大事なことがある。あなたのワークライフの現在地がどこであろうと、あなたのしている仕事がなんであろうと、あなたにとってはそれでじゅうぶんなのだ――いまのところは。

ずっと、ではない。

いまのところは。

気休めじゃないかって？　そうじゃない。「いまのところは、これでじゅうぶん」というのは、本書で紹介する大きな視点の転換のひとつだ。こう考えたからといって、人生や仕事がこれ以上よくはならないとか、状況がずっといまのままだとか、あなたの学習や成長が止まる、とかいうことにはならない。その逆だ。心のなかの筋書きを「いまのところは、これでじゅうぶん」へと書き換えてやれば、心の外側にあるすべての物事を変えられるようになる。

しかし、現実を見てみよう。わたしたちの社会、メディア、文化、環境は、「これだけじゃ足りない」という声であふれている。あなたの頭のなかの声、あなたを他人と比べる声が、「みんなのほうが恵まれている。わたしにもっとこれがあれば、幸せになれるのに」としつこく語りかけてくる。あなたは、ほかのみんなのほうが自分にないものをたくさんもっている、と信じて疑わない。隣の芝生は青い、というやつだ。その声はあなたの頭のなかで永遠にループしつづける……。

つねに〝もっと〟を求めるこの思考は、わたしたちを不幸のどん底へと追いやり、わたしたちを半狂乱に追いつめることもある。もっとよい仕事、もっとよい車、もっとよい家、もっとよい街……。それをつねに追い求めているかぎり、走りつづけるのをやめられない。永遠に。この問題は、〝モノ〟だけにかぎらない。もっと平和を、もっと自覚を、もっと高潔さを……。これらを追い求めつづけて泥沼にはまってしまうことは、お金を追い求めつづけるときと同じくらい多い。確かに、お金よりは高貴な目標だが、イライラや絶え間ない不満にまっしぐらであることに変わりはない。この「まだ足りない」「もっとほしい」「これだけじゃ満足できない」というマインドセットは、人生のほとんどのものを台無しにしかねないのだ。

心理学者たちは、より多くを求める絶え間ない欲求のことを、「ヘドニック・トレッドミル（快楽の回し車）」と呼んでいる。本書の文脈でいえば、新しい体験や新しいモノを得ることの中毒になるプロセスがそうだ。そして、中毒になると、新たな〝ハイ〟を体験するたび、脳内の快楽物質が大量に放出されるのだが、満足感はすぐに収まり、次の〝一服〟がほしくてたまらなくなる。そして、このハイの山は毎回少しずつ低くなっていくので、もっと大きなハイ、もっと気持ちよいハイを必死に求めて、快楽の回し車のうえをどんどん速く走らざるをえなくなっていく。しかし、問題は、初回の〝ハイ〟を再現することは二度とできない、という点だ。新しいモノを手に入れるたび、新しい体験をするたび、しばらくは最高の気分になるのだが、次第にその気分は薄れていく。〝もっと〟を求める戦いに、勝ち目なんてない。どうか信じてほしい——この回し車の旅は、ほとんどろくな終わりを迎えないのだ。

つまり、本当に大事な疑問とは、「あなたにはどれだけのお金、時間、権力、影響力、生きがい、地位、老後資金、［あなたがもっとあればよいと思うものをこの空欄に記入］があるか？」ではないのだ。

真に問うべき疑問とはこうだ。「いまの調子はどう？」

ライフデザインを知らないひと、つまり「これだけじゃ満足できない」という思考の泥沼にはまりこみ、現状になんとなく不満を抱えているひとなら、そう訊かれるたび、「いまひとつ。いつになったらゴールするんだろう？」と答える。

しかし、ライフデザイナーなら、同じ質問にこう答えるだろう。「上々だよ。もちろん、まだ物事に感謝する習慣を養いつつあるところだし、健康／仕事／遊び／愛のダッシュボード（『スタンフォード式　人生デザイン講座』第1章に登場した人生の評価ゲージ）をなんとかやりくりしている最中だ。それから、職場でもっと有意義な貢献ができないかと日々奮闘している。それでも、正直なところ、物事は順調だし、現状にだいたい満足している。必要なものは足りているし、いまのところは、これでじゅうぶんだ[1]」

大きなちがいに気づいただろうか。ライフデザイナーは、〝もっと〟という回し車を降り、「これでじゅうぶん」「これでいい」という知足の視点のなかで生きるすべを身につけているのがわかる。

世界の不幸の大部分は、自分がじゅうぶんすぎるほど多くのものをもっていると気づかないことから生まれる、という証拠が山ほどある。この不幸にはいろんな形があるけれど、たいていはこんな感情として現われる。

もっとお金がほしい
もっと認められたい
もっと社会的な地位がほしい
もっとインスタグラムのフォロワーがほしい
もっと楽しみたい
もっと、もっと、もっと……

では、あなたが行き着くあてのない快楽の回し車に乗っていることを示す警告サインとしては、どんなものがあるだろう？　あなたが真新しいソファに座り、大画面テレビを観て、出力一〇〇〇ワットの7・1チャンネル・スーパー・サラウンド・サウンド・システムで大音量の音楽をかけているのに、ふと孤独を感じたのなら、警告サインだ。ソーシャル・メディアにアップロードする前に、一時間かけて写真をレタッチし、自分を実際以上のリア充に見せかけようとしているなら、警告サインだ。そして、なにかを買おうと地元のショッピング・モールにやってきたのに、買いたいものがひとつも見つからず、死ぬほど退屈で、「どうしてこうなったんだろう」「こんなことをしてなんの意味があるんだろう」と考えながらうろうろしている自分にふと気づいたなら、警告サインだ。

そんなときは、コンピューターの電源を切り、スマートフォンをサイレント・モードに切り替えよう。近くの砂浜、森、夕日の名所までランニングし（歩くのではなく）、一息ついて、あたりを見回そう。そして、生きがいを感じられるように、友人、家族、愛する人を一緒に連れていこう。これこそがリアルであり、本物の人生なのだ、とときどき思い出す機会をつくるのは、いい考えだ。

この二〇年間で、マーティン・セリグマン、ミハイ・チクセントミハイ、ダニエル・ゴールマンらによるポジティブ心理学の研究が進み、幸せは「より多く」を得ることからは生まれないことが証明されてきた。宝くじ当せん者の研究によると、その幸運な金持ちたちは、一年やそこらもしないうちに、幸福度が当せん前と変わらない水準まで低下してしまうそうだ。[2]また、幸せなひとびとは、自分に不要なものを手に入れようとして時間をムダにするかわりに、いまある状態を楽しんでいることも研究で証明されている。現状を楽しむすべを身につけることが、幸せな人生を送るひとつの秘訣だというのは、研究によってじゅうぶん明らかにされているのだ。

幸せな人生を送るもうひとつの秘訣を明かしたのが、欧米社会の成人発達に関する史上最長の縦断研究の一部をなす、ハーバード大学のグラント研究（Grant Study）だ。[3] この七〇年超にわたる研究で、幸せと、収入、社会的地位、その他の外的な成功の指標とのあいだに、相関関係は見られないことがわかった（もちろん、生計を立てられる程度の稼ぎがあり、基本的なニーズは満たせるという前提での話だが。その最低ラインさえ満たせば、お金はあまり重要でない、と科学は言っている）。むしろ、人生に生きがいを与え、幸せと寿命を最大にするのは、人間関係、つまりあなたが愛するひとや、あなたのことを愛してくれるひとなのだ。さらに、他者のためになにかをすることと、健康的で長寿な人生を送ることとのあいだにも、強い相関関係がある。グラント研究に携わった最後のハーバード大学の心理学者であるジョージ・ヴァイラントは、研究全体をこんな端的な文章でまとめた。

「幸せとは愛なり。以上」[4]

なので、熱中できる仕事をデザインする際には、こんなことを覚えておこう。わたしたちは人間であり、ほかの人間との関係性のなかでこそ最高の力を発揮する。人間関係、クラブ、教会、コミュニティ。実際に世界を回しているのはこれらだ。モノではなく人間との関係を築くことこそ、快楽の回し車から降りるひとつの方法なのだ。

「いまのところは、これでじゅうぶん」――この考え方は、成長や変化の余地を残しつつも、「変化のための変化」を目指したりはしない。〝もっと〟を優先したりもしない。あなたの人生になにが必要なのか？　あなたの人生になにを招き入れたいのか？　それをあなた自身でコントロールするための強力な視点の転換がこの言葉なのだ。

そして、これはいますぐ、この瞬間にでも、仕事の満足度を最大限に高める最高の方法といっていい。あなたの人生でほかになにが起きていようと、たったいま、「不幸でやる気のない労働者」に別れを告げ、いまある幸せを最大化することはできる。そのために必要なのは、あなたの見方をこう切り替えることだけだ——「いまのところは、これでじゅうぶん」

いまのところは、これでじゅうぶん——ガースの事例

ガースは、万全を期したつもりだった。業界について念入りに調べ、入社する企業を吟味し、組織内の適切な相手全員と話をした。面接はとんとん拍子で進んだ。空いた役職の前任の女性とは連絡がとれなかったけれど、彼が話をしたひとたちからは前向きな反応しか返ってこなかったので、彼は内定のオファーを受け入れた。こうして、彼は正式に同グループのマーケティング・マネジャーとなり、大手の電気通信会社でいくつかの製品ラインを担当することになった。最高の気分だった。

出社二日目、面接中ずっと連絡のつかなかった女性から、とうとう電話がかかってきた。

「連絡をとるのにすごく苦労しましたよ」とガースは切りだした。

「どうしてだかわからない？」と女性は答えた。

その瞬間、真新しいオフィスの真新しいデスクに座っていたガースは、胃がぎゅっと締めつけ

られるのを感じ、深呼吸をした。「いや、わかりません。どうしてでしょう?」
「口封じされていたのよ。この仕事がどれだけ最悪か、わたしが正直に伝えてしまうのを心配したんでしょうね。この仕事はイメージとぜんぜんちがう。やっと抜けだせて、せいせいしているところ」
女性が会社の裏話や、彼の引き継いだ厄介な社内政治の内情について詳しく説明するのを、ガースは黙って聞いていた。もちろん、彼女はその役職から抜けだせたことを喜んでいた。異動を望んでいたわけではないが、その地獄の仕事から抜けだせるなら、どこへだって行くつもりだった。そしていま、それがガースの新しい仕事になったのだ。

ガースは、気づけば最悪の役職についていた。彼はその新しい仕事が最高であるという確かな情報に基づいて、正しい選択をしたはずだった。得られる情報をもとに最善の判断を下したわけだ。重大な情報が意図的に隠されていたことが、あとでわかったのだから、彼自身はなにも悪くない。意思決定分析の生みの親とされるスタンフォード大学教授のロン・ハワードはこう言う。「意思決定の質と結果の質を決して混同してはいけない。ふたつはまったく別物だ。あなたにコントロールできるのは、調査の質と、それに基づく意思決定の質だけなのだ」。この意思決定についての重要な洞察は、覚えておく価値がある。もちろん、ガースにわかっていたのは、自分が厄介な状況に巻きこまれている、ということだけだった。

ガースは、電話を切るなり、がっくりとうなだれた。いったいどうすれば? 二日目に仕事を辞めるなんてありえない。つい先日パパになり、妻との新居を購入したばかり。あるのは請求書の山だけだ。この仕事の収入がなければ、家族を養うことなんてできない。第一、すぐに仕事を辞めた記録が履歴書に残ったとしたら、将来の雇用主になんと説明すればいいのだろう？　彼がこの役職についたことは、業界ですでに発表されている。新しい雇用主はきっと理由をたずねるだろう。経歴に傷がつく。この役職にとどまるべき理由はごまんとあった。

我慢するしかなかった。そして、しばらくすると、前任の女性の言っていたことは正しいとわかった――本当に最悪の仕事だったのだ。上司は、百歩譲ったとしても人好きのする男とはいえなかった。どんな面から見てもかなりまずい状況で、そのうち状況はもっとひどくなっていきそうな予感がした。

案の定、そのとおりになった。

ガースは選択を迫られた。

毎日、一分一分をみじめな気持ちで過ごすのがよいか？　ひどい判断を下した自分を責めつづけるのがよいか（ガースは意思決定の質と結果の質とのちがいに関するハワード教授の講座を受けたことはなかった）？　年じゅう、仕事、上司、会社の愚痴をこぼしながら、なんの打開策も練ろうとしない、典型的なダメ人間になるのがよいか？　それとも、見方を変えて、その仕事を「いまのところは、これでじゅうぶん」なものに変える方法を探すほうがよいか？　結局、彼はデザイナーが必ず真っ先にとる行動に従った。現状を受け入れ（「受容」のステップ、詳しくは第12章で）、ワークライフをデザインしはじめたのだ。

まず、ガースは毎日三時間おきに、エネルギーを充電するための休憩をとることにした。デスクから立ち上がり、会社の敷地内を散歩して、食堂でアイスクリームを買う。体重は増えたけれど、数時間おきに少しだけハッピーになり、ふたたびデスクに戻ったときにやる気満々な状態で仕事を再開できる方法を見つけたのだ。この定期的な休憩のおかげで、一日がさほどつらく感じなくなり、刑務所にいるような気分が少し和らいだ。

アイスクリームを買うだけなら、簡単に実践できる。これが解決策その一だ。

次に、ガースはその巨大で、広大で、複雑な会社を見渡し、聡明なひとたちからいろんなことを学ぼうと決めた。とくに、マーケティング部門以外の部署を訪れて、なるべく多くを学ぶことを決心したのだ。とりわけ、彼は営業部門と交流し、オンラインでの営業についてあらゆることを学んでいった。ふたを開けてみれば、営業部門に友人がいることは、マーケティングの仕事にも役立った。

仕事は相変わらず最悪だった。会社に約束された仕事とちがったからだ。それでも、彼は好奇心をもち、いろんなひとびとと話をはじめた。毎日、新しいことを学べたし、給料はそれなりによく、仕事はきっちりこなせたので、「いまのところは、これでじゅうぶん」という見方を実践するのは問題なかった。そして、一年半後、履歴書に傷がつかない程度の時間がたったところで、彼は転職を決意した。営業部門の友人たちからの前向きな推薦もあって、それまでよりずっとよい企業のもっとよい仕事へと転身することができた。最終的に、彼はすばらしい人間関係と、無傷の履歴書（と精神）を手に、成功を味わうことができたのだ。

ガースの助けになったのは、「いまのところは、これでじゅうぶん」という視点の転換だった。この視点をとり入れれば、あなたはもう、やる気のない労働者のひとりや統計データのひとつではなくなり、きっとあなた自身のワークライフのデザインをはじめられるようになるはずだ。

ここで、ひとつだけはっきりさせておきたいことがある。わたしたちは、自分自身にウソをつけとか、みじめな仕事で妥協しろとか、不満足な仕事に我慢しろ、と言っているわけではない。見方を変え、幸せに向かって歩みはじめるには、相手が変わるのを待っていてはいけない、と言いたいのだ。他人をコントロールすることなんてできないし、あなた自身の環境でさえ、ほとんどコントロールがきかないこともある（ガースに訊いてもらえばわかる）。ワークライフをデザインするには、まず現状を受け入れ、それからあなた自身の環境をデザインしなおす小さな方法を探すのがいいだろう。好奇心をもち、ひとびとと話をし、なにかをやってみて、新しい物語を語る。そうすれば、いつの間にかやる気やエネルギーがわいてくる。すべては、「いまのところは、これでじゅうぶん」という見方をとり入れることからはじまるのだ。

ずっと、ではない。

いまのところは。

どう呼ぶかではなく、どう見るかが大事

ひとつ断っておきたい。わたしたちは、物事の明るい面だけを見ろとか、「なにも問題ない」と思いこめ、と言っているわけではない。本当に最悪の状況だってありえるし、そういう現実を無視するつもりはない。「いまのところは、これでじゅうぶん」というのは、単なる呼び名の問題ではない。大事なのは、見方を変えることだ。

呼び名を変えるというのは、問題はそのままにしておいて、呼び方だけを新しくするにすぎない。腐った牛乳缶の側面に「ヨーグルト」と書いたからといって、味がおいしくなるわけではない。それと同じで、あなたの厄介な仕事の状況に、「これでじゅうぶん」という呼び名をつけたところで、状況がよくなったりはしないのだ。それはガースのしたこととはちがうし、わたしたちの勧めることともちがう。

どんなに状況が悪くても、その状況を最大限に活かそう、というアドバイスを聞いたことがあると思う。これは悪いアドバイスではないが、悪い状況を最大限に活かしたところで、悪い状況のなかにいることに変わりはない。問題の根本原因にたどり着いたり、状況を変える機会が生まれたりはしないのだ。ひどい状況をより明るく乗り切れるようにはなるし、それはそれでひとつの進歩だけれど、大きな進歩ではないし、長いあいだ継続するのも難しい。

視点の転換《リフレーミング》とは、状況に対する認識を一から構成しなおすことを意味する（もちろん、新しい視点を得るという意味でもある）。そうすれば、あなたの注目や行動のしかたが土台から変わる。うまくいけば、まったく異なる物語や体験が生まれるのだ。

このちがいを念頭に置いて、「いまのところは、これでじゅうぶん」という見方をとり入れたガースの事例を分析してみよう。まず、彼は現状を受け入れ、「仕事や上司から満足を得る」ことから、「優秀な社員たちと交流し、新しい物事を学ぶ」ことへと見方を切り替えた。また、自身の置かれた状況のなかから、雇用主（と彼自身）にとって本当に価値のある物事を探りだし、そこに目を向けた（彼の場合、マーケティング部門と営業部門が連携すること）。彼は最悪の仕事に楽しげな〝呼び名〟をつけたわけではない。自身の仕事に対するまったく新しい見方や視点

（の転換）をデザインしたのだ。おかげで、彼は「調子はどう？」という質問に、「順調だよ、ありがとう」と答えられるようになった。それは、現実への新しい見方に基づいた、本心からの答えだった。もちろん、仕事のつまらない部分はまだ残っていたが、現状を受け入れ、別の物事へと目を向けることで、彼は職場で輝ける自分へと生まれ変わったのだ。

ただし、毎回この方法がうまくいくとはかぎらない。わたしたちは現実主義者だし、「これでじゅうぶん」だなんてとうていいえない人生の時期があることは承知している。悲劇は起きる。愛するひとを失うこともある。楽しくない人生、傷つく人間関係、屈辱的で最悪な仕事だってある。腐りきった物事はあるし、どうにかして打開策を練らなければならないこともある。もしあなたが、仕事でひどい扱いを受けたり、差別されたり、不道徳な行為や違法な行為、またはその両方を強いられたりしているなら、急いで出口へと走ろう（歩くのではなく）。そんな状況に耐えつづけるには、人生は短すぎる。

でも、仕事がいまひとつおもしろくない、会社の社風がパッとしない（または社風自体が存在しない）というふうに、状況が最悪とまではいかない程度なら、もう少しがんばってみることをお勧めする。実は、つまらない仕事を楽しくするのに効果抜群な方法があるからだ。

少なくとも、「いまのところは、これでじゅうぶん」と思える程度には。

この「いまのところは」という表現は、希望を抱かせる。将来、もっとよい結果が待っているかもしれない、という希望だ。この希望こそが、プロトタイプづくりの余地を与えてくれる。ライフデザイナーはいつだって、目の前の状況や仕事の現実を受け入れ、見方を切り替え、「行動主義」のマインドセットを用いて、プロトタイプ（試作品）をつくり、そこから教訓を学びとっては、また同じことをくり返す。わたしたち筆者が「前進の道を築く」と呼んでいるこのプロセスは、ほとんどの状況で効果がある。これは、小さなステップを積み重ねて、最終的に大きな成功をつかみとるためのプロセスだ（悪くても、アイスクリーム中毒になるくらいですむ）。

ときには、「少し様子を見る」のが最良のプロトタイプの場合もある。わたしたちはいつだって焦りすぎる。少し時間を置くだけで、新たな可能性や前進の道が自然と開けてくることも多い。「これでじゅうぶん」というのは、つねにあなたの状況やニーズに対して相対的な概念だ。「いまのところは」というのもやはり相対的な概念で、刻々と変化していく。だが、よい方向へと変化することは、ほとんどのケースで可能なのだ。

そして、デザイナーの考え方を身につければ、選択肢が尽きることなんてない。ウソだと思うなら、ガースに訊いてみてほしい。

行きづまり思考↓最高のワークライフを手に入れるには、壮大な目標を掲げて、必死にがんばるしかない。

こう考えなおそう↓「いまのところは、これでじゅうぶん」と思えるための秘訣は、とにかく行動すること。ハードルを低く設定してクリアする、ということを何度もくり返せばいい。

ハードルを低く設定しよう

仕事が好きじゃない。上司といまひとつそりが合わない。仕事が退屈。評価が低すぎる気がする。オーバーワークだし、たぶんだれからも名前を覚えられていない……。直感的には、会社を辞めて、一からやりなおしたくなるだろう。そうして、一言の相談もないまま会社を去り、橋を燃やして退路をたってしまう。

それもひとつの方法だとは思う。

だが、その他多数の方法を紹介するのがこの本だ。

デザイン思考は、仕事を一変させ、すべてを変える力をもっている。あなたという人間も含めて。それが毎回、手軽にすばやくできると言うつもりはないけれど、きっと満足につながるし、実践するのはすごく簡単だと思う。確かに、行動を変えるのは難しい。行動主義や視点の転換《リフレーミング》といった、デザイナーの新しいマインドセットをとり入れ、日々実践するのは、そこまで簡単ではない。一、二の三のかけ声で、またたく間に考え方や行動が変わる、なんてことはありえない。とはいえ、ポジティブ心理学者たちの研究のおかげで、行動変容を少しだけラクにするコツについて、いくつかのことがわかっている。

新年の誓いは、年が明けてから三カ月以内に約九割が失敗する。[6] ダイエットの三分の二以上が失敗する。そして、購入から半年で、引きだしの奥にしまいこまれる歩数計やフィットネス用のスマートウォッチは数知れない。スタンフォード大学ライフデザイン・ラボ（通称dライフ）で、わたしたちはこの現象について調べた。行動変容は難しいので、ひとびとはがんばりすぎ、高い理想を追いすぎて、結局はほとんど失敗してしまう。多くのひとが不幸な仕事や状況に閉じこめられてしまうのも、同じ理由からだ。大きな変化が必要だと思い、行動を一気に変えようとして、失敗してしまうのだ。

　しかし、別の方法がある。名づけて、「ハードルを低く設定する」手法だ。

小さな目標を立てる

「ハードルを低く設定する」手法は、確固たる心理学研究や行動変容モデルによって裏づけられている。それらの研究やモデルによると、実行可能な小さなステップを積み重ねていくことが、新たな行動や習慣を確立する最善の道なのだという。[7]

　あなたがソファでゴロゴロしてばかりいる典型的なインドア派だとしよう。ある日、運動が心身の健康にとってよいことを示す研究を読み、ランニングをはじめると決意した。本当は、マラソン完走を目標にしたいのだが、高すぎる目標は失敗しやすい、という記事をどこかで読んだ。自分を変えたいし、せっかくなら成功させたい。さて、どうすればいいだろう？

　あなたはまず、これが自分の解決したい問題なのだという事実を受け入れる。次に、「行動主義」のマインドセットに従い、カレンダーをとりだして、最初の二週間の欄に、「一日五〇〇〇歩」という目標を書きこむ。スマートフォンの歩数計をオンにして、毎日、何歩歩いたかを記録する。これなら、かなり手の届きやすい目標だろう。ほとんどのひとは、どのみち一日五〇〇〇歩は歩くのだから。しかし、こうすれば毎日何歩くらい歩いたのかに気づく習慣ができる。気づくことは、行動変容の大きな一歩だ。運動に関する目標にとりくんでいるという事実を受け入れ、進歩に気づきはじめれば、確実に状況は変わりはじめる。

一週間、一日五〇〇〇歩の目標をクリアしたら、さっそくお祝いをしよう。ガースの場合はアイスクリームのご褒美だったが、あなたの場合はもう少し健康的な目標を立てたほうがいいかもしれない。お祝いは重要だ。変化を成し遂げた報酬として、脳にちょっとしたドーパミン分泌が起こるからだ。

そうしたら、目標を上げてみる。一日七五〇〇歩、次は一日一万歩。数週間、一日一万歩の目標をクリアしたら、目標を「毎日四〇〇〇メートル走る」に変えるのもいいかもしれない。二週間、最新の目標を達成するたび、あなたは少しずつ変わっていく。目標に届かなくても、問題はない。目標を設定しなおして、一からやりなおせばいい。ただし、アイスクリームはお預けだ。脳には失敗に対するペナルティーが必要なのだ。

その後の展開はもうおわかりだろう。ある時点から、歩くような速さながら、五キロを完走できるようになる。次は一〇キロ。そうすれば、少しずつマラソン完走が見えてくる。レースに参加を申しこめば、説明責任という名の強力なモチベーションが生まれる。友人とレースに申しこみ、当日必ず出場して一緒に完走すると約束すれば最高だろう。研究によれば、説明責任が生じると（この場合でいえば、レースに出場して一緒に完走すると約束すると）、目標を満たせる確率が跳ね上がることがわかっている。[8]

いつかはマラソンを走れるようになるだろうか？　なるかもしれない。しかし、ポイントはそこではない。途中で目標が変わるかもしれないが、それはそれでいい。半年くらいかけてそれなりの距離を走れるようになった時点で、マラソン完走はもうモチベーションの源ではなくなるかもしれない。重要なのは、あなたが確固たる変化の手法を確立した、という点なのだ。
まずは、ハードルを低く設定し、なにかにチャレンジしてみよう。

いま、仕事でうまくいっている物事に気づこう

前著『スタンフォード式　人生デザイン講座』では、自己認識のための「グッドタイム日誌」（熱中できる活動とエネルギーがわいてくる活動に気づくためにつける日誌）という基本演習を試してもらった。本書では、この演習の変化版である「グッドワーク日誌」を試してもらいたいと思う。これは、仕事で熱中できること、エネルギーがわいてくること、〝フロー〟状態になれることに気づき、記録するためのシンプルなツールだ。あなたのワークライフのなかで、うまくいっていることとそうでないことをしっかりと正確に把握するため、ぜひ数カ月間、毎日定期的につけてみてほしい。

基本原理はグッドタイム日誌と同じだ。仕事中のあなたの思考、感情、行動を観察して記録し、続いて仕事や職務について気づいたことを書き留めていく。その「気づき」には、仕事を「よい仕事」へと変える要因に関する研究に基づく、三種類のカテゴリーがある。

- 今日、わたしが学んだことは？
- 今日、わたしがやってみたことは？

・今日、わたしが手助けした相手は？

これらを書きだすことで、あなたが仕事について思っていることが、明確で具体的な形になる。書きだしたら、「気づく点は？」と自問してみよう。なにが思い浮かぶだろう？　こう考えれば、「今日はどうだった？」という質問に、型どおりの答え（「まあまあだった」）を返さなくてすむ。現状をより深くとらえられるようになるのだ。グッドタイム日誌やグッドワーク日誌のような演習は、あなたの人生でうまくいっていることとそうでないことを認識するのに役立つ。そうするうち、正しい方向に進んでいる感覚がわいてくる。そして、ハードルを低く設定し、うまくいっていることに気づき、少しずつ調整をくり返していけば、積もり積もって、あなたの仕事の体験が大きく変わるだろう。

以下に紹介するのが、グッドワーク日誌の例だ（ワークシートはすべて www.hayakawa-online.co.jp/designingyournewworklife/ からダウンロード可能）。毎日空欄を埋め、次の三つの質問に対する答えに〝気づく〟習慣をつけよう。

①今日、学んだことは？　一日や一週間を振り返り、「今日（今週）、学んだことは？」と自問しよう。あなたの知識に加わった、ちょっとした物事を探すといいだろう。大きなことでなくてもかまわない。新しく知ったプロセスや手順、パワーポイント・スライドのつくり方、経理部門のグラディスについての情報、なんだっていい。また、「学びほぐし《アンラーニング》」の内容も探そう。学びほぐしとは、新たな知識を獲得するのとは逆で、まちがいだとわかった知識を捨てること

曜日	今日、 学んだことは？	今日、 やってみたことは？	今日、 手助けした相手は？
月曜日	スプレッドシートでピボットテーブルをつくる方法を学んだ		
火曜日	経理部門のグラディスがはじめておばあちゃんになったことを知った		営業部門のジョンを助けた。コピー機に紙を補充した
水曜日		経理部門のグラディスのために「お祝いカード」をつくった	清掃員を助けた。カーペット・クリーナーをかけやすいよう、床のものをすべてわたしの机のうえに置いた
木曜日	値がプラスかマイナスかに応じて、スプレッドシート内のセルを塗り分ける方法を学んだ	来たときよりも休憩室をきれいにして帰った	
金曜日			経理部門のセリアに、条件を指定してスプレッドシート内のセルを塗り分ける方法を教えた
土曜日	自転車のホイールの調整のしかたを学んだ		自転車同好会の友人にホイールの調整のしかたを教えた
日曜日	携帯電話のカメラで写真を撮って小切手を預金する方法を学んだ。やった！　銀行に行かなくてすむぞ		パートナーに携帯電話で小切手を預金する方法を教えた

を指す。たとえば、あなたはずっとアメリカがロシアより大きいと思っていたのに、それはまちがいだと知った（ロシアのほうがアメリカより一・八倍面積が大きい）。ストロベリー・アイスクリームが好きなひとなんていないと思っていたのに（あなた自身がきらいだから）、実はバニラ、チョコレート、バターピーカンについで四番目に人気の味だと知った（バターピーカンが上位に入っているのも意外だが）。これが学びほぐしだ。科学的証拠によると、仕事が自分に合っていると感じるためには、毎日学びを得る必要があるそうだ。だから、毎日、その日に学んだことに気づこう。

②今日、やってみたことは？　仕事でなにかを創造したり、はじめたりする機会が多いほど、デザイナーの気分に近づける。あなた自身が率先して行動、変化、新しいやり方をはじめれば、心理学者のいう「生得的欲求」が満たせる。これは人間特有の欲求だ。そして、生得的欲求を満たせば、よりあなた自身の世界をコントロールできている気分になる。なによりの朗報は、なにかをはじめるのに、上司の承認なんて必要ない、ということ。あなた自身で完結できるちょっとしたことを選べば、なにかを生みだすことの心理的な報酬が得られるのだ。たとえば、同僚に贈る誕生日カードに寄せ書きをしてもらう、シフト終わりに休憩室を掃除する（第8章の「来たときよりもきれいにして去る」のセクションを参照）、とくに重要なセルを塗り分けてスプレッドシートを見やすくする、など。最低週一回、職場で新しいことをやってみるという目標を立てよう。きっと、見ちがえるほど気分がよくなるはずだ。そして、まちがいなく同僚たちがあなたの新しい活動に気づいてくれるだろう。

③今日、手助けした相手は？

他者を助ける価値については、れっきとした科学的証拠がある。先ほど述べたハーバード大学のグラント研究によると、他者のためになにかをすることは、長寿や幸せと非常に強い相関関係があるという。そして、なにかをはじめたいという生得的欲求と同じように、人間は心理学者のいう「関係性」への内発的動機づけをもつ。要するに、だれにでも他者の役に立ちたいという欲求があるのだ。なので、毎日、または最低週一回、同僚のためにしたことを記録しよう。同じく、小さなことでかまわない。たとえば、同僚の手間を浮かせるためにコピー機に紙を補充する。休暇中の同僚の植物に水をやっておく。スプレッドシートの厄介な塗り分けの問題を解決してあげる。夜勤のスタッフにコーヒーをもっていく。なんでもかまわない。こうした小さな行動の一つひとつが、オフィスで徳を積むことにつながり、いままで自分のなかにあると思ってもみなかった内発的動機づけを満たすのに役立つのだ。

章末の「やってみよう」パートに、「グッドワーク日誌」の演習を掲載しておいたので、ぜひ一カ月以上は日誌をつけつづけてみてほしい。あなたが学んだ新しい物事は？　職場の改善のためにはじめたことは？　同僚たちが仕事を楽しめるよう手助けしたことは？　この三つに気づきはじめれば、自然と仕事への満足度は高まっていく。なにより、この三つを実践しはじめるのに、だれかの許可なんて必要ない。あなたが起こそうとしている変化は、完全にあなた自身の手のなかにあるのだから。

まずは、「行動主義」のマインドセットをもち、ハードルを低く設定して、一週間の日誌づけが終わるたび、あなた自身にご褒美を与えよう。しばらくサボってしまったとしても、心配は無用。前回途絶えたところから再開し、ハードルを設定しなおして、また前に進めばいい。

ただし、バターピーカン・アイスクリームの食べすぎには要注意！

内省の時間をつくる

仕事を人生と切り離すのは本当に難しい。それは人生の多くの時間を仕事に費やすからだけではなくて、自宅と職場の自分があまり変わらないからだ（あなたがスパイや証人保護を受ける身でもないかぎり）。わたしたちの幸せや生きがいの源は、自宅と職場を行き来する。だから、人生のデザインは仕事のデザインであり、仕事のデザインはまた人生のデザインでもある。しかし、それを全体として振り返る機会は少ない。

あなたも「安息日」という言葉を聞いたことがあると思う。一週間に一日、仕事を休み、人生をより深く味わうためのユダヤ教の伝統のひとつだ。ほとんどの信仰や知恵には、一歩下がって内省にふけるというこの毎週の習慣と似たものがあり、わたしたちの体験を最大限に活かすのに役立っている。こうした伝統が、土曜日と日曜日からなる現代の〝週末〟の考え方につながったわけだが、残念なことに、現代では多くのひとが週末をたくさんの義務で満たしてしまっている。

そこで、週一回、仕事以外の日（多くのひとにとっては土曜日か日曜日）に、五分から一〇分だけでいいので、「七日目の内省」という演習をおこなってみてほしい。この演習を効果的におこなうためには、まず「内省」の具体的な定義と、わたしたちが内省に価値があると思う理由を説明しておく必要があるだろう。

内省は、仕事と人生の両方を豊かにするのに欠かせないステップだ。

内省とは、なんらかの思考や体験について「考える」「熟考する」「黙想する」という意味で、本書で内省というときには、特定のアイデアや体験へと、集中して静かに注目を傾けることを指す。

ライフデザインにおける内省には、次の二種類がある。

①味わい（セイバリング）
②洞察（インサイト）

ひとつ目の「味わい」とは、単純に、ある体験や思考へと立ち返り、ふたたび没入して、記憶しなおすプロセスだ。この作業は、体験や思考へと完全に注目できる場所、静かで快適な場所でおこなうのがいい。記憶や想像を膨らませて、あなた自身のペースで内省をおこなおう。なにかを味わうことは、それ自体に価値がある。大事なのは、価値のある物事へと意識を集中させ、邪魔を受けることなく、正直に見つめることだ。これが、人生からより多くのものを引きだすことの本質なのだ（人生をより多くのもので満たす、のではなく）。この「味わい」を通じて、あなたの体験を再現すれば、内省の対象全体をより深く味わうことができる。内省の対象は、社会的な体験、運動や仕事で成し遂げたこと、芸術との出会い、新しいビジネス・アイデアなど、なんでもかまわない。体験を味わうことによって、その体験は深みを増し、がっちりと記憶され、その体験がなぜ貴重なのかがよくわかってくる。するとどうだろう、たった数分間の投資で、人生からより多くのものを引きだすことができる――それも無料で！　もちろん、内省の内容を日誌に記録すれば、人生に生きがいを感じられる可能性は大きく高まる。これは何度でもくり返しがきく習慣だ。

ふたつ目の「洞察」は、それと比べるとつかみどころがなく、必ず洞察が見つかるとはかぎらない。内省は洞察の見落としを防ぐのにはまちがいなく役立つとしても、体験のたびに必ずなんらかの洞察が待っているわけではない。それでも、自分の体験を振り返り、じっくりと味わうことで、その確率を高め、洞察を招き寄せることはできるのだ。

ふつう、「洞察」タイプの内省は、ひとつの疑問から出発する。洞察とは、あなた自身やあなたの内面との絶え間ない会話にほかならない。こうした洞察は通常、ある体験の背景にある〝全体像〟に目を向けたり、その体験を重要なものにする深い構造や感情的な骨組みを理解したりすることから生まれる。

ここで、「味わい」と「洞察」の両タイプの内省の例を見てみよう。筆者のデイヴは、この章を書いていた週、講演のため三日間セントルイスに出張した。彼は出張先から、妻にちょっとした花のギフトを送った。帰宅すると、妻が彼にキスをしてぎゅっと抱き締め、花をもらってどれだけうれしかったかを伝えた。

週末、「七日目の内省」をおこなっているあいだ、この自宅での温かい歓迎がデイヴの心に浮かんだ。短い時間とはいえ、彼がその体験を味わい、ふたたびじっくりと思い出すと、その体験はずっといとおしく感じられた。そして、自分が妻をどれだけ愛しているのか、妻と結婚できてどれだけうれしいのか、これほど情熱的に感謝してくれる妻がいる自分がどれだけ幸せ者なのかを、あらためて実感したのだ。ハグとキスだけでもじゅうぶんにうれしかった。しかし、内省して記憶を味わうことで、最高の気分になったのだ！

そして、そのことがある「洞察」へとつながった。作家というのは、仕事柄、世界じゅうを飛び回る機会が多い。それはかなり貴重な体験だし、毎回ワクワクさせられるのだが、そういう日々のなかで小さなことを見落としてしまっていた。妻は、本の出版宣伝ツアーでデイヴと一緒にプラハへ行くのと同じくらい、花をもらって興奮していたのだ。これは単純ながらも深い洞察だった。モノの感情的な価値は、その値段や大きさに必ずしも比例しない、と気づいたのだから。一言でいえばこうだ。ちょっとしたことをおろそかにしてはいけない！

忘れないでほしいのだが、内省とは習慣だ。つまり、内省を最大限に活かしたいなら、定期的におこなうべきなのだ。まずは二週間、「七日目の内省」演習をおこなってみてほしい。次に、その演習全体をざっと振り返り、内省があなたにどんな影響を及ぼしているか、確かめてみよう。内省は、あなた自身の体験に気づく能力を鍛える強力な方法のひとつだ。ぜひあなたも内省を実践して、人生から〝より多く〟のものを引きだしてみてほしい。無料で。

人生の後部座席を抜けだし、いますぐ走りだそう

ワークライフのデザインとは、前進の道を築きつづけるプロセスだ。まずは行動主義のマインドセットを身につけ、とにかくなにかをやってみる。そうしたら、「いまのところは、これでじ

ゆうぶん」という見方をとり入れる。いますぐ、試してみよう。

職場でうまくいっていないことがなんであれ、とにかくなにかをやってみて、「いまのところは、これでじゅうぶん」という見方を受け入れよう。そうしたら、あなた自身の「快楽の回し車」を探りだし、そこから降り、「ハードルを低く設定する」法を使って、悪い習慣や行動を変えよう。一日一回の「グッドワーク日誌」づけを習慣化し、毎日ひとつかふたつ、あなたの人生のなかの前向きな要素に気づこう。週一回、「七日目の内省」演習を実践し、あなた自身の体験をじっくりと味わって、そのなかから洞察を掘り起こそう。そのうち、「行動主義」と「視点の転換《リフレーミング》」のマインドセットが本能の一部になりかけていることに気づき、あなたの仕事がなんであれ、仕事の体験がまったく新しい形へと変貌するはずだ。きっと、いままでよりもずっとリラックスし、エネルギーに満ちている自分に気づきはじめ、ずっと多くのひとびとや機会があなたの前に姿を現わしはじめることだろう。そこまで来れば、「いまのところは、これでじゅうぶん」という考え方が、たちまち最高に心地よく感じられてくる。もう、人生の後部座席に座って、「まだ着かないの？」と不満をこぼすことなんてなくなるからだ。

運転席に座るのはあなただ。

デザイン思考というハンドルを握って。

さあ、いますぐこの場所から走りだそう！

やってみよう

演習1——小さな目標を立てる

①あなたが変えたいと思っている悪い習慣、またはあなたが習慣化したいと思っている新しい行動をひとつ選ぶ（たとえば、「もっと運動する」「マインドフルネスを実践する」「キッチンをいつもきれいにしておく」など）。

②大きな目標を立てる。明確で測定可能な最終目標を書きだそう（たとえば、「週三時間、定期的な有酸素運動をする」「一日おきに三〇分間、定期的な瞑想をする」「寝る前に皿洗いとキッチンの掃除をすませて、気持ちよく朝を迎える」など）。

③その大きな目標を、あなた自身の〝物語〟へとくみこむ。その新しい行動を習慣化したら、なにが得られるだろう？　感情的なメリットは？　数文以内で書きだそう（たとえば、「健康や睡眠が向上して、外見に自信がもてる」「冷静で落ち着いた人生を送り、怒りをうまくコントロールできるようになる」「毎日、家族のために料理し、栄養たっぷりな食事をつくる意欲が増す」など）。

④「小さな目標」を立てて、あなたが目指す変化にそっと近づいてみる。大きな目標の途中（全

体の二分目くらい?)までたどり着けるように、小さな目標からなる八週間計画を立てよう(新しい習慣を築くまでに八週間くらいかかるので)。毎週の小さな目標は、確実に達成できると思うくらい簡単なものにしよう。どんな目標を設定するにせよ、結果を測定できるようにすること。

⑤小さな目標を達成した自分へのご褒美を定期的に与える。

⑥小さな目標の達成に失敗したら、ご褒美は抜きにする。ただし、自分はダメな人間だと思わないように。変わるのは難しい。目標の七割くらい達成できれば上出来だ。それをつづけていれば、目標を達成するのがどんどんうまくなっていくはず。適度な目標を立てなおして、また上昇軌道に戻ろう。

⑦八週間が終了したら、目標の達成度を評価する。目標をだいたい達成できたなら(七割が合格ライン)、おめでとう。そうして得た自信を糧にして、前へと進みつづけよう。次の八週間計画を立て、同じことをくり返そう。

つい、小さな目標の難易度を一気に上げてみたくなる。だが、そうすると目標達成に失敗しやすくなるので、要注意だ。これは「ハードルを低く設定する」手法だという点を忘れないでほしい。小さな目標の大きさが適度かどうかを見分ける方法は単純だ。簡単そうに見えて、確実に達成できると思うくらいがちょうどいい。このプロセスに自信がつくにつれて、大きな目標が簡単に見えてくるかもしれないが、それはそれで万々歳だ。ただし、最初の直感を信じて、目標を大きくしすぎないようグッとこらえよう。大事なのは、コツコツと小さな成功（とお祝い）を積み重ねていくことなのだ。

よく、「あなた自身が、世の中で見てみたいと思う変化になれ」というフレーズを聞く。でも、わたしたちはこう言いたい。「世界を、あなた自身を変えろ――小さな目標を、ひとつずつ積み重ねて」

演習2――グッドワーク日誌

①添付のワークシート（またはあなた自身で用意したノート）に、あなたの日々の活動を記録する。「今日、学んだこと」「今日、はじめたこと」「今日、手助けした相手」をそれぞれ書きこんでいこう。これをできれば毎日、最低でも数日おきには実践しよう（週一回以上は必須）。

②三、四週間、この記録づけをつづける。

③毎週末に感想を書きだし、「気づいた点は？」と自問する。

④意外な気づきがないかを考える。

⑤「今日、学んだこと」「今日、やってみたこと」「今日、手助けした相手」の三つのカテゴリーのうち、どれかひとつに項目がかたよってはいないか？　かたよっている場合、それが意味すると思うことは？

⑥三つのカテゴリーのどれかにたびたび空欄がある場合、次週、その欄をもっと埋めるための計画を立てる。

⑦その結果、気分がどう変わったかを振り返る。気づいたことを日誌に記録しよう。

演習3――七日目の内省

以下に紹介するのは、毎週実践できるシンプルな四ステップの演習だ。ぜひこの演習を習慣化して、最大限に活用してほしい。

①ひとりになる

・五～一〇分間ゆったりと座っていられる、静かな場所を探す。書き物ができるテーブルか台があると便利だ（手書きが望ましいが、デバイスに入力するほうが好みなら、それでもかま

一週間ぶんの「グッドワーク日誌」ワークシート

次のワークシートを使って、1日や1週間を振り返り、次の3つについて自問しよう。今日、学んだことは？　今日、やってみたことは？　今日、手助けした相手は？　研究によると、この3つに気づくことで、仕事からより多くのものを引きだしやすくなり、仕事への熱意を高められることがわかっている。毎日、少なくともひとつは空欄を埋めるようにしてほしい。

曜　日	今日、学んだことは？	今日、やってみたことは？	今日、手助けした相手は？
月曜日			
火曜日			
水曜日			
木曜日			
金曜日			
土曜日			
日曜日			

わない）。

・目を閉じて、少しだけ深呼吸する。少なくとも三、四回、ゆっくりと深呼吸して心を落ち着かせ、生きていること、ひとりきりの静かな時間がもてることに感謝しよう。

②振り返る

・次に、目を閉じたまま、心のなかで過去七日間をプレイバックする。一週間を振り返って、心を奪われた場面、ありがたいと思った場面を、ふたつから四つ探そう。

・注意――問題、対立、やり忘れたことなどに〝心を奪われ〟ないように。人間の心はついそうした物事に気をとられてしまう。こうした物事が思い浮かんだときは（必ず思い浮かぶ）、「その件はまたこんど」と自分に言い聞かせ、忘れよう。問題と闘ったり、解決しようとしたりしてはいけない。注意力を奪われるだけだ。ただ事実だけを認め、そのまま流し、また内省へと戻ろう。そのコツをつかむまでには、少し練習が必要だ。

・一週間を振り返るときは、そのふたつから四つの場面に注目し、その心に残った場面を忘れないように、それぞれ短い言葉で簡潔に書きだそう。たとえば、「元気満々なスーパーの店主」「エッセイがようやく完成」「上司をなだめた」など。

③内省する

・リストが完成したら、ひととおり見なおす。

・もういちどそれらの場面を心のなかでじっくりと味わう。

・特筆に値する場面があったら、その体験についてもう少し詳しく日誌を書く。長く、ドラマチックに書く必要はない。その体験を思い出すきっかけになればいい。

④強化し、記憶する

・最後に、「こうなって本当にうれしい。それを踏まえると、いい一週間だったと思う」と自分に言い聞かせて、内省した内容を強化する。これで、「いまのところは、これでじゅうぶん」という考え方が積極的に働くようになる。

これだけだ！　本当に五～一〇分もあれば終わる。

⑤ボーナス・ステップ――洞察

・あなたの書きだした場面に洞察や教訓が見つかったら、それも書きだす。

・洞察はつねに見つかるわけではないが、見つかると最高だ。洞察が潜んでいるときは、確実につかみとろう。

⑥ボーナス・ステップ――物語を語る

・あなたの人生を最高に輝かせるひとつの方法は、物語を通じて、あなたの人生をだれかにおすそ分けすることだ。

・家族のだれかが同じ演習をしているなら、あなたの内省の内容をそのひとと共有しよう。

・「やあ、調子はどう?」と週に一回は訊かれるひとがほとんどだろう。そのときは、「七日目の内省」の演習から引っぱりだしてきた物語を、返事に含めよう。「うん、最高。実は先週、スーパーのレジ係のひとが、わたしの落としたクレジットカードを拾って、駐車場まで走って届けにきてくれて。本当にうれしかった」

この演習は、あなた自身の人生体験を、あなたにとってプラスになる形で最適化するのに役立つ。だれもがつねづねそうしている。一部の物事だけに注目して、ほかの物事を無視するのだ。問題は、ほとんどのひとが悪い出来事やつらい出来事にばかり注目し、記憶や見方をネガティブな方向にかたよらせてしまう、という点だ。

この演習はまやかしや空想とはちがう。現実を最大限に輝かせる、ということなのだ。一週間のなかの最良の場面は、まぎれもなく現実に起きた出来事だ。その場面を最大限に活かす、と考えてみてほしい。

第2章　お金とやりがい、どっちをとる？

行きづまり思考↓お金とやりがい、どちらを選ぼう。両方なんてムリだから。
こう考えなおそう↓お金とやりがいで分けるのはまちがい（ワーク・ライフ・バランスと同じで）。ふたつはどちらも大事な価値基準。

あなたはお金派、やりがい派、どっち？

多くのひとが悩んでいる疑問であり、選択でもある。

結局、お金とやりがい、大事なのはどちらだろう？

これは答えの出ない疑問だ。疑問自体がまちがっているからだ。

ふたつのものが決して両立しえず、ゼロ和ゲーム（だれかが得をすればそのぶんだけだれかが損をするような、全員の損得の合計が必ずゼロになるゲーム）にしかならない、という誤った二分のしかたは、デザイナーにとっての天敵だ。お金かやりがいかの議論は、そうした誤った二分のしかたの一例だ。一見すると、やりがいのある仕事と稼げる仕事はまったく別物で、たいてい両立しないように思える。でも、現実を詳しく見てみると、それは正しくないとわかる。少なくとも、そんな決まりはない。

アメリカの田舎で、まったく儲からないが、やりがいの大きな仕事をしている医師がいる。ロサンゼルスで、大儲けはできるが、ほとんどやりがいのない仕事をしている整形外科医がいる。

四〇年間、一、二年生に読み書きを教えつづけている教師たちがいる。人生にすごく大きなやりがいを感じながら、必要十分な暮らしを送り、教える情熱を養っていけるだけのお金を稼いでいる。ずっと筆者のビルの娘に読み書きを教えてくれ、つい最近引退したばかりのマリオンは、そんな教師のひとりだ。

手にあまる大金を稼ぎながら、ドラッグと酒におぼれ、生きがいのない人生から目を背けるために、ほしくもない不要な品物を買いまくっている投資専門家がいる。

その一方で、燃え尽きて教えることへの情熱を失ってしまった教師がいる。あるいは、業界を心から愛し、資本主義をより効率的で効果的なものにすることにやりがいを見出している投資専門家がいる。

つまり、お金かやりがいかの疑問に、正解も不正解もないのだ。いちばん大事なのは、一貫性のある人生を送ること、あなたの価値観に合った人生を送ること。そして、そのために必要なのは、自分の進んでいる方向が正しいのか正しくないのかを判断する道具だ。

そう、あなたのコンパスが必要なのだ（前著『スタンフォード式　人生デザイン講座』ですでにこの演習を実行したひとは、次のセクションは飛ばしてかまわない）。

一貫性のある人生に必要なふたつの要素

一貫性のある人生とは？　それは「あなたの人間性」「あなたの考え方」「あなたの行動」の三つが、一直線で結ばれるような人生のことだ。[1] 前著『スタンフォード式　人生デザイン講座』で、コンパスづくりに必要な部品として、仕事観と人生観のふたつを紹介した。

仕事観とは、あなたの職務記述書のことではないし、決して「役員室と社用車がほしい」という願い事リストでもない。仕事観とは、いわばマニフェストだ。よい仕事とはなにか？　よくない仕事とは？　あなたにとって仕事はどんな意味を持つのか？　それを定義するための一連の価値観や哲学を明確にしたもの、といえばわかりやすい。仕事観では、次のような質問に答えるといいだろう。

- なぜ仕事をするのか？
- 仕事はなんのためにあるのか？
- あなたにとっての仕事の意味は？
- 仕事とあなた個人、ほかのひとびと、社会との関係は？
- よい仕事や価値ある仕事とは？
- お金と仕事の関係は？
- 経験、成長、充足感と仕事の関係は？

また、人生観というと、少し大げさに聞こえるが、そこまで難しく考える必要はない。人生に生きがいを与えるものとはなにか？　人生を価値あるものにするのは？　その考えを明確にしたものが人生観だ。人生観には、家族やコミュニティが含まれるかもしれないし、ひとによっては、スピリチュアルな要素が含まれるかもしれない。人生観は、なにがいちばん重要なのかを定義するのに役立つ。次のような質問に答えるといいだろう。

- わたしたちはなぜここにいるのか？
- 人生の意味や目的は？
- あなたと他者の関係は？
- あなたと家族、国、世界の関係は？
- 善や悪とはなにか？
- 人間より上位のもの、神、超越的な存在はいると思うか？　思うとすれば、それはあなたの人生にどんな影響を与えているか？

なぜ仕事観と人生観を明確にするとよいのか？　そのひとつの理由は、一貫性のある人生が送れるのに加えて、うっかり他人の仕事観や人生観に従って生きなくてすむからだ。これは冗談ではない。他人の仕事観や人生観に従って生きてしまうというのは、本当に起こりうることなのだ。わたしたちの頭のなかでは、見方を押しつけてくる強烈な声がしょっちゅうこだまする。こういう人間になれ。こういうふうに生きろ。こういう仕事をしろ。だから、よほど注意しないと、いつの間にか他人のコンパスに従って生きるはめになってしまう。

この演習の目的は、一貫性を手に入れることだ。たとえば、人生観を分析した結果、あなたの生きがいの源は家族や親戚と過ごす時間だとわかったのに、仕事が忙しすぎて子どもの誕生日を忘れたり、兄からのボイスメールに三週間も返信できていなかったりしたら、一貫性のない人生にストレスを感じるだろう。または、仕事観を分析した結果、心を満たすような仕事がしたいとわかったのに、自分が絶対に買わないような環境に悪い製品のメーカーばかりから、高額なフリーランスの仕事を請け負っていることに気づいたら、ひたすら正当化に時間を費やしてしまうかもしれない。これもまた、一貫性のある人生とはいえない。

一貫性のある人生とは、毎日、すべての行動がぴったりと一貫した、完璧な人生を送ることではない。大事なのは、あなたの仕事観や人生観がどんなものであれ、仕事観や人生観となるべく一致した人生を送ろうと努力することなのだ。「あなたの人間性」「あなたの考え方」「あなたの行動」の三つが一直線に結ばれれば、正しい方向に進んでいるとわかる。そう、コンパスは正常に機能しているといっていいのだ。

仕事観について考える

自分の仕事観についてざっと振り返ってみよう。

論文レベルのものを求めているわけではないが（もちろん成績もつけない）、真剣に書きだしてほしい。頭のなかだけですませないこと。三〇分くらいかけて、Ａ４用紙一枚以内にまとめよう。

人生観について考える

仕事観と同様、人生観についても考えてみよう。

今回も三〇分間、Ａ４用紙一枚以内でまとめること。

考え方に正解なんてない。唯一の不正解があるとすれば、それはなにもしないことだ。デザイナーのように考え、好奇心をもち、答えを探ってみよう。だれかに答えを読み上げる必要なんてない（そうしたければ話は別だが。だれかと共有するのは大きな力になる）。とにかくやってみよう。あなたが仕事にやる気を失っている約七割の労働者のひとりだとしたら、本章の冒頭の箇条書きの疑問に答えてみてほしい。たったの数分で、あなたの不満の根源にたどり着けるかもしれない。

本気で、いますぐこの演習をおこなおう。仕事観と人生観を書きだしたら、ふたつがどう補いあっているか、確かめてほしい。一貫性のある人生を送れている場面とそうでない場面に気づこう。

「なるほど！」という瞬間が訪れるまで。

たっぷりと時間を使って。

アルコール依存症のひとが酒屋で働くとどうなる？

筆者のデイヴにとって、九歳で父親を失ったことは、つらいという言葉だけで言い表わせる出来事じゃなかった。父親と一緒に成長できなかったことは、いまでも大きな心残りだ。子どものころから、将来の夢を訊かれると、彼は決まってこう答えた（海洋学者のジャック・クストーみたいになりたいという強い願望は別として）。

「父親になりたい」

それは、少しませた子どものかわいらしい答えなんかじゃなかった。本気だった。それもただの父親ではない。いつも子どものそばにいるよい父親だ。デイヴは絶対に仕事人間にだけはなるまい、と誓った。いつも家族を第一に考える人間になろう、と。

やがて、デイヴはシリコンバレーのハイテク業界に就職し、週五〇時間、六〇時間、七〇時間とがむしゃらに働いた。妻と家族はできたが、仕事柄、家を空けることが多かった。ほとんどの日は夕食に間に合わず、子どもが寝静まったあとの午後一〇時ごろになってやっと帰宅する日々がつづいた。口では家でもっと妻や子どものそばにいたいと言っていたのに、それとは真逆の行動をとっていた。

デイヴは早く帰宅する方法をいろいろと試したが、どれも効果はなかった。職場の同僚からワーカホリック呼ばわりされたときは、複雑な気持ちになった。わたしは〝本物〟のワーカホリックほど仕事中毒なわけじゃない。仕事とお金のことしか頭にないのがワーカホリックだ。わたしはそんな男じゃ……。

だが、デイヴの生き方だけを見ればそのとおりだった。

そして、彼の人生には一貫性が欠けていた。

あとでわかったのだが、デイヴは実は注意欠陥障害を抱えていて、ひとつの物事に集中できず、すぐにいろんなことに興味をもってしまう性格だった。その点、彼の仕事にはおもしろいことが山ほどあった。とくに、急成長するシリコンバレーの急成長中の新興テクノロジー企業は、そんな彼にとって危険きわまりない職場だった。

デイヴは人生観や仕事観と一致した人生が送れていないという問題に気づき、仕事を辞めた。次の仕事なら、きっと夕食に間に合うよう帰宅できるはずだと思った。

そうはならなかった。

そこで、デイヴは上司や役職、さらには業界まで替えてみた。次こそ〝オーバーワーク〟の問題が治ると信じて、手を尽くしたのだ。ところが、どこに行っても、変わらぬデイヴがいた。目新しい会話が目の前を横切るたび、興味をもち、長時間がむしゃらに働いてしまうのだ。自分を抑えられなかった。

そして、なにより悲しかったのは、自宅にいても、家族のためにそこにはいなかった、ということだ。息子が遊びたがっても、椅子でうとうとしていたデイヴは、疲れすぎて遊んでやることができなかった。彼は、大人になったらなりたいと思っていた、よい父親とは正反対の人間になっていたのだ。いったいどうすればいいのか？　この問題を解決するには、当時の彼には思いつかないほど大きな視点の転換が必要だった。わかっていたのは、一貫性のある人生が送れていない、という事実だけだ。

しかし、人生にまったく予期せぬ変化が起きて、急に新たな道が開けてくることもある。転機は、デイヴの母親ががんになったことで訪れた。余命を知った彼は、母親と過ごす時間をつくるため、マーケティング担当副社長の職を休みたいと申しでた。するとすぐさま、彼は変化に気づいた。母親と有意義な時間を過ごせるようになり、これこそが正しい生き方だと悟ったのだ。また、家族と一緒に過ごす時間も増え、満ち足りた気持ちになった。それまでより人生に一貫性が感じられるようになり、ずっとなりたかった自分に近づきはじめた。

すると、また別の変化が起きた。別の会社の元上司や友人たちから、数時間、または一、二日、ちょっとしたプロジェクトに関してコンサルティングを頼みたい、という連絡が入るようになったのだ。母親や家族の事情に応じて断る場合もあれば、引き受ける場合もあった。自由に断れない本業とはちがい、外部のコンサルティングという働き方は、企業の従業員という形では味わえない自由の感覚を与えてくれた。それまでも、コンサルタントとしての独立を少しだけ考えたことはあったが、それで家族を養っていけるという確信がもてず、少し怖かった。しかし、この新たなライフスタイルをたまたま〝プロトタイピング〟したおかげで(当時のデイヴはそんな言葉で呼んではいなかったが、彼のしたことはプロトタイピングそのものだ)、怖さが和らいだ。そこで、母親が亡くなり、復職の時期がやってきても、彼は会社に戻らず、そのままフルタイムのコンサルタントになった。そして、一定の報酬と立派な肩書きこそ失ったものの、時間を買い戻すことができた。息子の野球チームのコーチを務め、家族と一緒に休暇へ出かけ、日曜学校で教えられるだけの時間を。彼が学んだことはこうだ。自分はがむしゃらに働くのが得意だし、バリバリと仕事をするのも好きだが、企業に属して働くのは合っていない。自分にいちばん合っているのは、ギグエコノミーだ（当時はそんな名称すらなかったが）。

デイヴはようやく、自分がワーカホリックであることを受け入れた。それは仕事が好きだからではなく、自分を止められないからだ。そして、アルコール依存症者が酒屋で働いてはいけないのと同じように、彼のようなワーカホリックは永遠に仕事が尽きないシリコンバレーの新興企業《スタートアップ》で働いてはいけない。コンサルタントになってようやく、彼は仕事観と人生観を一致させ、オーバーワークになりがちな傾向を抑える方法を見つけた。それ以来、彼はいちども後ろを振り返ることなく、いまのいままでやってきている。

人生の一貫性を生みだす

数年前、ネバダ州ラスベガスのイン・アンド・アウト・バーガーで、当時一九歳の息子と一緒に、注文したハンバーガーを待っていたときのこと。隣にいた長距離トラックの運転手となにげなく会話を交わした。そのトラック運転手は、「充実した毎日さ。オレより最高の人生を送っているやつは知らねえな」と自慢した。彼は長年、次の仕事がどこから舞いこんでくるのかわからない、フリーランスのトラック運転手として働いたあと、定期的な運行ルートをもつ企業と契約した。その人生の再デザインは彼にとってぴったりとはまった。彼のルートは週に約四〇〇〇キロメートルにもおよぶ。太平洋岸北西部からはじまり、南西部をぐるりと回って、小さな農場を備えたワイオミング州郊外の自宅へと戻ってくる。週二日半は自宅の農場で過ごせるので、毎週子どもや妻と会える。

なんとすばらしいワークライフ・デザインだろう！　彼はデイヴがこれまで会ったなかで最高の幸せ者のひとりだ。生計を立てつつ、仕事を楽しんでいる。彼は家族とともに、全員が満足できる仕事のデザイン方法を見つけたのだ。デイヴの息子にとって、彼は最高のロールモデルだった。

あなたは長距離トラックの運転手ではないかもしれないが、彼に最高のワークライフがデザインできるなら、きっとあなたにだってできる。難しいのは、デイヴのエピソードに登場するトラック運転手のように、あなた自身のコンパスに従い、人生がうまくいっていると感じるのに必要な一貫性を生みだす部分だ。

ここで、ひとつ警告を。現代の職場では、稼げる仕事とやりがいを得られる仕事、その一挙両得を目指すひとが多い。あなたにとっていちばん大切な分野に影響を及ぼしつつ、それで収入も得ようとする。多くのひと、とりわけミレニアル世代やZ世代にとって、これこそが明らかに完璧な仕事や自分に合ったフリーランス・ワークの見本だろう。

それは絵に描いた餅だ。

ウソじゃない。

そういうひとたちは、情熱を見つけ、それでお金を稼がなければいけない、と思いこんでいるようだ。毎日。一日じゅう。大金を。しかし、ほとんどの場合、そんな離れ業は不可能だ。ほとんどのひとは、情熱を見つけたとしても、それで生計は立てられない。

本当に残念だけれど、それがこの世界の現実なのだ。しかし、現実に対処するのも一貫性の一部だ。だから、いまこそこの現実を受け入れよう。仕事に関する夢みたいな考えを蹴散らして、それが無茶な期待なのだという事実を思い出すべきだ。一九世紀と二〇世紀の大半の時期、ひとびとはもっとシンプルな考え方に従っていた。ひとつの場所でお金を稼ぎ、別の場所で人生を送る。昔もいまもずっと、これこそがまっとうな生き方だし、ほとんどの現代人の生き方なのではないか、とわたしたちは考えている。ただ、その現実から目を背けているだけだ。そして、この現実の否認こそが不幸の一因なのだ。

たとえば、デイヴには、よい父親（いまでは祖父）になること以外に、もうひとつの〝天職〟がある。それは、若者たちが自分の人生について深く理解し、〝天職〟を見つけだす後押しをすることだ。しかし、先ほど話したとおり、彼はキャリアの大半の時期、コンサルタントとして生計を立て、そのかたわらで若者たちの人生を無償で導いてきた。実際、彼がこの重要な活動で初めて報酬を得たのは、彼がビルと共同創設したスタンフォード大学ライフデザイン・ラボでの仕事なのだ。

本章の残りのセクションでは、このお金とやりがいのジレンマと格闘し（そして永久にけりをつけ）、あなたが世界に及ぼしたいと思う影響の種類やその場所について考えてみよう。

あなたが仕事で生みだしているものはなに？

仕事の話になったとき、「どれくらい稼いでるの？《ワット・ドゥー・ユー・メイク》」と訊かれることは多い（とくに、そんな質問をされる覚えもないようなひとから。ただ、それはまた別の問題だ）。この質問に不快感を覚えるにしろ、覚えないにしろ（ほとんどのひとは嫌がるだろうが）、この質問はとても重要な話題を浮き彫りにする。

あなたが仕事で生みだしているものはなに？　お金だけ？

わたしたちの考え方はこうだ。お金であれなんであれ、なにかを生みだすことはすばらしい。デザイナーはなにかを生みだすのが大好きだし、だれもがなにかのつくり手《メーカー》になるべきだと思う。ただ、ここで重要なのはなにを生みだすかであって、必ずしもいくら生みだすかではない。アインシュタインは、「測定可能なものがすべて重要なわけではないし、重要なものがすべて測定可能なわけでもない」と言ったとされる。大賛成だ。とくに、お金ややりがいを〝数値化する〟という点ではそうだ。ぜひ、あなたが仕事で生みだすものについて、考え方を変えてみてほしい。つまり、測定するものを明確にする、ということだ。

お金とやりがいは、仕事で生みだされるもののふたつだ。そこで、つくり手《メーカー》の帽子をかぶって、お金とやりがいのジレンマについて理解してみよう。仕事や人生において、つくり手としての自分自身の成功度をどう測定したいのか？　それを明確にするのだ。

市場ではふつう、その測定基準としてお金が使われる。仕事についてたずねるときは、「その仕事でどれくらい稼いでいるの？」という質問が必ず出る。稼ぎが大きければ大きいほど、あなたは仕事の世界で成功している、ということになる。少なくとも、営利的な「市場経済」の大部分ではそうだ。

一方、非営利の世界で生みだされるのは影響だ。以降、この世界を市場経済にならって「変革経済」と呼ぶことにしよう。この場合、目標は利益ではなく、マラリアの撲滅、子どもの教育、世界の変革などといったものになる。

　営利組織と非営利組織のどちらで働いているにせよ、ほとんどのひとは、お金と影響、その両方を成功基準にしていることと思う。その適切なバランスを見つけ、維持することは、有意義な人生を送る後押しになる。[2]

　しかし、そのふたつですべてだろうか？　いや、ちがう。ひとびとに仕事観と人生観を書きだしてもらい、コンパスをつくってもらうと、ほぼ毎回なんらかの形で現われるのが、もっとクリエイティブに生きたいという願望だ。ほとんどのひとは、いわゆる〝クリエイティブ〟な仕事をしていなくても、人生にもっと創造性を吹きこみたいと思っている。そこで、あなたのなかの芸術家をこの議論へと招き入れるのがいいだろう。わたしたちは数多くの芸術家たちのもとへと出向き、話を聞いた（相手の欲求に共感しながら）。すると、芸術家たちは自己表現をなによりも重視すると答えた。芸術家たちが生みだすものの測定基準は自己表現なのだ。

「劇を書いて演じた」

「詩集を自費出版した」

「自分が本当に描きたい絵を描いた」

　この世界を「芸術経済」または「創造経済」と呼ぶことにしよう。この創造経済でなにより重視されるのは、あなたのアイデアや創作物を、みんなに見てもらうことだ。

　お金、影響、自己表現――これこそ、ひとびとが仕事や人生において生みだすものを測定する三つの基準なのだ。これはあなたの成功度を〝測定〟するのにふさわしい方法といえる。これは誤った二分のしかたではないし、白か黒かの状況でもない、という点に注目してほしい。この三

つの測定基準の適度な〝ミックス〟を見つければ、成功や幸せの感覚を高められる。つまり、いまのあなたにぴったりなお金、影響、自己表現の適度なミックスを見つけることが大事なのだ。

あなたが生みだしているお金、影響、自己表現のバランスのことを、「メーカー・ミックス」と呼ぼう。このメーカー・ミックスをうまく調節してやれば、あなたの人生は完璧な音色を奏でる。サウンドエンジニアは最高の音楽をミックスするとき、旋律、音、バイブレーションの調和に細心の注意を払う。そのために使われるのが、上のミキサーという道具だ。

優秀なサウンドエンジニアは、何十という音楽トラックを絶妙にミックスして、最高の曲をつくりだす名人だ。だが、シンプルに越したことはない。幸い、メーカー・ミックスの場合、音色を調和させるために管理の必要な音楽トラックの数は、たったの三つだ。次ページのダッシュボードを見てほしい。

この三種類のアウトプットを測定し、管理するよう心がけてみてほしい。市場経済ならお金、変革経済なら影響、そして創造経済なら自己表現だ。その目的は、ほかの視覚的なツールと同じように、物事を単純化して、あなたの現在地と将来の目的地を理解しやすくすることにある。直感に従ってスライダーを動かし、これくらいがちょうどいいと感じるまで、お金、影響、自己表現のバランスを調整していこう。どういうバランスを選ぶかは、あなたの自由。単位はなく、ただ0から100の数値で表わしてある。スライダーはそれぞれ別個に動かしてかまわない。もちろん、三つのカテゴリーが完全には切り離せないことはわかっている（あなたの及ぼす影響に報酬が支払われることもあるし、芸術作品が売れたら、自己表現をお金に換えたことになる）。それはそれでかまわない。ただ、お金のために絵を描くわけではないので、本来の意図のほうが重要だ。ちょうどよいと思えるまで、スライダーを動かしていこう。

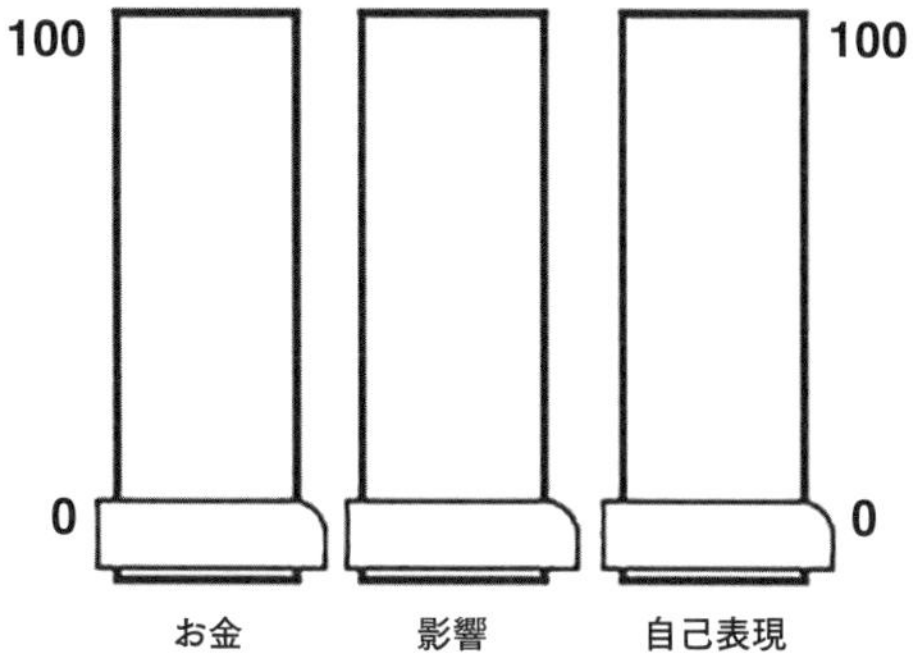

筆者のビルは、スタンフォード大学で働く前、従業員四〇人のコンサルティング会社の社長を務めていた。クライアントと協力して、厄介なデザインの問題を解決していくのは楽しかった。そして、彼のチームのデザインする製品が世の中の役に立つと思うこともあったし、単なる見た目の改善にすぎないと思うこともあった。コンサルティングでは、毎回ほかのだれかのアイデアを実行に移すわけなので、影響と自己

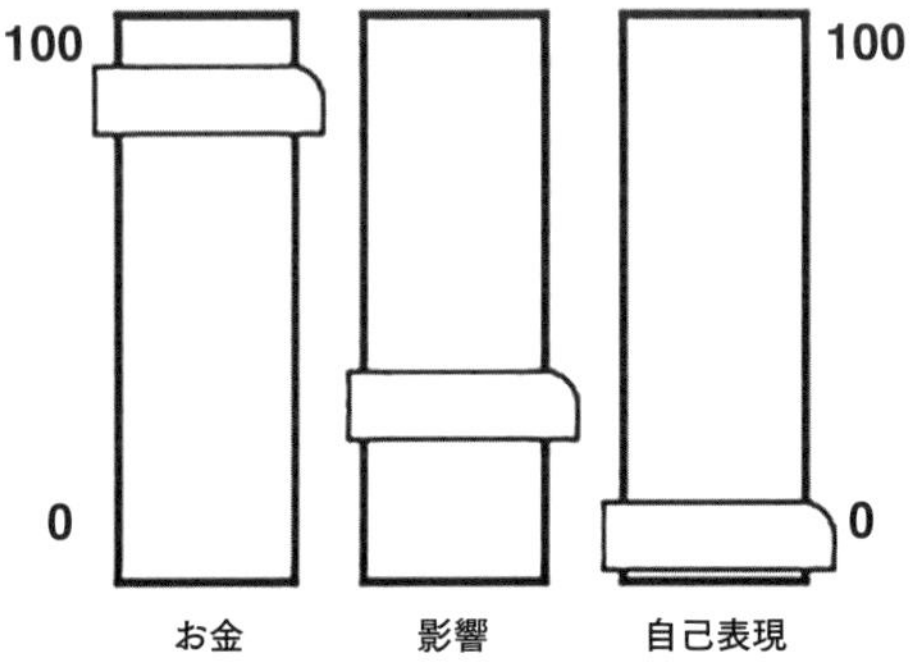

表現についてはコントロールしようがない。彼は主に、楽しくお金を稼ぎたくてコンサルティングの仕事をしていた。そういうわけで、彼のメーカー・ミックスは上の図のようだった。影響と自己表現に比べて、お金が突出している。でも、彼にとってはそれでよかった——当時は。

そんなとき、スタンフォード大学での仕事のオファーが舞いこんだ。その結果、ビルのメーカー・ミックスは次ページの図のように変化した。フルタイムの大学教員となり、給料は半分に減ったので、「お金」のスライダーは30へと減少だ。ウォーレン・バフェットと比べれば、ちっぽけな稼ぎだけれど、ビルはそれで満足だし、仕事に幸せを感じている。また、彼は教えることで世の中に影響を及ぼしている。彼の目標は、世界の厄介な問題に挑む心意気をもった聡明なデザイナーを一〇〇〇人輩出すること。これまで一二年間、その目標にとりくんできて、あと一歩まで迫っている。よって、「影響」のスライダーは80というかなり高い値に設定した。そして、彼の未来の〝仕事〟も目の前に迫りつつある。今後数年以内に、彼はフルタイムの芸術家として、「自己表現」の世界へと転身し、執筆と絵描きで〝生計を立て〟たいと思っている。現在は、そんな未来への下準備として、自宅の四ブロックほど先、サンフランシスコのドッグパッチ地区にスタジオを構えている。そして、ときどき週末にスタジオへと出かけては、作家や画家としての腕を磨い

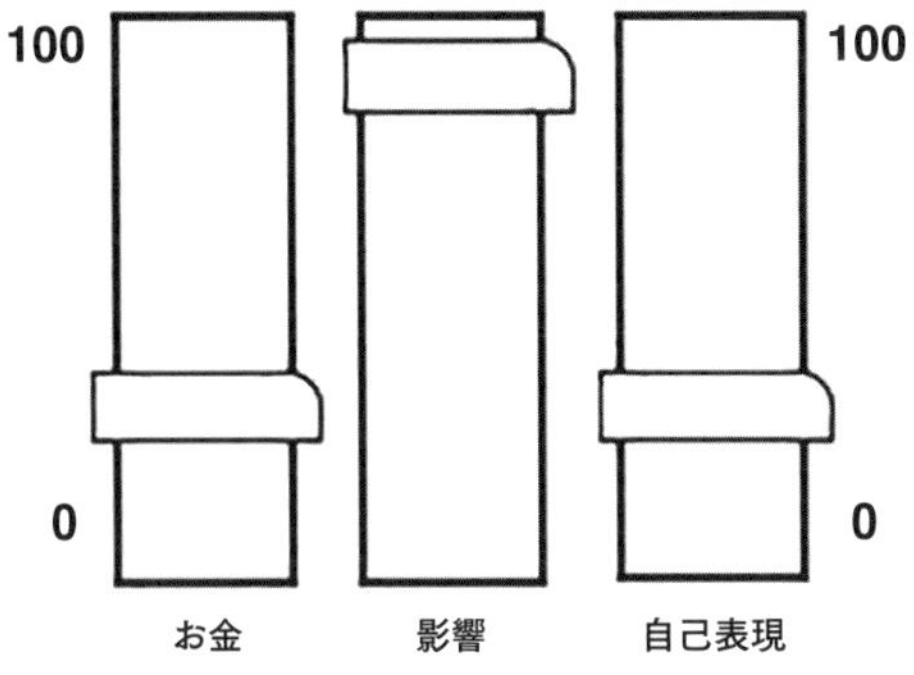

ビルの現在のメーカー・ミックス

ている。いまのところ、彼のメーカー・ミックスの自己表現のスライダーはまだ低めだけれど、それは彼が自分で選んだこと。いまのところは、これでじゅうぶんだ。

ここでも、大事なのはあなたの人生の目標やライフステージとの一貫性や適合性だ。ビルのようなひとびとが成功している、さらには輝いているとさえいえるのは、自分自身のメーカー・ミックスについて意識的な選択をしているからだ。

わたしたちは、あなたのワークライフへの満足感は、「注目」から生まれると信じている。注目することは、きっとあなたのメーカー・ミックスを調和させるのに役立つ。問題が生じるのは、あなたのメーカー・ミックスに混乱が生じたときだ。経験上、わたしたちのワークショップや講座に参加するひとびとが不満を感じているのは、自分が仕事で生みだしているものの測定基準をとりちがえ、自分で自分と闘ってしまっているせいだ。みずから、自分自身の目的と逆行してしまうわけだ。

たとえば、不満を抱える芸術家はたいてい、自分の自己表現の価値を、お金を稼ぐことと混同し、こんな誤った比較をしてしまう。「わたしが不満なのは、絵がちっとも売れないから。わたしの自己表現に価値がついてほしい――お金という形で」

あるいは、低所得地区で影響の大きな課外プログラムを実施し、子どもを路上生活や非行から救っている非営利組織のリーダーが不満を覚えるのは、ソフトウェア開発者並みの報酬を期待するからだ。この場合、お金を稼ぐことと影響を及ぼすことを混同しているわけだ。

逆のパターンもある。わたしたちが出会った大手法律事務所の不幸な共同経営者は、七桁ドルの稼ぎを得ながら、不満を抱えている。彼は、世の中に影響を及ぼしたい（正義や弱者のために闘いたい）と思って弁護士になったのに、実際には、環境から利益をむさぼる大手多国籍企業のために契約書をつくって報酬の大半を得ていたからだ。

どの例でも、苦痛の原因はまちがった物差しで成功を測ってしまっていることにある。お金のためであれ、影響のためであれ、自己表現のためであれ（どんな仕事もこの三つの要因すべてのくみあわせで成り立っている）、あなたがプレイしているゲームを認め、理解すれば、そのゲームのルールに従って報酬を評価できるようになる。不満が生じるのは、あなた自身のメーカー・ミックスについて混乱が生じたときだ。ゴルフのルールでテニスをプレイするのは、おもしろい試みかもしれないが、得るものは少ないだろう。

結局は、あなたのコンパスや価値観と一致する正しい選択をすること――それに尽きる。成功して幸せをつかんだ芸術家、詩人、作家の多くは、市場の命令ではなく自分自身の欲求に従って、絵を描き、韻を踏み、本を書くことを選んでいる。市場の価値基準であるお金がほしいなら、画家はひとびとの買いたがる絵を描くだろう（黒毛の「ポーカーをする犬」の絵〔画家クーリッジによる油絵シリーズで、アメリカで人気〕なんていかが？）。あるいは、ライターなら絶対に売れるとわかっている物語を書かざるをえないだろう（ボトックス注射を打ちすぎた素行の悪いセレブの記事なんていかが?)。だが、芸術家たちは、あえてそうしないことを選ぶ。自分のインスピレーションや情熱に忠実であることのほうを選ぶのだ。それだと、必然的に芸術をお金に換えられないことが多くなる。しかし、それは意識的で一貫したライフデザインの結果なので、彼らはその選択に満足している。少なくとも、紫色の犬を描くという無様な選択をするよりは。

それがあなた自身の選択なら、人生はあなたの〝選んだ〟ものでじゅうぶん満足のいくものになる。いや、最高のものにさえなりうるのだ。

お金、影響、自己表現の三つを同時には手に入れられないという本質的な理由なんてない。少なくとも、少しずつなら。影響や自己表現への欲求と、自分の大好きなことを主にしながら生計を立てる手段、そのふたつを両立する巧妙な解決策をデザインしているひとは、ごまんといる。地域の劇団を主宰したり、地元に美術工芸スタジオを開設したりするようなひとたちだ。ふつう、こうした活動は影響に重きを置く非営利組織としておこなわれ、地域社会に貴重でクリエイティブなサービスを提供する一方で、自分自身の仕事を通じて自己表現への欲求を満たす機会をもたらす。さらに、こうした聡明で、影響力があり、表現力豊かなひとびとは、芸術を愛するひとびとの輪も築いていく。

わたしたちの友人のジェームズは、現役のミュージシャンとして、自分で曲を書いて演奏している(自己表現のため)。しかし、それに加えて、ほかに三つのバンドで楽器を演奏し、CMソングをレコーディングするスタジオの仕事にも携わっている(お金のため)。「あちこちの結婚式でホイットニー・ヒューストンのカバーを演奏することのくり返しさ。それでも、定職につくぐらいなら、そっちをとるね」と彼はよく言う。彼の車のバンパー・ステッカーにはこう書かれ

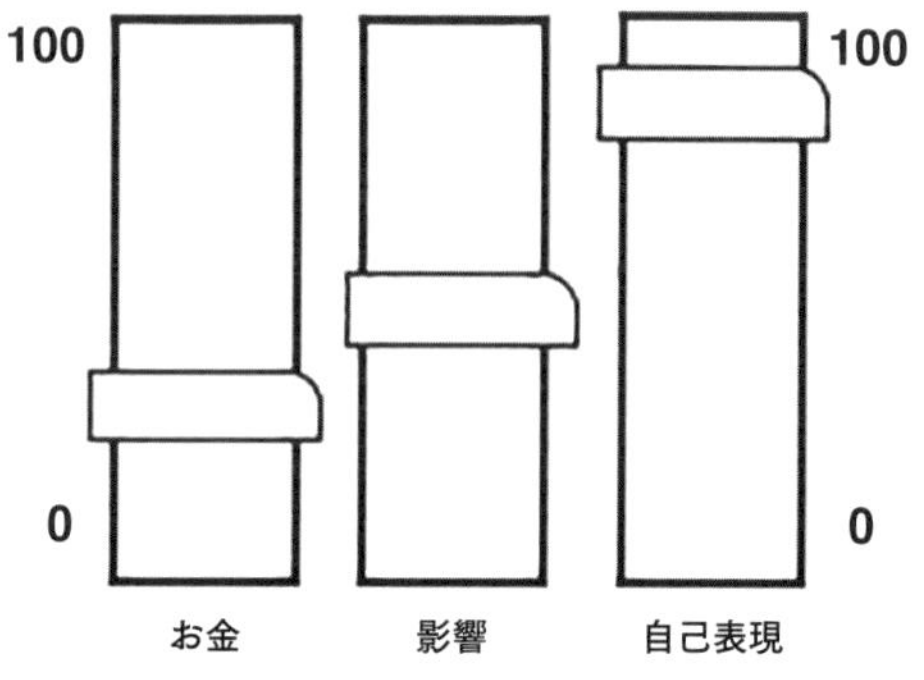

ビルの次のメーカー・ミックス

ている。「音楽を演奏している最悪の日のほうが、オフィスで仕事をしている最良の日よりもましだ」

ビルの場合、フルタイムの芸術家になったあとのメーカー・ミックスは、たぶん上のような感じだ。自己表現のトラックが〝最大音量〟になるだろう。ほとんどの時間をスタジオでの絵描きや執筆に費やすことになるが、それこそ彼が（次に）思い描く成功のイメージなのだ。

くり返しておこう。結局のところ、重要なのは、あなたがこの世界でなにを生みだすかだ。お金、影響、自己表現は、その三つのすばらしい測定基準といえる。だから、あなた自身の現在地を知り、目的地を決め、そこへ向かって突き進もう。

行きづまり思考↓〇〇（芸術家、ダンサー、歌手、画家など）として生計を立てるなんて絶対にムリ。

こう考えなおそう↓お金とやりがいは両立できる。わたしが何者なのか、なにを生みだすのかを、市場に決めさせたりはしない。お金、影響、自己表現の最適なバランスは、わたし自身で決める。

あなた自身の影響マップをつくろう

わたしたちはこれまで、ワークライフをデザインしようとしている何千人というひとびとに会ってきた。その多くは、次の三つの疑問で悩んでいるようだ。

「本当にここがわたしの居場所なの？」

「本当にこの仕事、キャリア、会社がわたしに合っているのかな？」

「本当にこれがわたしのしたい貢献や及ぼしたい影響なのか？」

これらはどれも、あなたの果たしている役割や、あなたの影響の源についての疑問だ。さて、その役割というのは、あなたが職場や非営利組織、またはボランティアで果たしているものかもしれない。すべてがうまくかみあった一貫性のある人生を送ろうとするなら、あなた自身の影響も実感できるような人生を探すべきだ。わたしがしているのはどんなことなのか？　世界におけるわたしの役割は？　その役割は、わたしが望む影響を及ぼすのにどう役立つだろう？　それをじっくりと探ってみよう。わたしたちはよく、仕事や役割にやりがいをつけ加える要因について話をする。するとだれもが、自分の仕事が世界に前向きな影響を及ぼしているかどうかを知りたい、と口を揃える。ただ、それを知る方法がわからないだけなのだ。

そこで、わたしたちは、あなたが及ぼしている影響の種類と範囲を調べるためのツールを設計した。名づけて「影響マップ」だ。影響マップとは次のような感じだ。

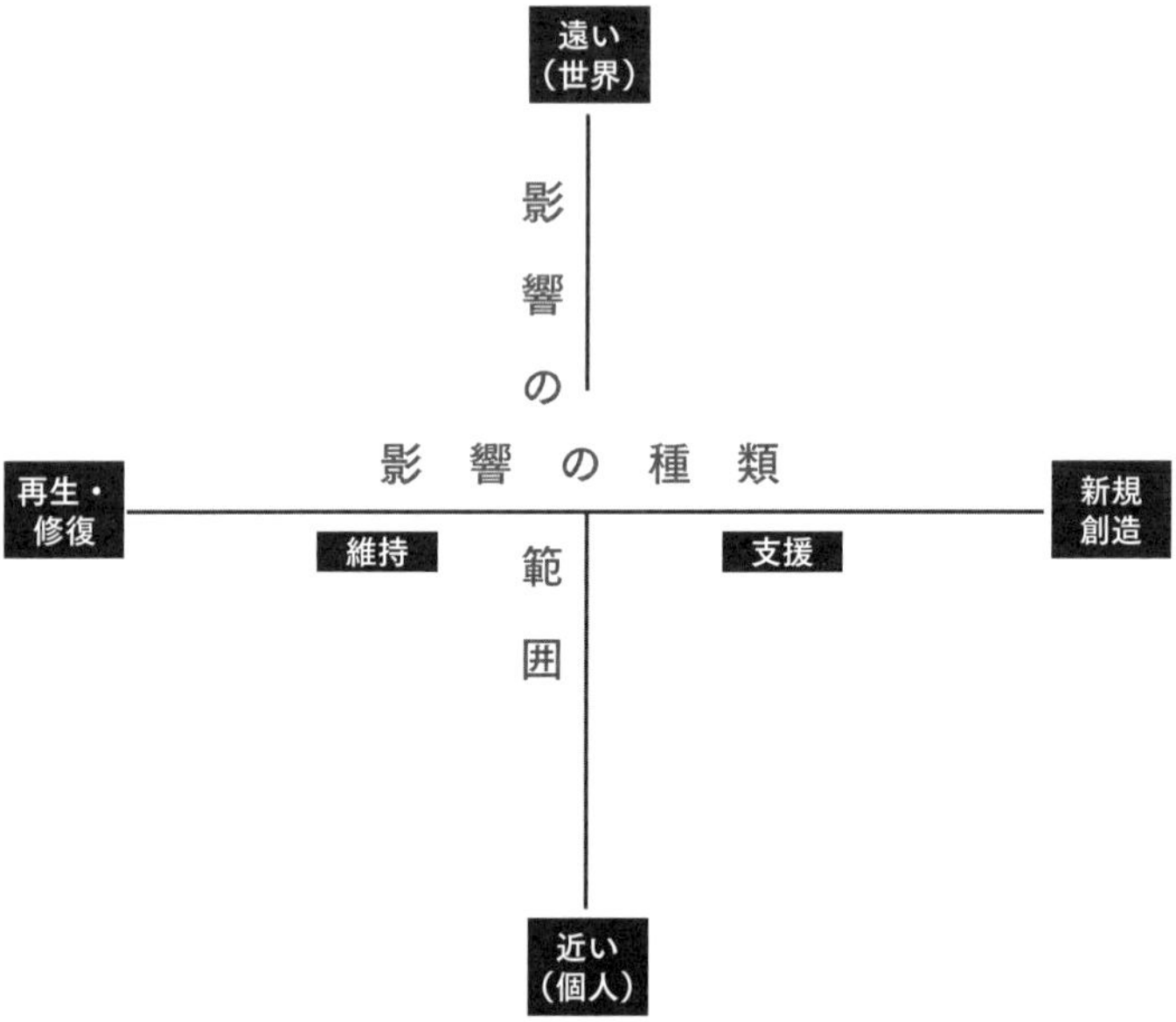

影響マップには、二本の軸がある。横軸は「影響の種類」であり、縦軸は「影響の範囲」、つまりその影響の及ぶ場所だ。このマップ上には、あなたが世界に及ぼせる影響として、基本的に三つの種類がある。どれがよい、悪いではなくて、性質が異なるだけのことだ。

- 物事の再生や修復
- 物事の維持や支援
- まったく新しい物事の創造

物事の再生・修復とは、世界にもともとあるシステムや仕事をつくりなおしたり、修正したりすること。物事の維持・支援とは、世界を動かしているシステムが確実に機能しつづけるよう力を貸すこと。まったく新しい物事の創造とは、まったく新しいプロセスやシステムを生みだすこと。世の中に影響を及ぼすこの三種類の方法が、影響マップの横軸に並んでいる。

縦軸は影響の範囲（わたしたちが影響を及ぼす場所）であり、わたしたちに近い場所（個人レベル）もあれば、遠い場所（世界レベル）もある。つまり、わたしたちが世界と接点をもつすべての場所が含まれる。いちばん近くて個人的な影響の範囲は一対一であり、だれかと協力して問題を解決したり、だれかにサービスを提供したりする場合がそれにあたる。そのひとつ上がチーム、もうひとつ上が機関や組織。そして、縦軸のいちばん上が、システムや世界のレベルだ。

先ほども言ったとおり、このマップ上のどの位置が〝よい〟ということはない。ただ、あなたが組織内で仕事をしたり、役割を果たしたりしている場所を示すにすぎない。営利か非営利かを問わず、どんな組織もマップ上のどこかには位置づけられるし、あなたの果たしている役割だってそうだ。このマップは、あなたの過去の仕事について情報を引きだすのに役立つ。きっと、あなたがいちばん満足できる役割とはどんなものなのか、パターンが見えてくるだろう。

九五ページの影響マップを見てほしい。ある投資銀行のシステム・アナリストは、財務的な評価システムに従って、さまざまな企業を分析している。彼女は銀行システムを維持・支援し、効率化する役割にたいへん満足しているそうだ。彼女の役割が及ぼす影響は、組織的なレベルで支援を提供することだ。

ゲイツ財団のマラリア撲滅プログラムのマネジャーの仕事は、この地球からマラリアを永久に根絶するプロジェクトを管理することだ。これは地球規模で世界を修正・修復する活動であり、大規模なシステムにとりくみたいひとにとっては最高に満足できる役割だろう。

脳外科医は、脳にできた腫瘍をとりだしているとき、ものすごく重要な修復作業をおこなっているが、その作業はいちどにひとつの脳に対してしか実行できないので、影響の範囲は個人レベルにとどまる。新しいものを生みだしてはいないし、新しい手術法を発明しているわけでもないので、脳外科医はマップの左下隅に位置づけられる。それでも、手術を受けた患者たちは、人生を変えてくれた大恩人だと言うだろう！

あるいは、困窮者に食事を提供しているホームレス・センターのシェフはどうだろう。彼はいちどにひとりずつ、ホームレスの飢餓の問題を修復していっているが、少人数のグループに料理を教えてもいるので、修復と支援のちょうど中間あたりに位置づけられる。

無数のひとびとの運転の手間をなくすべくとりくんでいるグーグルの自動運転車開発プログラムのエンジニアは、まったく新しい移動の様式を生みだそうとしている。世界にいまだかつて存在しない様式を。よって、影響の種類はかなり「新規創造」の側にかたよっていて、影響の範囲は世界規模に近い（舗装道路を利用できない場所やひとびともまだたくさん残っているので、完全な世界規模とまではいかない）。

スタンフォード大学でライフデザインの講座を教えているわたしたちは、かなり新しいことをしている。ライフデザインはほとんどの大学ではかなり新しい概念なので、横軸は「新規創造」寄り、縦軸は「グループ」といったところだろうか。と同時に、わたしたちは世界じゅうの教育者たちに話もしているし、ほかの大学に自校でライフデザイン講座を教えるための訓練をおこなうスタジオも運営している。そして、高等教育の世界の大半では、このライフデザインという概念はまちがいなく前衛的だ。なので、この活動はかなり新規創造の側に近い。dライフ・ラボはほかの大学の何百人という教育者や管理者に対してトレーニングをおこなっているので、わたし

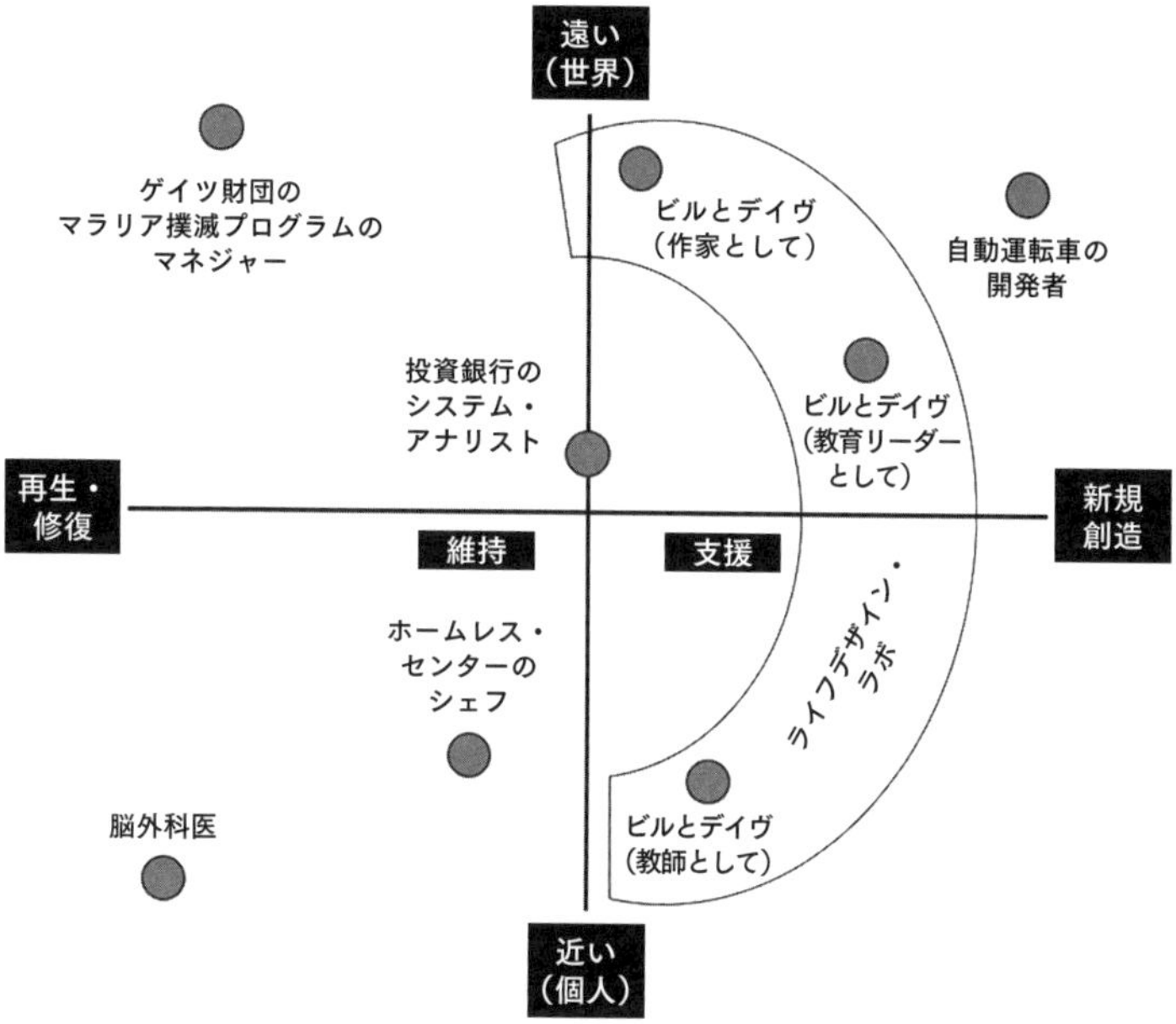

たちはより大きな組織的な規模で活動をおこなっているし、その過程で高等教育に少しだけ新たな旋風を巻き起こしている。さらに、作家として、わたしたちは世界じゅうで本を出版している。影響マップを見れば、わたしたちが時と場合に応じていろいろな役割を演じ分けていることがわかると思う。

どの例でも、見ようによって、同じ役割をマップ上のさまざまな場所に位置づけられることがわかるだろう。そして、同じ仕事のなかでも、役割はひとつでないことに気づくと思う。それぞれの役割が及ぼす影響をどう定義し、体験するのか？　その影響は時間とともにどう変わっていくのか？　あなたの影響の種類と範囲をマップ化すれば、それらを説明するパターンが見えてくるだろう。

たとえば、わたしたちがインタビューしたホームレス・センターのシェフは、自分の影響を実感するためには、一対一で接する機会が自分には必要だ、ときっぱり述べた。「組織的なレベルで働こうと思ったこともあります。実際、一時期フードバンクの責任者を務めていました。かなり重い役割でしたね。資金を調達して、ホームレス問題についての認知度を高め、おそらくひとりのシェフとしてよりも、多くのひとに食事を提供できたでしょう。でも、いまひとつしっくりとこなかった。だから、シェフへと自主的に降格させてもらったんです。料理をつくっている相手のうれしそうな顔を見られるようにね。ホームレスのひとにただスープを渡すのではなく、二〇〇人のためにスープをつくる方法を教えれば、長く残る希望と愛情を与えられる。影響を実感できること――それがわたしにとっては重要なんです」

そして、ゲイツ財団のマラリア研究プログラムのリーダーの話を聞けば、たぶんこんな言葉が返ってくるだろう。「アフリカ農村部の現場で働き、マラリア蔓延地域の住民に蚊帳《かや》を配布している同僚たちには感心するよ。厳しい場所で貴重な活動をしていてね。でも、わたしの仕事はちがう。ビル&メリンダ・ゲイツ財団がこの活動に割り当てた巨額の資金が、効果的かつ効率的に使われるよう、影響を及ぼしている。わたしは数字に強いし、大規模なシステムを操るのが得意だ。プログラム・マネジャーという仕事でこそ、本領を発揮できるんだ。この活動はわたしの天職だと思う」

これらの例からわかるように、役割も、影響の種類も、影響を及ぼす範囲もまったくちがうふたりが、それぞれ仕事に大満足している。あなたにもそうあってほしい。ぜひ、本章の「やってみよう」コーナーで、あなたの影響マップを描き、結果を確かめてみてほしい。

これで、あなたが仕事で生みだしているものと、影響を及ぼしたい場所がはっきりした。それでも、あなたが職場で最高に輝き、望みどおりの人生をデザインするためには、解決しなければならない興味深い問題が山ほどある。

朗報は、デザイナーは問題が大好き、ということだ。

そして、根強い問題、何度もぶり返す問題、解決の難しい問題に直面したとき、デザイナーが真っ先におこなうのは、より解決にふさわしい問題をデザインすることだ。これを「視点の転換《リフレーミング》」という。デザイナーはそれを年じゅうおこなっている。だから、きっとあなたにもできる。

やってみよう

最初に注意をひとつ。ふたつの新しいツール、「メーカー・ミックス」と「影響マップ」を試す前に、まずはあなたの道しるべとなる確かなコンパスを用意してほしい。そのためには、本章で紹介した仕事観と人生観を書きだし、仕事観と人生観の一貫性を確かめよう。仕事観と人生観によい、悪いはない。あなたの書きだした仕事観と人生観は、それが正真正銘の本心であれば、よい出発点になる（仕事観と人生観を書きだすときは、こうなりたいという願望は脇に置いて、残酷なくらい素直に現実を見つめよう）。コンパスは、年一回程度、または転職、転身、引っ越しなどの大きな変化を検討しているときや、人生の節目などに見なおすといいだろう。正確なコンパスがいちばん役立つのは、そういう場面だからだ。

確かなコンパスが用意できたら、いよいよ次のふたつの演習を実践してみてほしい。ひとつ目はお金、影響、自己表現のバランスを明らかにするための演習、ふたつ目はこの世界であなたがいちばん大きな影響を及ぼせると思える場所を知るための演習だ。

演習1――メーカー・ミックス

この演習の目的は、現在、あなたが人生でどれくらいお金を稼いでいるか、世の中に影響を及ぼしているか、自己表現ができているか（あなたの「メーカー・ミックス」）を主観的に評価し、それについてどう思うかを明らかにすることだ。あなたのいまの人生における三つのバランスを視覚的に表現した「メーカー・ミックス・ダッシュボード」を描くとわかりやすい。何度も言うが、正解はない。三つのほどよいバランスは、何通りもありうるのだ。自己表現は自由にできるが稼ぎは少ない状態や、お金は儲かっているが影響は小さい状態が調和していると感じるなら、あなたのスライダーはそれでちょうどいいのだ。そして、あなたのお金、影響、自己表現のスライダーの位置は、あなたの〝現状〟に対する直感的な理解に基づいて〝設定〟してかまわない。

①あなたのメーカー・ミックス・ダッシュボードを描く。

②お金、影響、自己表現の三つの分野それぞれの現状について、数文以内で書き記す。

③あなたの現在のスライダーを、それぞれ動かしてみる。[3]

④そのダッシュボードについてどう思うか、考える。

⑤次に、あなたがこうなりたいと思うダッシュボードを描く。いきなり理想的なダッシュボードを描くのではなく、最適なバランスに向かって一歩近づくようなダッシュボード、より一貫性のある人生につながるようなダッシュボードを描くようにするといいだろう。

⑥お金、影響、自己表現のどれかひとつを改善するためにできるシンプルな変化をいくつか考え

る。

⑦お金、影響、自己表現のスライダーが少しだけ動くようなシンプルなプロトタイプ（実験）をいくつか考える（第1章の「ハードルを低く設定する」手法を参考に）。

ワークシート――メーカー・ミックス

次のイラストには、お金、影響、自己表現の三種類のスライダーが描かれている。ほかの視覚的なツールと同じく、目的はあなたの現状を把握しやすくすることだ。あなたの現状を正確に描きだしていると感じるまで、スライダーを直感的に動かしてみよう。単位はなく、最小値が0、最大値が100だ。

次に、将来こうなりたいと思うメーカー・ミックスを描こう。学生ローンの返済のため、お金を稼ぐことに力を入れたい？　なら、お金のスライダーを上げよう。世の中への影響と自己表現を重視したい人生の時期に来ている？　なら、そのふたつのスライダーを上げよう。三つのバランスがどうであれ、あなたに合ったバランスを選んでほしい。

次に、あなたが望むメーカー・ミックスに向かって進みはじめるために必要な、三つの活動を書きだそう。

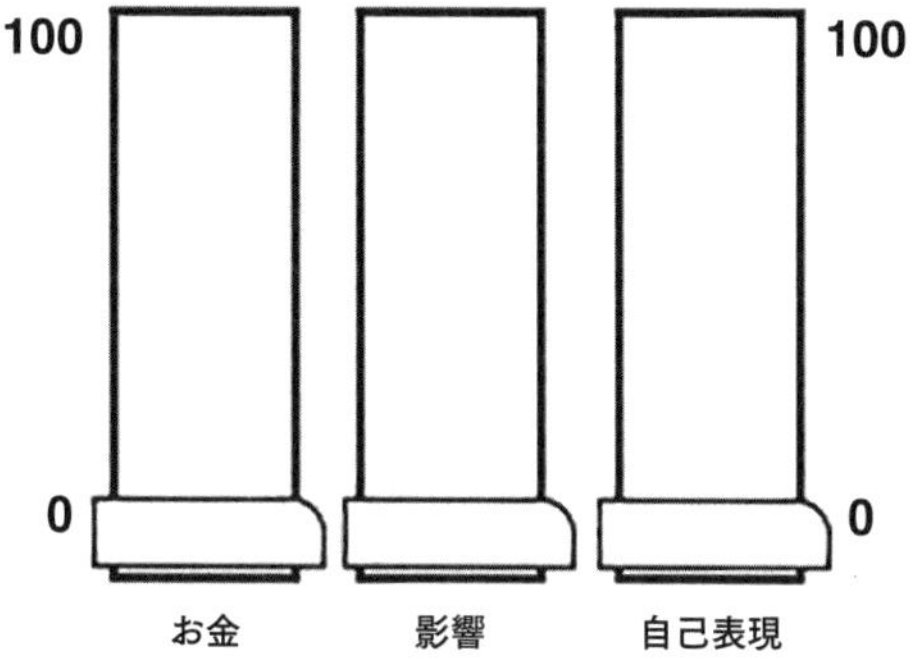

あなたの現在のメーカー・ミックス

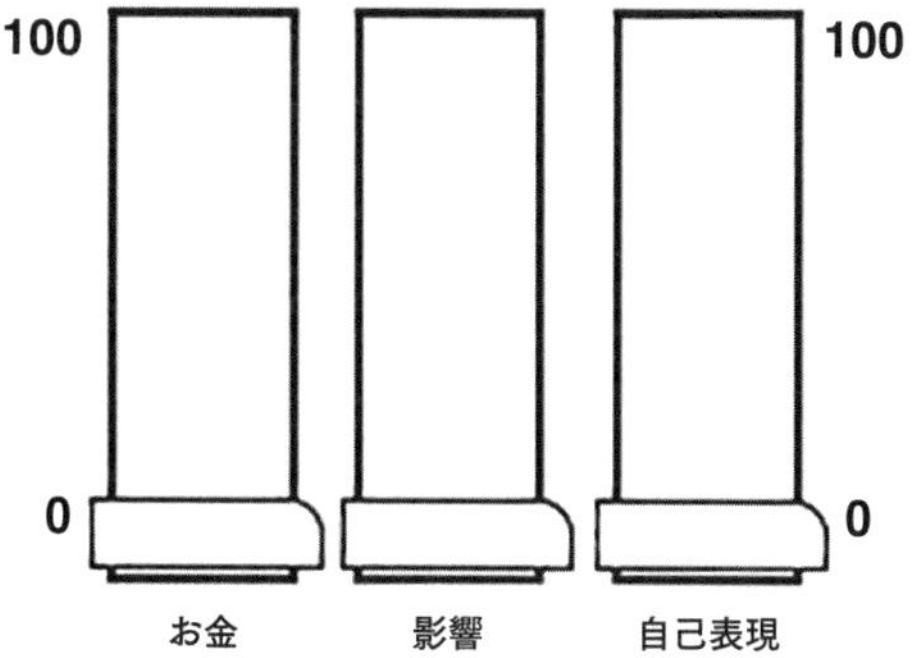

あなたの将来のメーカー・ミックス

次に、実世界に出て、先ほどの演習で書きだしたプロトタイプをいくつか試したあと、ふたたびメーカー・ミックス・ボードを描きなおしてみよう。どれかのスライダーは動いただろうか？予想外のことは起こったか？　人生の奏でる〝音色〟はどう変わっただろう？　その人生の音色に合わせて踊りやすくはなったか？　人生にもっと自己表現が必要なことに気づきはじめただろうか？（だって、あなたはもともとクリエイティブな人間でしょう？）あなたにとってお金がどれくらい大事なのかがはっきりしただろうか？（思っていたほどではないかも！）それから、あなたの答えのなかに潜んでいる〝快楽の回し車〟を見落としてはいないだろうか？

ヒント——快楽の回し車の負の側面は、お金を貯めこむことと結びついている場合が多い。なので、お金のスライダーに注意しよう。

ときどき、あなた自身の現状をチェックし、このシンプルなメーカー・ミックス・ボードを見なおしてほしい。人生の一貫性が少し崩れかけている、と感じたときがいいタイミングかもしれない。猛烈にあわただしい現代の仕事の世界では、三つのバランスはすぐに崩れてしまう。ソクラテスは、「吟味されざる人生に、生きる価値はない」と述べたが、〝人生を吟味する〟には、定期的なチェックが欠かせない。お金、影響、自己表現からなるメーカー・ミックスは、「調子はどう？」という質問に答える有力な方法のひとつなのだ。

演習2——影響マップ

①あなたの役割を四～六つ程度リストアップする。ひとつの仕事にも、何通りかの役割がありうることをお忘れなく。たとえば、あなたは制作アシスタント、プランナー、企業文化委員を兼任しているかもしれない。なので、あなたの主な役割をすべてリストアップするようにしよう。あなたの過去の役割を振り返り、マップ上の位置を考えるのもいいだろう。また、あなたが心に温めている未来の役割について考えるのもいい。前著『スタンフォード式　人生デザイン講座』で、あなたの今後五年間のまったく異なる三通りの人生を想像する「冒険プラン《オデッセイ》」という演習を紹介した。冒険プランを描くなら、影響マップに挙げた未来の役割のうちのいくつかを含めよう。

②次に、①でリストアップした各役割を、一〇六ページの影響マップのなかに書きこむ。マップ内の位置によい、悪いはない。影響力が大きいほど、新しいものを生みだすほどよい、と考えがちだが、それはちがう。世界からマラリアを根絶するほうが、脳外科医になるよりも影響が〝大きい〟なんてことはない。脳の手術を受ける患者から見れば、とくにそうだろう。マップ上に〝よい場所〟なんてないのだ。

横軸は、再生・修復、維持・支援、新しいモノの創造、という観点から考えてほしい。縦軸は、親密で個人的なレベルから、世界的なレベルまである。たとえば、あなたがホームレスのひとの経歴を記録するケースワーカーなら、影響の範囲は一対一だ。あなたがホームレスのひとびとのために資金を調達しているなら、影響の範囲はもう少し上、地域的なレベルとなるだろう。窓のない国連の地下室で性的奴隷の人身売買に関する政策を立案しているなら、国、さらには世界のレベルで活動していることになる。その仕事があなたに合っているなら、最高の満足が得られるだろう。わたしたちの教え子のひとりに、長年かけて個人、町、地域の三つのレベルをすべて渡り歩いた猛者がいる。彼はスターバックスのバリスタからキャリアをはじめ（個人個人に毎日コーヒーをふるまう）、911の通信指令係になり（小さな町の火災や犯罪を修復する）、最終的には郡の健康政策の立案者になった（五つの街からなる地域全体の新たな健康向上の方法を考える）。マップ上に悪い地点なんてない。大事なのは、あなたに合っているか、合っていないか、それだけなのだ。

③あなたの役割をマップ上に書きこんだら、[4] 次に気づいた点を挙げ（気づきは変化の第一歩だ）、こう自問する。

・気づく点は？　このデータにパターンはないか？
・ここから導きだせる洞察は？
・この演習で浮かんだ疑問は？　どんな点に興味がわいただろう？

あなたの影響マップを見て、あなたに合った役割の種類についてわかったことは？　あなたが好きになれなかった役割は？　いままではさほど重要だと思っていなかったのに、実は影響が大きかったと気づいた役割は？　あなたの好きになれない仕事が、どれもマップの四隅のひとつに固まっているとしたら、それは重大な気づきだ。あなたの影響マップについて考えたことを書きだそう。

あなたは静止した物体とはちがう。さまざまな役割へと成長していくにつれて、あなたの欲求や能力は変化していくし、影響のとらえ方も変化する。この演習が明かしてくれることに興味をもとう。あなたの好きな役割が四隅のひとつにかたよっているとしたら（たとえば、わたしは「個人」および「新規創造」のエリアに分類される仕事ならなんでも大好きだ）、そのエリアに属する役割を果たすのに必要なスキルについて考えてみるといいだろう。

このツールは、やりがいや影響を実感できる役割や仕事のデザイン方法を明らかにする方法のひとつだ。また、影響の範囲や度合いを変化させて、あなたの役割をデザインしなおすのにも役立つだろう。

ワークシート――影響マップ

あなたの過去、現在、未来の役割を四～六つ程度リストアップしよう。

ひとつの〝仕事〟にも、何種類かの役割があるかもしれない。その一つひとつがマップ上の別々の場所に位置づけられる。

それぞれの役割をマップ上に書きこもう。

次の点について考察しよう。

・気づく点は？

・そこから導きだせる洞察は？

・浮かんだ疑問は？

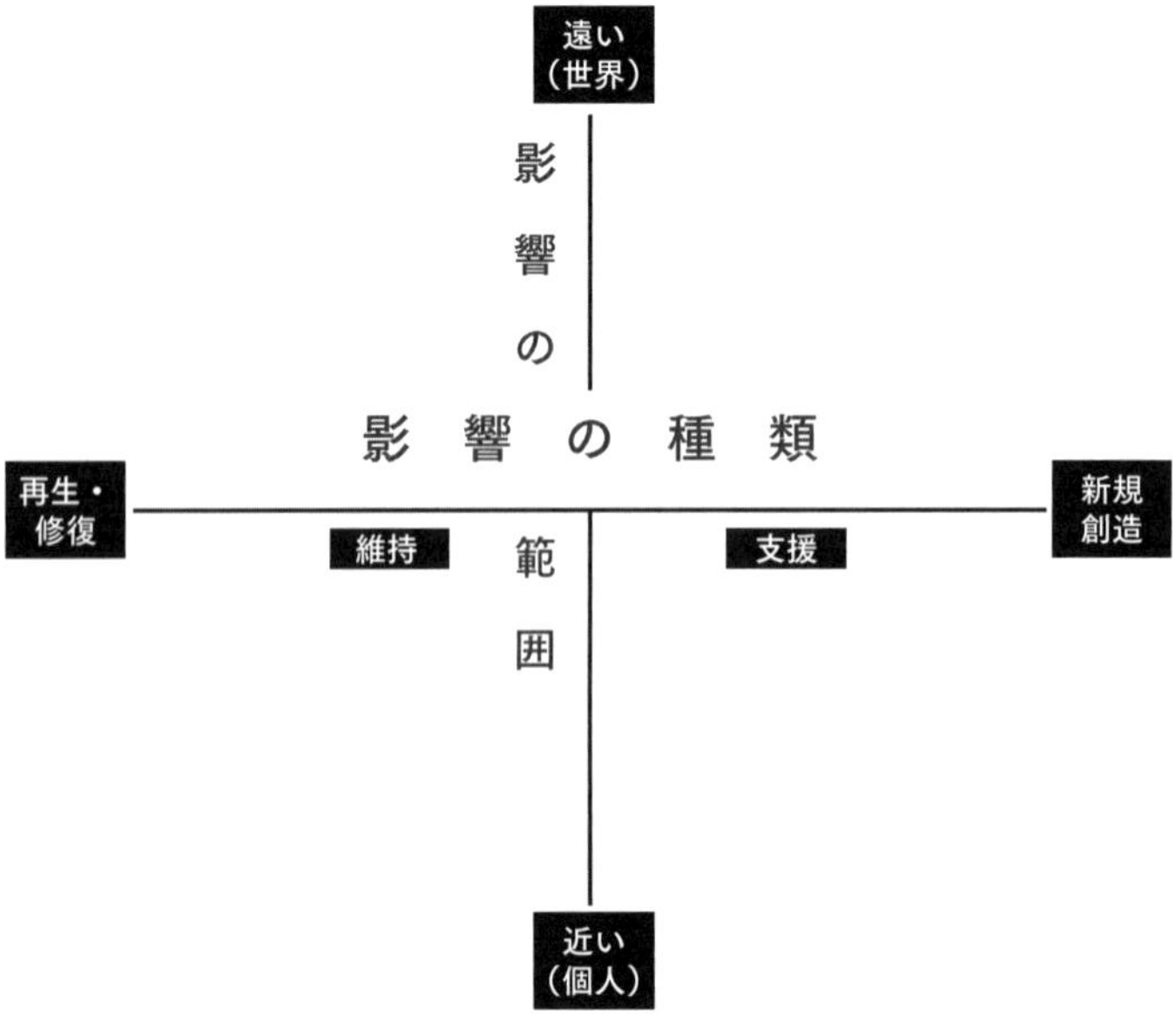

第3章　解決すべき問題はなに？

行きづまり思考↓わたしの仕事の問題は解決不能。完全な行きづまりだ。
こう考えなおそう↓完全な行きづまりなんてない。見方を変えれば、どんな問題でも「対処可能な最小限の問題」へと変えられる。

本書の狙いは、転職、引っ越し、脂肪吸引の手間をかけずに、より幸せな人生、より満足できる仕事をデザインすることだ。そのためには、職場の「問題」に対処することが避けられない。となると、こんな疑問が浮かんでくる。

本当に解決すべき問題とは？

前章でも話したとおり、デザイナーは問題が大好きだ。しかし、的外れな問題を解決しようとして、数日、数週間、数カ月、数年、ときには数十年をムダにしてしまうひとは数知れない。本当に解決すべき仕事の問題とはなんなのか？　それを明らかにすることは、ワークライフをデザインするうえでいちばん重要な判断のひとつといっていいだろう。

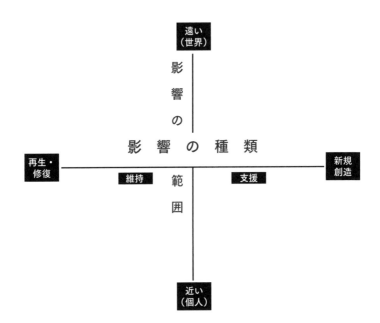

視点の転換《リフレーミング》の技術をマスターしよう

効果的な「問題発見」に必要なスキルはたくさんある。問題発見とは、いちばん解決するのにふさわしい問題、優れた解決策がいちばん見つかりやすい問題を特定することだ。なので、より解決にふさわしい問題を見つけるための「視点の転換《リフレーミング》」の技術は、ライフデザインにおいて抜群に重要なスキルといっていい。優れたデザイナーは、決まって視点の転換が得意だ。デザイナーは絶えず（しつこいくらいに）、「うーん、こんな見方をしたらどうなるだろう」と問う。そうして、目の前の問題の新しい見方を説明するのだ。すると、新しい解決策の可能性が突如として浮かび上がってくる。

視点の転換。それはデザインのスーパースキルのひとつなのだ。

わたしたちはしょっちゅうこう訊かれる。「それって、どうやるの？」

「マジックの一種だよ」とわたしたちは真顔で答える。

もちろん、冗談だ。でも、なんらかの問題で完全に行きづまっているときに、だれかが新しい視点をもって現われたとたん、パッとすべての突破口が開けることがある。まるでマジックのように。すると、そのひとが究極のマジシャンに見えてくる。

では、視点の転換《リフレーミング》とは？　問題の枠組みを見なおすことだ。

問題を定義するとき、必ず問題の「フレーミング」をおこなう。問題の枠組み《フレーム》を定め、その枠組みのなかになにがあるのか、そしてなにがないのか（こちらのほうが重要）を定義するのだ。

問題の枠組みを定めたら、その枠組みの内側に入りこんで、いざ問題の解決にとりくみはじめる。

問題の枠組みとは？　「枠にとらわれない考え方」というときの「枠」だ。「枠にとらわれない考え方」というと、まるで既成の枠組みがない、完全に自由で独創的な考え方が存在するように聞こえるが、それは正しくない。枠組みはつねに存在する。いや、存在しなければならない。思考の対象を全宇宙へと広げることなんてできないからだ（抑えて、抑えて！）。

創造性とは、その枠組みの定め方や、その枠組みのなかで〝遊ぶ〟方法を、あれこれと試してみることにほかならない。重要なのは次のふたつのステップだ。

①問題にはつねに枠組みがあることを受け入れる。
②問題をフレーミングした際に、その枠組みを定めたのは自分だということ、そしてもっと有効な新しい解決策が必要になったら、いつでもその枠組みを変更できるということを自覚する。

「対処可能な最小限の問題」に目を向ける

どうやっても解決できなそうに思える問題はたくさんある。たとえば、わたしたちの知るバーニーという男性は、ある大手陸運会社（社名は伏せておく）の仕事を気に入っていたのだが、長いあいだひとつの問題に悩まされてきた。「上司がろくでなしそのものなんだ」と彼は言った。

「ここではどんなに必死で働いても、絶対に評価してもらえない」。こんなふうにフレーミングされた問題をしょっちゅう耳にする。視点の転換が必要なのはこういう問題だ。どうとらえなおすのが最善かは、そのときの具体的な状況によるところが大きい。

ちなみに、視点の転換のしかたは、つねに細部によって変わる。一般的な視点の転換の方法、なんてものはない。たいへん有名な建築家で、世界初のデザイン学校のひとつであるバウハウスの校長を務めたミース・ファン・デル・ローエは、こんなフレーズで有名だ。「神は細部に宿る」

視点の転換もまた、細部に宿るのだ。

実用最小限の製品（Minimum Viable Product　略してMVP）という言葉を聞いたことがあるかもしれない。イノベーションや起業の世界で重要な考え方のひとつだ。新興企業《スタートアップ》は、新製品を市場に送りだすのがただでさえ難しいことを知っている。だから、それを必要以上に難しくするべきではない。そこで、まずは最小限の価値ある（実用的な）機能だけを備えた製品をつくる、というのが実用最小限の製品の考え方だ。これは名案で、製品をつくるのではなく問題をとらえなおす際にも使える。ただし、この場合は、実用最小限の製品のかわりに、「対処可能な最小限の問題（Minimum Actionable Problem　略してMAP）」と呼ぶことにしよう。大きくて困難な問題をとらえなおして、「対処可能な最小限の問題」へと変えれば、ずっと小さく、扱いやすい問題の解決に専念できるようになる。

人生はただでさえ厳しい。本当に。みんなの人生が完璧で、仕事が悩み知らずなら、わたしたちの本を読むひとなんていないだろう。あなたの問題を必要以上に大きくして、負担を増やしてはいけない。第1章で論じたように、ハードルを低く設定して、クリアしていけばいい。そして、そのプロセスを何度もくり返すのだ。

通常、バーニーの問題のように解決不能とされている問題は、次の二種類に分類される。（1）本当に対処不能であり、ひとつの「状況」として受け入れるしかない問題（重力のように対処するすべがなく、事実として存在するものなので、わたしたちは「重力問題」と呼んでいる）。（2）フレーミングのしかたがお粗末であり、とらえようによってはより対処可能な形に変えられる問題。

ここで注目したいのは、ふたつ目のタイプの問題のほうだ。そこで、視点の転換の技術を学び、無料のやりなおし権を活かしていこう。コツをつかむまでは何回かかかるだろうが、練習を積めばずっと上手になっていくはずだ（マジックと同じで、トリックを学ぶ必要があるのだ）。

ズームインして、問題を冷静に分析する

筆者のデイヴはもう二五年以上、独立した経営コンサルタントとして身を立てている。プロジェクトの開始時に、徹底的で鋭い状況分析をおこなうことは欠かせない。彼は状況分析のちょっとしたプロであり、長年をかけて、状況分析に対する非常に高度なアプローチを開発してきた。彼はそのプロセスをたったふたつの疑問へと凝縮している。

熟練コンサルタントのデイヴが使う魔法の質問その1――**「あなたの問題は？」**

（そう言って、クライアントの長々しい答えに耳を傾け、考えているような間を置き、第二の質問に移る）

熟練コンサルタントのデイヴが使う魔法の質問その2――**「なるほど。で、本当の問題は？」**

それだけだ。本当に。ひとびとが行きづまり、ストレスを抱えている状況では、質問その1への答えを引きだすのはそう難しくない。そして、この質問が適度な出発点となる。デイヴはこの質問をし、記録をとる。三分間、五分間、あるいは四五分間、答えに耳を傾けたあと、彼は第二の鋭い質問をして、状況分析の真に戦略的な部分へと移る。

で、本当の問題は？

これこそ、デイヴが数十年間にわたって使ってきた深掘りの質問その2だ。九割以上のケースでは、あっという間に真の問題へとたどり着ける。たいていの状況では、心理学者のいう「表面化した状況（presenting situation）」と、それに加えて「水面下の状況（underlying situation）」が存在する。お気づきのとおり、質問その1は表面化した状況、質問その2は水面下の状況にたどり着くためのものだ。

これは、対処可能な最小限の問題にたどり着くための方法でもある。

視点の転換の技術を身につける最初のキーポイントは、現在起きている問題と本当の問題とのちがいを、はっきりと切り分けることにある。そのコツは、まずズームインして、最初の説明から不要な情報をとり除くことだ。次に、ほかの余計な荷物をとり除くため、ズームアウトして、水面下で起きている本当の問題を読み解いていく。先ほど紹介したバーニーと〝最悪の上司〟の例で見てみよう。

ステップ1――質問その1「**あなたの問題は？**」

バーニーの答え――「上司がろくでなしそのものなんだ。ここではどんなに必死で働いても、絶対に評価してもらえない」

ステップ2――**ズームインして、余計な脚色をそぎ落とす。**

まず、こんな疑問について考えてみよう。バーニーの問題の説明に忍びこんでいる個人的な偏見、臆測的な反応、既成の解決策は？ その問題の説明を不必要に狭めてしまっている偏見はないか？ ちなみに、問題を必要以上に複雑にしているバーニーやあなた自身を責めるのはやめよう。問題の説明に余計な脚色や感情がある程度入りこむのはしょうがないことだ。なぜか？ 人間だから。バーニーはずっと不満を抱えている。苦痛を感じている。ただ、彼の感情や不満は理解できるとはいえ、問題の説明に余計な脚色をほどこしてしまうと、問題から抜けだす方法をデザインするのは難しくなる。そこで、視点の転換では、必ずこの客観的な分析が重要なステップになる。本当の問題へとズームインするわけだ。

さて、問題にズームインして、冷静で客観的な分析をおこなうとどうなるか、見てみよう。

余計な脚色その1――「ろくでなし」

「ろくでなし」というのは、バーニー自身による上司の性格判断だ。上司は本当にろくでなしなのか？　ただフィードバックを返してくれないだけなのか？　そして、上司をろくでなし呼ばわりするのは、仕事の改善策を練るのに本当に効果的なのか？　たとえば、この例の上司が、熱狂的と呼べるくらい勤勉で、自分の子どもやペットには優しいのだが、社会的、感情的な面で欠点があり、バーニーが求めるフィードバックをいっさいくれないという点では最悪だとしよう。彼は一緒に酒やボウリングを楽しめるか、という視点で見れば好きにはなれないかもしれないが、それは性格の問題であり、この「ズームイン」分析とは関係がない。確かに、上司は客観的に見てフィードバックが下手だが、漠然と彼を「ろくでなし」と呼ぶのは、問題の解決策を見つけるのには役立たないのだ。

　よって、この言葉は削ろう。不要な偏見を生むだけだから。

余計な脚色その2――「そのもの」

「上司がろくでなしそのものなんだ」と声に出して言ってみてほしい。「そのもの」という言葉に力をこめながら。いますぐやってみてほしい。どう聞こえるだろう？　さあ、もういちど。「そのもの」という単語まで来たとき、どんな感じがするだろう？　とげがあるはずだ。そこにはなんらかの意味がある。バーニーの上司は一日じゅうずっとろくでなしそのものだ、という印象を受ける。ずいぶんと手厳しい。そして、おそらく少しだけ不公平だろう。しかし、上司が変わるとは考えづらく、近いうちに大きな〝フィードバックの改善〟が起こるとは予測しづらい、と結論づけるのは合理的だ。そこで、余計な脚色や誇張はとり除いて、現実をありのままに表現してみよう。「バーニーの上司はフィードバックが上手でなく、性格が変わるとは考えづらい」。これは、「上司はろくでなしそのものなんだ」という文章がかもしだす完全な悲壮感とはほどとおい。

余計な脚色その3――「絶対に〜ない」

「絶対に〜ない」という文章には、バーニーのゆがんだ問題の説明のいちばん感情的な側面が表われている。なぜか？　この文章には、次のふたつのことを示唆する、柔軟性のない普遍的な命題（「絶対に」と「ない」）が含まれているからだ。ひとつ目は、職場で正当な評価を示してくれるのは上司ひとりだけだ、ということ。ふたつ目は、上司から評価されなければ、「絶対に評価してもらえない」ということ。絶対にだ。「絶対に〜ない」という表現は、彼の問題を必要以上に悪化させている。こういう表現を使うのはやめよう。

これはいわゆる「イカリ問題」でもある。バーニーは問題の説明のなかに、自分の希望する解決策をくみこんでしまっているからだ。イカリ問題と重力問題については、本章でこのあと説明する。世の中の問題の半数は、フレーミングのしかたが誤っているといっていい。そういう問題をうまくとらえなおすヒントについても、のちほど説明していこうと思う。

ステップ3――質問その2「本当の問題は？」

次に、「本当の問題はなんだろう？」と考えてみよう。これは、ステップ2での発見を活かして、問題の説明を別の視点でとらえなおし、「対処可能な最小限の問題（MAP）」を定義する重要なステップだ。この視点の転換には何通りもの正解がありうるので、唯一の正解を突き止めることにこだわってはいけない。問題が対処可能な形になりさえすれば、それでいいのだ。

スタンフォード大学dスクール（デザイン思考を教える中心的機関）では、「～にはどうすればいいか（How might we... または How might I...）」というフレーズで視点の転換をはじめる。これはオープンで前向きな文章のはじめ方であり、より生産的でクリエイティブな可能性へと結びつくことが多い。では、バーニーにとっての「対処可能な最小限の問題」とは？　三つの視点の転換を紹介しよう。

MAPその1――上司が前向きなフィードバックをくれることはほとんどない。では、組織内のほかのひとから、わたしの仕事への明確な評価を受けとるにはどうすればいいか？

MAPその2――上司にはいろいろな資質があるが、評価を伝えることだけは下手なようだ。では、わたしの尊敬するほかのひとびとから肯定的な言葉を受けとるにはどうすればいいか？

MAPその3――前向きなフィードバックを伝える必要はない、というのがこの会社の経営方針のようだ。では、仕事への満足感は給料から得て、個人的な評価はオフィス以外に求めるにはどうすればいいか？

MAPその1では、いくつかの興味深いプロトタイプをつくることが考えられる。組織内のほかのマネジャーたちとコーヒーを飲み、フィードバックの提供方法について訊いてみることもできるし、自身の参加しているプロジェクトのプログラム・マネジャーからフィードバックを求める手もある。そして、自分自身の仕事の一貫性を保つため、みずから同僚にフィードバックを与え、自由参加の有志たちといわゆる「三六〇度評価」をおこない、自分が理想とする経営慣行の見本をつくり上げていくこともできるだろう。

MAPその2では、バーニーはフィードバックを受けとる相手を広げている。彼はビジネススクール時代の教授が本当に好きで、いまでもときどきコーヒーを一緒に飲んでいる。そこで、彼は仕事の成果を記録し、その教授に客観的なフィードバックを求めることにした。彼はまた、独力でテクノロジー企業を立ち上げた大学院時代の友人も尊敬していた。そこで、彼は自分の仕事の質が新興企業《スタートアップ》に期待される基準を満たしていると思うかどうか、その友人にたずねてみることにした。どちらも、彼の求めるフィードバックの信頼できる供給源だった。

MAPその3では、バーニーは相変わらず「余計な脚色その3」の内容を信じつづけている、という点に注目してほしい。彼は、上司がフィードバックをいっさい返してくれない性格なので、いまの職場では絶対に評価してもらえない、とかたくなに信じている。そうして、上司の行動はこの会社全体の経営規範なのだ、と結論づけたようだ。ほかの部署の同僚と話をして、本当にそうだとわかったなら、それは正当な視点の転換といえるだろう。この会社では評価してもらえないというのは、重力問題（先ほど出てきた言葉だ。このあと説明するのでご心配なく）であり、対処可能ではない。彼の会社の社風の大きな欠点のひとつにすぎないのだ。その事実を受け入れれば、対処可能な最小限の問題を考えだすことに専念し、別の場所に評価を求められるようになる。実際、MAPその3では、自社の社風の欠点を受け入れ、怒ることなく、自身のエネルギーの一面（承認欲求）を仕事以外の場所に向けている。家庭、子育て、コーチング、読書会、教会、その他のグループやクラブなど、なんでもいい。

結局、なにが言いたいのか？　バーニーがフィードバックや評価（または彼の望む解決）を得る方法はいくらでもある、ということだ。先ほどの三つの視点の転換はどれも、彼が自分で試せるプロトタイプや実行できる行動を直接指し示している。これでもう、彼が行きづまることはない。

ズームアウトして、本当の問題を深く掘り下げる

視点を転換すると、ちょっとしたボーナスがくっついてくることが多い（必ずではないにせよ）。あなたが長年引きずってきた心の重荷の一部をとり除くのに役立つのだ。それは、視点の転換のステップ2で特定した、余計な脚色のなかに潜んでいる。あなたが背負っている重荷とはなんなのか？　好奇心を用いて、それを見つける方法を知ろう。

先ほどの例では、「ろくでなし」「そのもの」「絶対に〜ない」といった表現が、余計な脚色だった。これらは、実際には問題の客観的な要素ではなく、問題に感情的な要素をつけ加え、解

決を難しくしていることが多い。しかし、このようなちょっとした感情的要素は、文章のなかへとたまたままぎれこんだわけではない。これらの感情的要素を問題とこれほど強く結びつけているものとはなんなのか？　それが理解できれば、待望のボーナスが手に入る。

最初はズームインしたが、こんどはズームアウトする番だ。わたしたちの重荷をとり除いてくれるボーナスを勝ちとるには、まずデザイナーのマインドセット「好奇心」をとり入れる必要がある。バーニーの場合はこんな感じだった。「うーん、この上司に対するネガティブな感情は、いったいどこからわいてくるんだろう？　原因の一部は上司じゃなく、別のところにあるのかも」。このオープンな姿勢、好奇心からはじめる姿勢が、彼を次の質問へといざなった。「もしそうだと仮定すると、そのネガティブな感情はどこからやってきているのか？　なぜそれはわたしの上司の問題と結びついているのだろう？」

バーニーの疑問は、自分自身の内面を振り返る機会を切り開いた。きっと、あなたにも切り開いてくれるだろう。バーニーと同様、あなたも自分の疑問について考えたり、日誌に考えを書き連ねたり、散歩したり、飼い犬のシュナウザーに意見を訊いたりと、あなたに合った方法を試してみてほしい。ただし、あなた自身の内面を見つめ、気づく内容に意識を向けることが大事だ。感情的な要素のなかに、あなた自身の長年の重荷が潜んでいることがとても多い。完全には癒えていない古傷、抑えきれない過敏性、ぬぐえない偏見——そんな物事が潜んでいないか、確かめよう。

この例の場合、バーニーは、自分が正当に評価されていないことにこれほど感情的に反応してしまったのはなぜだろう、と自問した。すると、昔のボーイスカウトの隊長の顔が頭に浮かんだ。

元海兵隊員の彼は、制服を着た子どもたちに命令するのが大好きだったが、意地でも「よくやった！」とか「よし、上出来だ！」とは言わなかった。その決して褒めないボーイスカウトの隊長が、幼くて少しシャイな一二歳のバーニーに、大きな影響を与えていたのだ。

デイヴにもそんな隊長がいた。彼は第二次世界大戦時の海兵隊員で、バルジの戦いに参加した経験もある退役軍人だった。彼は恐るべき男で、ペンナイフと靴紐しかもたずに森で迷ったとき、隣にいてくれたら心強いと思うようなタイプの人間だったが、少し前まで軍人だった彼に、褒め言葉や肯定的な言葉なんていっさい期待できなかった。幸い、デイヴは一二歳にして視点の転換がかなり得意だった。「彼はものすごく厳しくて、嫌味な人間だし、もうちょっと優しくしてくれてもいいのに、と思うこともあるけど、優しくしてくれるひとならほかにごまんといる。ボクにとって本当に必要なのは、リュックサックひとつで、野生のなかで生き抜くすべを教えてくれる人間だ。この男はまちがいなくそれができる！　いつも、最高の訓練をありがとう！」

結局、バーニーは、他人を褒められないリーダーたちと過ごしてきた暗い歴史が、会社に対してつい感情的になりすぎてしまう原因かもしれない、と気づいた。だとすれば、彼はそのせいで、上司の無能な管理スタイルに対して過敏に反応してしまっている可能性もある。これは彼と上司の両方にとって不幸なことだろう。

この気づきこそが念願のボーナスなのだ。

ほしいものは、ほしいと言わなきゃ手に入らない

ズームアウト分析をつづけるうち、バーニーが「絶対に〜もらえない」というフレーズに注目を奪われたとしよう。とくに、「もらう」という単語だ。この言葉は、最初の分析ではそれほど注目ポイントではなかった。でも、いまになってこの単語が引っかかった。

「うーん……もらえない……もらえない……もらえない……待てよ、わかった！　なにかをもらうには、それをあげるひとが必要だろう？　単純な話だ。わたしは内心、自発的な評価がもらいたいと思っている。できれば、わたしが求めなくても、相手のほうから。考えてみると、わたしが理想に描いているのは、小学三年生のときの担任のダンリーヴィー先生だ。本当にいい先生だった！　あの日のことは忘れもしない。昼休みのあと、歩いて教室に戻ろうとしていたら、先生が三〇メートルくらい先でわたしを見つけて、〝あ、バーニーくん！　エッセイ読んだわよ。すばらしい。よく書けているわね！〟とみんなの前で叫んだんだ。ああ、あれは人生で最高の一日だったな」

こうして、バーニーはひらめきの瞬間を体験し、上司がダンリーヴィー先生のようになるのを待っている自分に気づいた。ある意味では、だれもがダンリーヴィー先生のようなひとを待ち望んでいるのではないだろうか？

不幸にも、そういうタイプの上司はまれだ。バーニーは、上司がそんな人間に変わるのを、もうじゅうぶん長く待った。そろそろ、方針を見なおす時期だ。そう結論づけた彼は、ふたたび好

奇心をもち（好奇心をもつのは本当に楽しい）、同僚のバスランとこの〝フィードバック不足〟の問題について話しあった。バスランは、ふたりの共通の上司に自分の仕事がどう思われているか、正確に把握しているようだった。実際、彼はその上司と月一回、一対一の面談をおこない、スキルアップの目標を一緒に検討しているらしい。彼は上司の提案を待つのではなく、自分からその面談を求めていた。フィードバックを求めた結果、フィードバックをもらうことができたのだ。

「でも、そんなのは自発的で自由なフィードバックじゃない」とバーニーは思った。彼がほしいのはダンリーヴィー先生がくれたような、自発的で自由なフィードバックだった。自分から求めたフィードバックなんて、本当によいフィードバックといえるだろうか？

　その瞬間、バーニーはまた同じ失敗をくり返していることに気づいた。問題の説明のなかに、自分の望む解決策をくみこみ（「自発的なフィードバックこそが〝よい〟フィードバックだ」）、実行可能な解決策を思いつく機会を自分でみすみすつぶしてしまっていたのだ。

　バーニーの目標は、行きづまりから抜けだし、よりやりがいがあって楽しいワークライフへの道筋を築くことだ。彼がデザインすべきは実行可能な解決策であって、完璧な解決策ではない。自発的なフィードバックは、確かにもらってうれしいものだけれど、彼は上司がそういう性格でないことを知っている。バスランが自分からフィードバックを求めたおかげで、望みどおりのフィードバックをもらっているなら、バーニーにだってできるはずだ。

「自分からフィードバックを求めれば、フィードバックがもらえるのでは？」

　目からうろこが落ちた瞬間だった。

毎回これくらい簡単だとはいわないけれど、簡単に行くこともある。そして、これくらい簡単に行ったときは、まるで突然こんな鐘の音が聞こえてきたように感じられるだろう。「キンコンカン！　ボーナス獲得！」

ズームアウトをおこなうと、ときどきこうしたビッグ・ボーナスを獲得できることがある。バーニーと同じように、ほしいものを言葉にするだけで、ほしいものがもらえるチャンスは、あなたにだってあるのだ。

このような飛躍的な視点の転換は、そうしょっちゅう起こるわけではないが、起こったときには、信じられないくらい強力で爽快だ。

このズームアウト・プロセスは、長年の問題から抜けだすきっかけを与えてくれる。問題の見方を変え、隅に潜んでいる過去の重荷に気づいたら、そろそろその重荷を降ろすときなのかもしれない。もちろん、そうするかどうかは完全にあなた次第。なにしろ、これはただのボーナスなのだから。

人生を選択問題としてとらえてみる

視点を切り替え、問題を定義しなおしたら、「対処可能な最小限の問題」が特定できたことと思う。その新たな問題にどう対処すればいいだろう？　まず、その問題を解決しようとはしないこと。そう、言いまちがいではない。真の問題のほとんどは、すぐに解けるわけではない。少なくとも、多くのひとが求めるような決定的な解決法があるわけではない。人生は代数とはちがうのだ。

次の方程式を解け。3x＋2＝11

解は、x＝3

この明確な3という数値は、確実に信頼できる解だ。この数値を見れば、3という数値が正しい解であり、問題がすっきり解けたことがわかる。しかし、わたしたちの経験上、創造力や視点の転換が必要な人生の興味深い問題が、こういうふうにスパッと解決することはまずない。ほとんどの場合、わたしたちが問題に対してできるのは、せいぜい〝当面〟の解決策を見つけることだけだ。なので、問題を解決するというより、問題に対処し、許容できる新しい状態へと変える、と言うほうが正確かもしれない。いまよりも許容できるその新しい状態に達したら、問題はひとまず解決だ。永久に解決したわけではないが、当面は解決したとみなしていい。

心理学者のジョン・ゴットマンは、人間関係、とくに結婚生活の研究をライフワークにしてきた。彼はワシントン大学の「ラブ・ラボ（Love Lab）」で、三〇〇〇組以上の夫婦の様子を撮影し、心拍数、表情、身ぶりを記録した結果、驚くべき結論にたどり着いた。[1] 彼のデータによれば、夫婦の問題の七割は解決不能だというのだ。彼はそれらを「永続的な問題（perpetual problems）」と呼んでいる。しかし、それは必ずしも悪いことではない。彼の出した結論とはこうだ。彼が「名夫婦《マスター・カップル》」と名づけた、一生添い遂げるような夫婦は、多くの問題が解決不能であるという現実を受け入れ、それらを回避する策を練ろうとする。そうした問題のせいでふたりの幸せがぶち壊しにならないように工夫するのだ。つまり、永続的な問題の〝じゅうぶんによい〟解決策を探して、前に進むわけだ。

この重要なデータは、わたしたちの人生のほとんどの難問にも応用できると思う。まずは、自分が探そうとしているのが完璧な答えではなく、許容できる解決策だ、と認めるのが第一歩だ（第1章の「いまのところは、これでじゅうぶん」という考え方を思い出したなら、それもそのはずだ。まったく同じ考え方だからだ。第1章で話したとおり、「いまのところは、これでじゅうぶん」は本書の重要な考え方のひとつで、本書全体を通していろいろな形で登場する）。

これで、自分が探しているのは許容できる解決策であり、問題を永久に解決する必要はない、と理解できただろうか？　そうしたら、続いて、「対処可能な最小限の問題」の解決策をデザインするのに欠かせない、次なる重要な考え方を紹介しよう。

「実行可能な最善の選択肢」を見つける

わたしたちはよく、オープン・ドアの時間にオフィスを訪ねてきたひとびとと話をする。それがスタンフォード大学の学生であれ、この数年間で話をしてきた全年代の何千人というひとびとであれ、わたしたちは相手が厄介な問題について説明するのを聞いたあと、決まってこんなやりとりを交わす。

「ほう、チャンドラ、ずいぶんと複雑な状況だね。少し気を落としているようだけど、それはちゃんとした解決策を思いつけるほど、情報を正確に理解しきれていないからじゃない？　どうだろう？」

「そう、そう！　そうなんです。状況を理解しきれていないから、どこから手をつけていいのかわからなくて。どうすればいいでしょう？」

「うーん、きみは運がいいと思うよ。きみの状況の場合、問題を解決するのに、そもそも問題を理解する必要なんてないんだ。まあ、多くのひとが直面している複雑な状況では、たいていそうなんだけどね」

「えっ、えっ？　どういうことですか？」

「簡単だよ。実は、人生のすごく厄介な問題の多くは、選択問題として扱うのがいちばんなんだ。選択肢をすべて見つけだす必要はない。じゅうぶんな数の選択肢さえあればいい」

これと、デザイナーのマインドセット「行動主義」さえあれば、準備は万端だ。わたしたちはこれを、「実行可能な最善の選択肢（Best Doable Option　略してＢＤＯ）を見つける」方法と呼んでいる。

考えてもみてほしい。どんなに複雑な状況でも、多くの場合、あなたの問題の解決策の候補は無数にあるわけではない。だから、行動主義のアプローチに従えば、行きづまりを抜けだし、決断を下して、未来へと進んでいける。行動しないことで最終的に選ばれる未来ではなく、あなた自身が自分で選んだ未来へと。「実行可能な最善の選択肢」を見分ける力をつければ、実行可能な選択をするのが上手になり、自分自身の未来のデザイナーになれる。

シンプルな例を見てみよう。あなたは友人と夕食で悩んでいる。どこでなにを食べよう？さて、どうしよう？

「ねえ、今日はなにを食べたい気分？」と友人があなたを見て訊く。自分でもよくわからない。

これは、実は解決できる問題ではない。だって、本当にわからないのだから（そして、このシンプルな疑問に答えられない理由を知るために、セラピーに通う必要なんてないだろう）。しかし、そのこと自体はたいして重要ではない。あなたにとって実行可能な選択肢はかぎられているからだ。具体的にいうと、次の四択だ。

①自炊する
②外食する
③出前をとる
④食べない

これだけだ。ほかの選択肢はすべて、これらの選択肢の変化形にすぎない（そして、ソファのクッションの隙間にはさまったポップコーンを集めて食べるというのは、選択肢①に入らない）。つまり、あなたが決めなくてはならないのは、外で食べるか（②）、家で食べるか（①または③）、食事のことを忘れて寝るか（④）だけなのだ。お腹がペコペコなので、④はすぐに除外。すると、あとは外か家かだ。疲れていて外出したくないので、家で決まりだ。これで、半分まで来た。あとは、自炊するか、出前をとるかだ。食料棚と冷蔵庫をざっと調べてみる。ラーメン、古いクラッカー、クランベリー・ジュース。食欲がわかない。よし、出前をとろう！　すぐに配達してくれる店は、あなたの家の近くに四軒ある。また四択だ。そのなかからひとつを選べば、完了。これが行動主義のマインドセットだ。夕食になにを食べたいのかが、本当にわかったわけではない。

それでも、あなたはその選択に（じゅうぶん）満足して、配達された鶏肉とエンドウマメのカシューナッツ炒めを心から楽しむのだ。

これが「実行可能な最善の選択肢」のしくみだ。

多くの問題は、うまく視点を切り替えたとしても、完璧に理解するのは難しい（不可能ではないにせよ）。しかし、ほとんどの場合、実行可能な選択肢はかぎられているので、問題を完璧に〝理解〟する必要なんてない。実行可能な選択肢のなかから、正解を選びとるだけでいいのだ。

理論的に最善の選択肢を探すのはもうやめよう

ここでのコツは、実行可能な最善の選択肢を探す、と自分に言い聞かせることだ。これは理論的に最善の選択肢とはちがう。

どうしても、理論的に最善の選択肢を探したくなる。そういう選択肢を見つけなければならない、見つけるに値する、と思いこんでいるからだ。しかし、理論的に最善の選択肢なんてものは、たぶん実在しない！　存在するのはあなたの頭のなかだけだ。自分が夕食になにを食べたいのかが正確にわかれば、実行可能な最善の選択肢と理論的に最善の選択肢はぴったり一致するのだが、現実として、あなたはわかっていないのだ！（そして、正直なところ、ハンガリー料理のグヤーシュが食べたいと気づいたとしても、いま開いているハンガリー料理店が近くにある確率は、どれくらいだろう？）

理論的に最善の選択肢に惑わされていると、鶏肉のカシューナッツ炒めやフィリー・チーズステーキ・サンドイッチの出前をとるとかいう実行可能な最善の選択肢は、すべて〝妥協〟に思えてくる。妥協なんてしたくない。しかし、実際には妥協ではない。実在しない選択肢は、選択肢ではなくて単なる空想だからだ。デザイナーの役目は、実在するモノを生みだすことだ。わたしたちは、あなたにただ夢を見るのではなくて、夢を実現してほしいと思っている。あなたがすべきなのは、実在する選択肢をリストアップして、そのなかから最善のものを選ぶことだ。実行可能な最善の選択肢を。実在しない「理論的に最善の選択肢」のことをいつまでも考えて、あなたが選んだ「実行可能な最善の選択肢」を楽しむのを忘れてはいけない。

わかってくれた？　すばらしい。

筆者のビルは、大学一年生のときに受講した経済学の授業で、経済学者のいう「満足化」の概念を知った。「満足」と「～化」をくみあわせたおもしろい単語で、ウィキペディアではこう定義されている。「満足化とは、許容のしきい値を満たすまで有効な選択肢を探っていく意思決定の戦略または認知のヒューリスティック［意思決定のための経験則］のこと」

実行可能な最善の選択肢を選んでいるとき、あなたは自分の「許容のしきい値」を決める高度な経済分析を無意識におこなっているわけだ。まるで、最適な経済政策を決める連邦準備制度理事会議長のように。

おめでとう。ノーベル賞委員会から電話がかかってくるのも、時間の問題だ。

さあ、鶏肉のカシューナッツ炒めをこっちにも回して！

わたしたちを行きづまらせる二種類の問題

ひとびとを年じゅう行きづまらせる二種類の問題がある。名づけて、イカリ問題と重力問題だ。この恐るべき双子は、何度となくひとびとを罠にかけてきた。

イカリ問題

イカリ問題は、船のイカリと同じで、わたしたちを一カ所にとどめ、前進を妨げ、いつまでも行きづまらせつづける。仕事を効果的にデザインしたいなら、自分がイカリ問題のせいで行きづまってしまったときに気づくことが大事だ。

ナサニエルは、毎週末セーリングに出かけたいのだが、ヨットを買う余裕がない。そこで、彼は自分の問題をこう定義した。「お金がなくてもヨットを買うには？」

チェルシーの勤める新興企業《スタートアップ》は、成熟期にさしかかり、年間一〇〇パーセントの成長がついに止まってしまった。近い将来、新しい取締役が指名される予定はないようだが、彼女は取締役への昇進を希望している。そこで、彼女は問題をこうフレーミングした。「会社がだれも昇進させる予定がないのに、取締役の肩書きを得るには？」

もうおわかりだろう。イカリ問題が生じるのは、問題を自分の望む解決策のひとつとして定義してしまうからだ。つまり、問題定義に解決策をくみこんでしまうのだ。言い換えれば、イカリ問題は、実は問題ではない。交渉不能で、（あなたにとっては不幸なことに）実在しない解決策が、問題に化けているだけ。わたしたちは架空の解決策と自分自身を結びつけてしまうのだ。

イカリを解き、ふたたび自由になるには、問題を別の視点からとらえなおし、ほかの選択肢を練るしかない。先ほどの視点の転換《リフレーミング》のステップを実行すれば、「ヨットの購入」が、いろいろな解決のしかたがある問題のほんのひとつの解決策にすぎないとすぐに気づくだろう。たとえば、先ほどの問題をこんなふうにとらえなおしてみよう。「かぎられた予算で、定期的にセーリングへと出かけるには？」。これなら対処可能だ。確かに制約はあるが（ナサニエルの予算）、考えられる解決策はたったひとつではなくなる。彼はもう、ピクリとも動かないイカリに固定されてはいない。

ナサニエルが毎週末セーリングに出かける方法はたくさんあるし、そのなかにはヨットを購入するよりよっぽどましな方法もあるだろう。たとえば、波止場に行ってだれかのヨットにただで乗せてほしいと頼むこともできるし（週末のセーリングには、たいてい約束をすっぽかすひとがいる）、セーリング同好会に加入していろいろなヨットを乗り回すこともできる。挙げればキリがない。

この例が示すように、視点の転換はライフデザインのプロセスにエネルギーをそそぎこむ。問題を新たな視点からとらえなおすだけで、さまざまなプロトタイプづくりの可能性（実行可能な最善の選択肢）が切り開かれる。セーリングの世界についておもしろいことを学び、その過程で多くの船乗りやヨット仲間に出会うこと自体が最高のプロジェクトともいえる。つまり、大事なのは、あなたが思いついた解決策だけではない。デザイン体験（好奇心をもつ、ひとびとと話す、やってみる、物語を語る、など）のすべてが、充実した楽しい人生の一部なのだ。

チェルシーの問題も、同じように別の視点からとらえなおせる。彼女の疑問について考えると、消滅しかけている取締役への昇進チャンスをつかむことが、会社で幸せになる唯一の方法なのだ、という思いこみにすぐさま気づく。彼女もやはり、自分の問題の定義にあるたったひとつの解決策をくみこんだせいで、イカリに固定されてしまっている。本当に彼女は昇進がしたいのか？ それともいまの仕事に退屈し、職場で新たなチャレンジを求めているだけなのか？ 後者だとしたら、こんな視点の転換が可能だろう。「新しいスキルを学び、その過程でキャリアアップしていく足がかりとなる別の役割が社内にないか？」。こう考えるだけで、たくさんの選択肢が開かれる。別の部署で同じ仕事につくこともできるし、教育を受けなおしてまったく新しい仕事につくこともできるだろう。そして、新しい物事を学ぶ過程で、もっと大きな経営関連の役割を果たしたいとあらためて実感したなら、自信をもってほかの会社の面接にのぞめるかもしれない。この例でもやはり、視点の転換は彼女の好奇心にエネルギーをそそぎこみ、プロトタイプづくりを促すさまざまな可能性を切り開く。そして、よりよいワークライフのデザインへとつながる「実行可能な最善の選択肢」へとあなたを導いてくれるのだ。それこそがわたしたちの追い求める結果だ。

長年、多くのひとびとと接してきて学んだのは、イカリ問題の根底には恐怖が潜んでいるケースが多い、ということだ。新しいことを試して失敗するよりも、おなじみの解決不能な問題（＝イカリ）にしがみついていたほうが心理的にラクなこともある。理想の解決策に手の届きようがない場所は、絶好の隠れ場所でもある。ほしいものは手に入らないけれど、少なくとも失敗の恐怖と向きあわなくてすむ。

そんなんじゃダメだ。勇気を出すべきときには、出さないといけない。勇気とは、恐怖を消すこととはちがう。恐怖を抱えながらも行動することだ。だから、行動しているときにちょっとした恐怖を抱くのは問題ない。ただ、行きづまらないように、ひたすら動きつづけることだけは忘れないでほしい。

重力問題

わたしたちは、いわゆる「重力問題」に陥ってしまうことも多い。人生の旅では、しょっちゅう重力問題と出くわす。

ジョンは、本当は詩人になりたいのだが、現代の文化では、詩人としてじゅうぶんに生計を立てていくことはできない。詩人として豊かな暮らしを送るには？

フランシスは、五年間、子育てのために仕事を休んでいる。無職の期間が長いひとびとへの偏見は根強いから、復職はかなり厳しいだろう、とだれもが言ってくる。この不公平な偏見から逃れるには？

どちらも重力問題だ。なぜか？　ライフデザインでは、対処できない問題は問題とみなさないからだ。それは状況であり、環境であり、人生の現実だ。足を引っぱるといえば確かにそうだし、おそらく不公平だろうが、重力と同じで、効果的な対処法がないのだから、問題とはいえない。そして、対処できなければ、〝解決〟もできない。

大事なのは、解決の見込みがほとんどない問題にいつまでもこだわらないことだ。誤解しないでほしいのだが、世界を変えるような大胆な目標を立てるのには大賛成だ。権力と戦う。不公平に声を上げる。女性の権利を訴える。地球温暖化と闘う。ホームレスをなくす。詩人が正当な報酬を得られるよう支援する。それがあなたの目標なら、ぜひ目指してほしい。全力で応援したいと思う。

しかし、そんな闘いに参加する気がないなら、これらはあなたにとって重力問題だ。その現実さえ受け入れてしまえば、あなたの重力問題を別の視点からとらえなおし、対処可能な問題へと変えられる。そうすれば、あなたの望みを叶える方法をデザインし、あなたにとって満足感や意義のある形で実世界とかかわることができるようになる。

世の中に不満を抱えるジョンに手を貸すなら、まずは自身の重力問題を受け入れ、別の視点からとらえなおす後押しをするのがいいだろう。ジョンの望みは、「詩人として豊かな暮らしを送る」ことだ。

まず、ふつうは詩を書くだけで高額の報酬は得られない、という現実を受け入れよう。ほとんどの詩人は、誇りをもって「金欠の芸術家」クラブに属しているだろう。詩はすばらしくて重要なものだと思うし、わたしたちの社会にはもっと詩が必要だとも思う。しかし、市場経済ではあまり価値を置かれていない、という現実は受け入れるしかない。自己表現には最高だけれど、お金を稼ぐには――いまひとつだ。

確かに、ジョンやほかの貧乏詩人たちにとって、これは悲しい現実だ。[2]

これは、〝受け入れることが先決〟の重力問題なのだ。そこにはなすすべがないのだから（重力の法則を打ち消すすべがないのと同じで）。この問題を受け入れて初めて、ジョンに真の望みをたずねられるようになる。それはもちろん、詩を書くことだ。見方を変えれば、お金を稼ぐことなんて気にせずに、詩を書いて朗読し、思う存分に自己表現する機会を得ること、ともいえる。なので、彼にとって効果的な見方はこんな感じかもしれない。

「詩人がほかの仕事で生計を立てながら、詩を楽しみ、継続していくにはどうすればいいだろう？」

こう考えることにより、さまざまなプロトタイプづくりの可能性が開けてくるはずだ。詩の朗読大会について調べる。詩のサークルに所属する（好奇心をもち、いろんなひとと話をしてみるまで、彼はそんなサークルがあることさえ知らなかった）。詩のブログを書き、雑誌に詩を投稿しはじめる。自分で雑誌を創刊できればもっといい。あるいは、過激なコラボレーションを実践して、詩人や作家たちの著作権エージェントと話をはじめることもできる。うまくいけば、プロとしては失敗したがアマチュアとして幸せな人生を送る方法を見つけた詩人を紹介してくれるかもしれない。

こんな見方もできる。

「ほぼフルタイムの詩人になるため、週一〇時間の副業だけで食べていくすべはないか？」

まさしくそのような問題にとりくむ決意をしたのが、わたしたちの教え子のひとりのオーギーだ。彼はこう考えた。豊かさとは、必要以上の資源を保有している状態だ。豊かになるひとつの方法は、多くの時間とエネルギーを費やして、お金を稼ぎ、資源を蓄えること。もうひとつの方法は、必要なものを大幅に減らすことだ。そこで、彼は過激な視点の転換をおこなってみた。自由な時間を劇的に増やすため、ふつうのひとの一割程度という、信じられないような低予算で生きるすべを身につけることにしたのだ。彼が最初に試したプロトタイプが断捨離だった。彼は荷物をぜんぶで六、七キログラムまで減らし、学生かばんと同じくらいの小さなバックパックに入れた。一年間に三カ月だけ働き、友人たちの一割程度の収入を得て、残りの九カ月で、旅行や、〝豊かな〟ひとびとがしたくても時間がないと口を揃えるようなことをしまくるのだ。

彼は自分が豊かな人生を送っていると思っている。

ジョンもこれと同じやり方で、ずっとなりたいと夢見ていた〝豊かな詩人〟になれるかもしれない。必要なお金を、一般的な収入の一割以下に抑えればいいだけの話だ。本当に重要なのは、自分がなにを求めているのか、そのためにどこまでする覚悟があるか、を理解することなのだ。

ポイントは、問題をどう定義するのか、どこまで過激な解決策をデザインする気があるのかを、あなた自身が決める、ということだ。あなたはオーギーの解決策を試してみたいとは思わないかもしれない。ほとんどの人は〝実行可能な選択肢〟とは考えないだろう。しかし、解決すべき問題を入念に選び、いろいろな解決策のプロトタイプをつくる自由が得られるような形で、問題をとらえなおすのが上手になれば、楽しい仕事や人生が見つかる可能性を最大限に高められるだろう。

本書の目標はまさしくそれだ。あなたに、最高のワークライフや人生を送れる可能性を最大限に高めてほしい。

問題をとらえなおす能力は、仕事と人生の両方にとって頼れるスーパースキルなのだ。

イカリ問題と重力問題のちがいがよくわからないなら、こう覚えておいてほしい。イカリ問題とは解決に行きづまっている状態、重力問題とは実際には問題でない問題にとらわれている状態だ。そして、この定義でいえば、重力問題とイカリ問題はどちらも、実際には〝問題〟（つまり対処可能な課題）ではない。問題に化け、あなたを延々と行きづまらせつづけている環境や実現不能な解決策のどちらかなのだ。

その一方で、もちろん人生には、完全にあなたを飲みこんでしまう、解決の必要な正当で現実的な問題もたくさんある。次章では、そうした問題についてまるまる一章をかけて話していこう。

やってみよう

ツールキット――対処可能な最小限の問題

仕事や人生で抱えている現実的な問題に着目し、そこから余計な脚色をとり除き、問題を小さくする練習をしよう。そこで、まずは「対処可能な最小限の問題」を見つけだしてみよう。

①あなたが解決したい問題をひとつ選ぶ。本章で紹介した「フィードバックの問題」のような職場の問題でもいいし、あなたが人間関係で抱えているゴットマンの「永続的な問題」でもいい。ただし、あなたがしばらく行きづまっている現実的な問題を選ぶこと。

②問題をなるべくはっきりと書きだす。書きだすことで、あなたの問題の説明に潜んでいる暗黙の〝枠組み《フレーム》〟を理解しやすくなる。

③まず、問題のなかに偏見、既成の解決策、余計な脚色、感情的な要素が含まれていないかを調べる。自分自身の偏見は見えないことが多いので、この作業はかなり難しいと思う。この作業をうまくやるには、究極の正直さが必要だ。現実を適度に受け入れ、場合によっては友人の助けを借りよう。

④問題を客観的に述べるのに苦労しているなら、友人の助けを借りよう。あなたの問題の説明を友人に読み上げ、偏見、既成の解決策、余計な脚色、感情的な要素を探しだす手助けをしてもらうといい。また、「対処可能な最小限の問題」をいくつか見つけだすのも手伝ってもらおう。

⑤あなたの問題を別の視点からとらえなおし、「対処可能な最小限の問題」へと置き換える方法がいくつかわかったら、「〜にはどうすればいいか？」という客観的で中立的な形式の文章へと変える。

⑥「対処可能な最小限の問題」がいくつかできあがったら、その問題を解決するために試せるプロトタイプを、最低三つ考える（場合によっては、また友人と一緒に）。注意——ハードルは低く設定すること。完璧には解決できない問題が多いことを受け入れ、「対処可能な最小限の問題」を解決するためのよいアイデアをいくつか探そう。

演習——実行可能な最善の選択肢

①あなたが解決したい問題、または実際に解決にとりくんでいて、適切な解決策を見つけたい問題をひとつ選ぶ。

②その問題の解決策を最低五つ考える。

③あなたが考えた選択肢を「理論的に最善の選択肢」と「実行可能な最善の選択肢」の二種類に分ける。

④「理論的に最善の選択肢」を除外し、「実行可能な最善の選択肢」だけに着目する。行動主義のマインドセットを奮い立たせ、そのなかのひとつを選んで実行しよう。

⑤「どんな気分だろう？」と自問する。その意思決定のおかげで、ほかの物事にかけられる時間が増えた、と自分に言い聞かせよう。また、その意思決定のおかげで（ただし、意思決定の質と結果の質を混同しないよう注意）、次の問題にとりくむ余裕ができた、と考えよう。

問題を抱えているときは、この方法で問題を「対処可能な最小限の問題」へと置き換え、その問題に関する「実行可能な最善の選択肢」を実行に移すのがいいだろう。こういう問題の対処のしかたに慣れれば、大切な活動にかける時間が増え、注目する価値のない問題についてくよくよ悩む時間が減ったことに気づくはずだ。

第4章　オーバーワークを乗り越える

行きづまり思考↓仕事が手に負えない。もう限界だ。

こう考えなおそう↓来た道を選んだのは自分。なら、抜けだす道もデザインできるはず。

ここで少しだけ寄り道をして、公共広告を。オーバーワークに陥っているあなたへ。

長々と話すつもりはない。いまあなたが仕事に押しつぶされているなら、わたしたちがいちばん避けたいのは、さらにあなたを追いこむことだからだ。あなたがいまの仕事をきらっていて、どこかにもっと楽しく、充実した、すばらしい仕事があるはずだと思ってこの本を読んでいるなら、こう伝えずにはいられない。仕事をきらっている全員が、本当にその仕事をきらっているとはかぎらないのだ。仕事の内容は好きだけれど、その量が多すぎる、というケースもある。仕事自体は好きだけれど、どんどん増殖してSF映画のエイリアンのごとく私生活にまで侵食してくる作業リストや受信トレイの中身に対処しなければならない状況に嫌気がさしている、というケースだ。仕事に飲みこまれつつあることはわかっているけれど、抜けだせない。企業幹部、中小企業の従業員、自営業者――置かれている状況は関係ない。オーバーワークはだれにでも平等に起こりうる病なのだ。

ときには、楽しい仕事が多すぎて問題になることもある。その楽しい仕事が、私生活を吸いとる怪物へと姿を変え、脳を食い尽くし、愛するひとびとにとっての他人へとわたしたちを変え、その過程で健康をむしばむことさえある。つまり、楽しい仕事が多すぎてオーバーワーク状態に陥る、というケースもあるのだ。しょっちゅうではないにせよ、たまには。

もちろん、つまらない仕事が多すぎてオーバーワークに陥ることもあるし、ふたつのくみあわせでそうなることもある。

重要なのは、その状態が燃え尽きに変わるのを食い止めることだ。わたしたちは、オーバーワークから抜けだす道をデザインするお手伝いがしたい。燃え尽きはまったく別の生き物だ。燃え尽きまで行ってしまうと、まずは燃え尽きが及ぼす実際の精神的・肉体的影響に対処しないかぎり、前進の道をデザインすることはほとんど不可能だ。そこで、簡単に状況を確かめてみよう。

自分が一般的なオーバーワーク状態から、燃え尽きへと進行してしまったかどうかは、どうすればわかるだろう？　メイヨー・クリニックは、仕事での燃え尽きをこう定義している。[1]「仕事での燃え尽きとは、仕事に関連する特殊な種類のストレスである。一種の肉体的・感情的な消耗状態であり、達成感の減少や個人的なアイデンティティの喪失感をともなう」。あなたが燃え尽き症候群に陥っているかどうかを判定するための一〇項目の質問票がある。

次の質問に「はい」か「いいえ」で答えてほしい。

- 職場で皮肉な態度または過度に批判的な態度をとることが増えた。
- 職場までの足取りが重く、職場に着いても仕事をはじめる気が起きない。
- 同僚、顧客、クライアントに腹が立ったり、イライラしたりする。
- 一貫して生産的に仕事をこなすだけのエネルギーがわいてこない。
- 仕事に集中するのが難しい。
- 仕事の成果に対する満足感がない。
- 仕事に幻滅している。
- 気をまぎらわすため、または単純にすべてを忘れるために、食事、薬、酒に頼っている。
- 睡眠のリズムや食欲に変化があった。
- 原因不明の頭痛、腰痛、その他の身体の症状に悩まされている。

「はい」が二項目以上あれば、燃え尽きの状態か、その予備軍と考えられる。

では、オーバーワークから燃え尽きへは、どう進んでいくのだろう？　メイヨー・クリニックは、いくつかの原因や引き金を挙げている。

- **主導権の欠如。** スケジュール、業務、仕事量など、あなたの仕事に影響を及ぼす決定に口を出せない。
- **不明確な期待。** あなたがもつ裁量の度合いや、上司が期待する内容が不明確である。

・**職場の人間関係の機能不全。**オフィス内のいじめ、同僚からの中傷、あなたの仕事に細かく口を出してくる上司、理解不能な〝社内政治〟（社内政治への対処方法については次章で）など。
・**価値観の相違。**経営者のビジネス観や不満への対応があなたの価値観とずれている。いずれ、その価値観の相違が大きな負担となってのしかかってくるかもしれない。
・**仕事の不一致。**仕事があなたの関心やスキルと一致していない、能力に見あう仕事を与えられず、つねに退屈している、など。
・**多すぎる仕事。**仕事が雑然としており、やることが多すぎる。
・**社会的なサポートの不足。**職場や私生活で孤独を感じる。
・**ワーク・ライフ・バランスの欠如。**仕事に時間をとられすぎて、家族や友人と過ごす体力が残っていない。

そう、仕事での燃え尽きを無視したり放置したりしていると、重大な結果を招くのだ。

でも、わたしたちは医者ではない。

テレビで医者を演じるつもりはない。

本書でも。

もし、あなたが本当に燃え尽きの状態にあって、プロの介入が必要だと思うなら、ぜひプロの助けを得てほしい。デザイナーが書いた便利なガイドブックを読んでも、診断可能な疾患をプロに治療してもらうかわりにはならない。必要なら、ぜひプロの助けを借りよう。いますぐ。

本書では、一般的なオーバーワークについて見ていこう。

日常的なオーバーワークに対処するには

一般的なオーバーワーク、といってもいくつかのタイプがある。ひとつ目のタイプは、名づけて「ヒュドラー型オーバーワーク」。ヒュドラーとは、首を一本切り落とされるたび、二本の首が新しくはえてくる、ギリシア神話の九本首の怪物だ。あなたのいまの仕事みたいだって？　やるべき業務や直属の上司が多すぎる仕事は、手に負えず、オーバーワークにつながりやすい。これは、全員がふたつや三つの仕事を兼任しているような、スリム化しすぎた組織でよく起こる。あるいは、企業があまりに急成長していて、管理者が自分の手には負えないほどの業務や部下を管理しているケースもある。

次のような場合がヒュドラー型オーバーワークだ。

- 職責が多すぎる。
- 直属の上司（ふたり以上）、クライアントのプロジェクト、本業以外の業務が多すぎる。
- いろいろな場所から上がってくる重要なデータが多すぎる。
- 状況や報告を伝えなければならない相手が多すぎる。
- 面倒で使い勝手の悪い旧式のシステムを日常的に使わされる。
- 仕事の裁量がない、または上司に細かく管理されている。

・ひとりきりで仕事をしている。

ふたつ目のタイプは、名づけて「幸せ型オーバーワーク」だ。楽しい仕事やおもしろそうな仕事が多すぎて、うっかりなんにでも首を突っこんでしまうケースだ。仕事は難しいながらも楽しく、同僚たちは最高で、プロジェクトは影響や価値の大きいものばかり。ただ、その量が多すぎる。

ヒュドラー型と幸せ型、どちらも状況はかなり単純で、解決策は共通している。その実行方法が少しちがうだけだ。必要なのは、仕事を減らし、自分の時間をコントロールできるようになること。そこで、「少ないほど豊かである（less is more）」という昔ながらのデザインの格言が役に立つ。この〝仕事の削減〟をどうやりくりすればいいだろう？　それは、あなたの体験しているオーバーワークが、ヒュドラー型と幸せ型のどちらなのかによって決まってくる。

九本首の怪物を手なずけるためにできること

ヒュドラー型オーバーワークの場合、あなたの抱えている大量の仕事をとり除くか、減らす許可を得るべきだ。まずは、先ほど挙げたヒュドラー型オーバーワークの原因リストを見ながら、あなたの抱えている仕事をすべてリストアップしてみよう。客観性は必要だが、すべてをもれなく挙げてほしい。次に、難しいかもしれないが、そのなかで、修正や回避、または完全な省略が可能な仕事を、ひとつかふたつピックアップしてほしい。第1章の「ハードルを低く設定する」

手法を思い出し、あなた自身ではじめられるシンプルな変化を選ぶといいだろう。たとえば、こんな感じだ。

・オーバーワークの根本原因が、いろいろな場所から上がってくるデータが多すぎることなら、経理部に、毎月の予算データを六枚ではなく一枚のスプレッドシートに集約してほしい、と頼んでみよう。そうすれば、予測の正確性が増し、みんなのためになる、と説明するといいだろう（経理部への共感を示しつつ）。

・オーバーワークの根本原因が、ひとりきりで仕事をしていることなら、月曜日に同僚たちと食事をしたり、水曜日にオフィス周辺のウォーキング・イベントを催したり、金曜日に同僚たちとその日の出来事を話す昼食会を開いたりしよう（ただし、政治や仕事の話は抜きで）。

業務のリストを減らしたり、同僚たちともっと交流したりする方法を考えはじめるだけで、きっと変化に驚くだろう。あなたが思う以上に、ヒュドラーを手なずけることはできるのだ。ただし、あなたが自営業者でもないかぎり、ヒュドラー型オーバーワークの解決策を実行するのに、上司の許可が必要なことも多いだろう。必要な解決策を実行するための承認を得るには、まず上司のニーズに共感し、相手のニーズに合わせて要望を形づくるのが最善策だろう。一例はこうだ。「部長、実はここのところ、本来の業務とはまったく関係のないことで手一杯になっていて、生産性が落ちているんです。わたし自身やチーム、部長にとってもよくない状況だと思います。本来なら、ずっとバリバリと仕事をして、会社にとって重要な仕事を、もっとすばやくこなせると思うのですが、そのためには部長のお力が必要です。次のような改善をお願いできませんでしょうか？」

・木曜日の出社時間を遅らせる。
・［業務にとって重要なソフトウェア・アプリケーションを］一九九八年版から二〇一五年版にアップグレードする。
・週一回の報告書を月一回に変更する。
・社内のクライアントをAとB（そのリストをつくっておこう）の二グループに分け、Aへは（いままでと同様）二四時間以内の対応、Bへは九六時間以内の対応を保証する。
・その他もろもろ。

ヒュドラー型オーバーワークの状況を変えるには、なにかを変えるしかない。あなた自身で少しずつ実行できる小さな変化（影響がいちばん大きく、上司からの承認をいちばん得やすそうな変化）を見つけだし、全力でとりくんでみよう。どうせ上司にアイデアを却下されると思うだろうが、もしかすると意外にすんなりと受け入れてくれるかもしれない。まずは上司の状況に共感を示せば、承認を得られる可能性はぐんと高まる。とくに、あなたの要望をテスト、実験、プロトタイプという形で打ちだせば、その可能性は増すだろう。実際、わたしたちの教え子、クライアント、読者の多くが、この方法で仕事量に大きな変化を起こしてきたのだ。

わたしたちのワークショップ参加者のマイラは、ある変化のプロトタイプを提案した。毎週発行している資産報告書を、一週間お休みしたらどうなるか？　その報告書の作成は頭痛の種で、おまけに彼女はだれも読んでなんかいないと確信していた。そこで、彼女は上司に実験を提案し、一カ月間だけプロトタイプを試す許可をとった。一週間がたっても、メールや苦情はいっさい来なかった。なので、翌週も報告書をお休みした。四週間、報告書をお休みして苦情が来ないのを確かめると、彼女は上司のところへ行ってこう言った。

マイラ「例の週次報告書の件でお話があるのですが」
上司「どうだった？」
マイラ「結果が出ました。四週間連続で報告書をお休みしましたが、苦情はゼロでした」
上司「そういえば、きみが報告書をやめたのをすっかり忘れていたくらいだよ！」
マイラ「ええ。今回の実験で、だれも読んでいないことがわかりました。もう報告書はやめにして、売上データをもっときちんと整理するほうに時間をかけたいのですが。正確な売上情報を現場に渡すのが最優先だとおっしゃっていましたよね」
上司「いいだろう。ただ、資産報告書はずっと作成してきたものだから、四半期に一回にするのはどうだろう。一年間、四半期報告書になんのコメントもなければ、完全にやめてもいい。どうだい？」
マイラ「わかりました」
上司「すばらしい。じゃあ、大事な売上データづくりにとりかかろう」

マイラのエピソードが教えてくれるのは、何事も、あなたが思うよりは交渉の余地があるのかもしれない、ということだ。そして、彼女はそれを巧みにおこなった。彼女の忙しい仕事から、だれも読んでいない資産報告書の作成をとり除くためには、どうすればいいのか？　彼女は戦略的にもっと重要な仕事があることを理解し、自身の業務をデザインしなおす方法についてデータを集める低リスクなプロトタイプを提案した。それが交渉の鍵になったのだ。

おまけに、マイラはやる気のない状態から抜けだし（だれも読まないムダな報告書の作成は、やる気のない従業員を生みだす最高のレシピだ）、戦略的に重要な仕事をしていると感じられるようになった。万々歳だ。

というわけで、前進の道はシンプルだ。あなたの業務リストへの小さな変化のプロトタイプをつくってみよう。あなたには思う以上に主体性があること、そしてなにかを試すのに許可が必要かどうかはともかく、あなた自身でなにかをはじめられる、ということに気づくだろう。そして、「今日、はじめたこと」は、グッドワーク日誌につける項目のひとつだということをつねに忘れないでほしい。

どんなに楽しい仕事でも、多すぎれば毒になる

その点、「幸せ型オーバーワーク」は少しちがう。この場合、あなたを飲みこんでいる仕事はすべて自分で選んだものなので、選択の柔軟性や裁量はヒュドラー型と比べて大きいことが多い。幸せ型オーバーワークの最大の解決策は、仕事をだれかに委ねることだ。もちろん、あなたが毎

日おこなっている魅力的で、楽しくて、影響力があり、最高の仕事の一部を手放すには、覚悟が必要だ。しかし、喜びを共有するすべを学べば、燃え尽きのリスクを避け、その最高の仕事をより長くつづけられる。あなたを飲みこんでいる楽しくて、やりがいがあり、おもしろい仕事は、魅力的なので、同僚に委ねるのはわけもないだろう（この点がヒュドラー型オーバーワークの問題とは大きく異なる。その目的はだれもしたがらない仕事をとり除くことだからだ）。

本心から多くの時間とエネルギーをとり戻したいなら、いちばん重要で注目される仕事をだれかに譲るのがいいだろう。そういう仕事ほど、引き受けてくれるひとを見つけやすいし、そうすることでかなりの時間が空くからだ。

たとえば、筆者のデイヴはかつて、スタンフォード大学のライフデザイン講座のファシリテーター（進行役）のトレーニングをすべて自分でおこなっていた。彼は何十回とトレーニングを実施し、トレーニング用の資料をひととおりつくったのだが（そういう作業が大好きだった）、一部をだれかに委ねる必要があった。そこで彼は、（デイヴのトレーニングの様子を一回だけ見学したことがある）ライフデザイン・ラボの同僚に、次回のセッションを任せてみた。驚いたことに、ものすごく上手だった。それ以来、デイヴは二度とトレーニングを担当していない。それから数学期がたち、デイヴはまた別のスタッフがファシリテーターのトレーニングをする様子を見学した。デイヴよりよっぽど上手だった。

どうやら、デイヴの引き継ぎはうまくいったようだ。彼には時間の余裕ができ、ファシリテーターのトレーニングは改善した。

もちろん、わたしたちは単なる労働者ではない。幸せ型オーバーワークに陥っているときは、家事の一部をだれかに委ねなければならないこともある。

筆者のビルがアップルに新設されたばかりのパワーブック・グループに加わったとき、グループはアップル初のラップトップに最後の仕上げをしようとしているところだった。コードネーム「ティム」のそのラップトップは、パワーブック170として発売され、業界を席巻した。そのグループに飛びこんだ彼は、メカニカル・プロジェクト・リーダーとして次なるラップトップ・プロジェクトに着手した。コードネーム「サントリー」のそのラップトップは、ソニーとの共同事業として設計され、彼はほぼ毎月、飛行機で東京へと飛ぶことになった。そして、この製品ラインは大ヒットしたので、アップルはじゅうぶんな人材を確保しきれないほどのスピードで、新たなラップトップ・プロジェクトを次々と立ち上げていった。彼はコードネーム「アサヒ」の次のラップトップ・プロジェクト、さらにコードネーム「ボンサイ」のプロジェクトに着手した（彼は日本語のコードネームをつけるのが大好きだった）。

ちょうどそのころ、彼と妻のシンシアに第二子が誕生した。家には幼い子どもがふたり。妻にはフルタイムのビジネス・コンサルタントの仕事（毎週出張）。ビルには数週間おきの日本出張。気づけば、彼は幸せ型オーバーワークにどっぷりとつかっていた。状況を立てなおす時間はまったくなく、一部の用事は手つかずのまま残った。だが、みずから志願して、もっといえば陳情して、これらのプロジェクトに首を突っこんだのは彼自身だ。彼はオーバーワークの泥沼に深くはまりこんでいた。

こうしたさんざんな状況が半年ほどつづくと、ビルと妻はついにタイムを要求した。いまの生活はつづけられない、と決心したのだ。ふたりは一緒にお互いの仕事をじっくりと振り返り、削れる部分はないかと考えた。シンシアはビジネススクールを卒業したばかりで、コンサルティング会社での信頼を築くことが急務だった。そこで、彼女が選んだ新しいキャリアを、二人三脚で支える方法を見つけよう、ということになった。一方のビルは、いまがアップルにとって特別な時期だと気づいた。アップルはまったく新しいビジネスを創出し、収益一〇億ドル以上の企業にまで成長していた。これほどワクワクするプロジェクトに参加できる機会なんてめったにない。そこで、ふたりはビルの大量の仕事と出張を支えることを決めた。

仕事についてそんな決意を固めると、ふたりは子育てなど、絶対に自分たちでしなければならないこと、絶対に妥協したくないことのリストをつくった。さらに、料理、洗濯、芝刈り、家の掃除など、さほど重要でなく、だれかに委ねられることのリストもつくった。ふたりの計算では、これらの仕事をだれかに委ねれば、お互いの仕事や子育ての時間をじゅうぶんにとり、重要なことに時間を回せる見込みだった。

ただ、ひとつだけ問題があった。そのためのお金をどうする?

そこで、ビルはアップルの上司のところに行き、こんな話をした。

「いまはわれわれのグループにとって重要な時期だと思います。アップルのビジネスでいちばん急成長しているポータブル・コンピューター部門で暴れ馬を乗りこなし、業界の標準を定めようとしているわけですから。それなのに、現在、人材を確保しきれないほどのスピードでプロジェクトが増えていっています。もちろん、わたしはもてる力を一〇〇パーセント以上発揮していますし、こんなに最高のプロジェクトに参加できる機会はめったにないと思っています。だからこそ、三つのプロジェクトの兼任を申しでたんです。でも、わたしと同じ役職の同僚たちは、ひとりひとつのプロジェクトしか担当していませんよね。いまと同じレベルの貢献度を保ちつつ、家族のための時間をつくるには、家事の多くを外部委託するしかない、と気づいたんです。それにはかなりのお金がかかります。昇給を検討願えませんか」

よくできた物語だった。しかも、本当の話だ。そうして、ビルは昇給を得た。といっても、すぐにではない。まずは、三つのプロジェクトを兼任し、成功に導けることを証明する必要があった。それでも、ふたりは仕事をだれかに委ねることで、幸せ型オーバーワークから抜けだしたのだ。

小事業主へのエール——経営者の落とし穴を避けよう

あなたが小事業主なら、オーバーワーク（とくに、次のセクションで説明する「超オーバーワーク」）に陥るリスクはとりわけ高い。事業主の多くは、容易に抜けだせない檻に閉じこめられ、身動きがとれないと感じている。その檻をつくったのは自分だからだ。もしあなたがそのひとりで、事業のせいでしょっちゅうオーバーワークに陥っているなら、話せる上司はあなた自身だけだ。あなたは会社だけでなく、そのプロセス、手順、役割、職責についてまで全権を握っている。会社の「なにをするか」の部分だけでなく「どうするか」の部分も握っている。その個人的な所有感覚や責任感が、あなたを特殊な行きづまりへと閉じこめてしまうことがある。

本書や前著の内容は、すべてそんなあなたにもあてはまる。あなただって、従業員、コンサルタント、ギグワーカーと同じように、行きづまりやオーバーワークの状態から抜けだす方法をデザインできる。いまの居場所にいながらにして、ワークライフをデザインしなおせるのだ。必要なマインドセットは同じだ。そして、だれかに許可を求める必要はない。

しかし、あなたの行きづまりは、理解されにくい。外から見ているひとは、頭をかいて、「自分の会社なんだから、好きに変えればいいじゃないか」と思うだろう。

確かにそのとおりなのだが、外部のひとびとにわたしの会社や仕事のことなんてわかるわけがない、とあなたは思い、そんな意見を無視して、もっとがむしゃらに働く。皮肉なものだ。事業主の大半は、自分自身で進路を描き、好きなように働くために、その道を選ぶ。自律性を求めて独立するはずなのに、仕事が軌道に乗りはじめると、多くの会社員たちより自律性がないように感じてしまう。

そういうわけで、事業主はオーバーワークに陥るリスクが高いのだが、幸いにも抜けだす道はある。

ステップ1——主導権はいまでもあなたにあるという事実を思い出す

時間を追うごとに、主導権がいつの間にかあなた自身から事業のほうへと移っていくことはよくある。確かに、あなたを頼りにしている仕事、従業員、顧客は数知れないが、それを適切に管理するのはあなただ。事業をはじめた当時と比べて、権限や主導権が少なくなったわけではない。単に忙しくなっただけなのだ。

ステップ2――ルールはたったひとつ「ルールに従え！」

営利か非営利かを問わず、どんな事業や組織でも、破ってはいけないルールがひとつだけある。破産しないこと。製品やサービスがじゅうぶんに売れたり、経費をまかなえるだけの寄付がじゅうぶんに集まったりしているかぎり、事業を継続できる。必要なのは、スプレッドシートのいちばん下の文字が赤ではなく黒であることだけ。そこがずっと赤字のままなら、廃業へとまっしぐらだ（問題がそこにあるなら、おそらく別の本に書いてある助けが必要だ）。このルールを覚えておくだけで、信じられないくらい自由になれる！　事業主のあなたは、事業を継続する余裕があるかぎり（そして、税金を払い、法律を守っているかぎり）、文字どおりどんなことだってできる。製品やサービスの縮小や拡大もできるし、事業の一部を売却して、より経営しやすくすることもできる。本書の内容はほとんどすべて、事業主のあなたの状況にも応用できるだろう。オーバーワークから抜けだすのに、事業への劇的な変化が必要だとしても、きっとあなたならできる。主導権はあなたにあるのだから。

それがすべてだ。

たとえば、デイヴの元隣人のエリーは、何年間も、地元で繁盛するレストランをいとなんでいた。料理を求める客は連日のようにやってくるので、レストランを切り盛りするのは苛酷な仕事だ。彼女はそんな苛酷な毎日に疲れていたが、状況を変える方法がわからなかった。そんなとき、彼女はすべて自分次第なのだ、ということにふと気づいた。だって、自分の店なのだから。彼女はそもそもの開店理由を思い出した。みんなに楽しんでもらえる絶品のメキシコ料理をふるまうこと。そして、その目的は、テーブルが所狭しと並んだ巨大な部屋でなければ満たせないわけではないことに気づいた。大事なのは料理のほうだ。結局、彼女は店を閉め、フードトラックを購入することにした。おかげで家賃が浮き、人件費と労働時間が減った。彼女は収入の一割を手放すかわりに、オーバーワークから完全に抜けだしたのだ。

エリーは、自分がいちばん輝ける仕事をデザインしなおした。きっと、あなたにもできる。

超オーバーワーク——特殊な事例

オーバーワークの最後のタイプは特殊な事例で、ふつうは新しい組織や新興企業《スタートアップ》に見られる。名づけて「超オーバーワーク」だ。経営陣や従業員が飛行機をつくりながら、同時に飛ばそうとしているような状態だ。従うべき組織の規範はないし、サポート・インフラもほとんど整っていない（というより、サポート・インフラをつくること自体が仕事のひとつなのだが、だれにもそんな時間はない）。事業は大成功し、急速に拡大していて、週七〇時間、八〇時間、九〇時間労働なんて当たり前。仕事が永遠に尽きないからだ。楽しくて、やりがいがあって、極限まで疲れる。小企業や急成長する新興企業のリーダーや初期のチームメンバーになるのは、心の弱いひとには向かないし、短い労働時間は期待できない。もしそれがあなたの選んだ道なら、日々の仕事を短距離走ではなくマラソンと考えてみてほしい。

となると、あなたにとって必要なのは、「いまのところは、これでじゅうぶん」と思える物語を築き上げることだ。そのためには、視点の転換をおこない、身近にいる大事なひとびと（こうした状況にひとりきりで陥ることはまずない）と交渉して、一定の妥協を築くことが必要になる。この「当面」の解決策を支えるのが新しい筋書きだ。このことは、「物語」のマインドセットがもつ力を実証している。おそらく、例で説明するのがいちばんわかりやすいかもしれない。

かつて、筆者のデイヴは、デザイン思考を用いた人生設計の方法を大学生たちに教えるというアイデアを思いつき、ビルに協力を打診した。その会話が、スタンフォード大学でとくに人気の高い選択科目、ライフデザイン講座へと発展した。

この講座が始まると、あっという間に火がついた。

いや、爆発的に広まったといっていい。すると、デイヴは超オーバーワークの状態に陥った。ライフデザイン・ラボは、生まれたばかりで、大半の新興企業《スタートアップ》と同じように、初期のころは創設者が自分で長時間労働をしてすべてを担っていた。ライフデザイン講座に火がつきはじめても、仕事を委ねられる相手なんていなかった。

一日じゅう、仕事、仕事、仕事。ターニングポイントになったのは、パロアルトでのある夜の出来事だった。

デイヴがスタンフォード大学の駐車場へと歩いていたときのこと。ふと腕時計を見ると、午後八時を回っていた。「しまった」と彼は言った。実際には、たくさんの単語をつないで、「しまった」以上に強烈な言葉を発したのだが。

彼は車に乗りこむと、いのいちばんに妻へと電話をかけた。

「もしもし」

「あら、どうしたの」と妻は言った。

「本当にすまない。またやっちゃったよ。七時半の夕食の約束、完全にすっぽかしちゃったね」

実は、水曜日の夜は家で一緒に夕食をとるため、七時半までには帰宅する約束をしていた。車で一時間の距離だ。いまは八時だから、もう半時間前には、妻のクラウディアは夫が帰宅しないことはわかっていたわけだ。

同じ失敗をしたのは、それが初めてではなかった。

「それで？」と妻は訊いた。

「完全に飛んじゃって。オープン・ドアの時間に学生たちがアポなしでたくさん押し寄せてきたと思ったら、こんどは学務副部長から、今後の方針についてオフィスで話がしたいと言われて、どうしても断れなくてね。それと、学生たちとの余計なおしゃべりで、また時間の感覚が吹っ飛んじゃったんだ。本当にすまない。なんてバカなんだろう。なるべく急いで帰るから」

「あら、なんか幸せそうね！」とクラウディアは言った。

予想外の返答だった。一瞬、聞きまちがいかと思った。

「え、えっ？」。デイヴはどもりながら訊いた。

「あなた、幸せそうよ。だって、あなたの望みどおりのことができているんだもの。〝完璧な一日だ〟って言っているように聞こえる。オープン・ドアの時間に学生たちが押し寄せてきてくれる。あなたは学生と話すのが大好きでしょ。それから、学務副部長にも呼ばれて。あなたが組織レベルで影響を及ぼしはじめているってことよね。あなたとビルの活動が、着々と影響を及ぼしはじめている。それこそ、あなたが望んでいたことじゃない！　つまり、大成功ってこと。あなたは幸せ者よ！」

デイヴはしばらく考えた。

「あ、ああ。そうだね。幸せ者だよ。なにもかも順調で。ただ、そのせいで、またうっかり夕食の約束を破ってしまった。そのことを謝りたくて、電話したんだ。すまない」

「なに言ってるの、気にしないで。またあとで」

この話の最大の教訓はこうだ。最高の結婚相手を見つけること。

デイヴの人生でいちばん賢明な行動は、聡明ですばらしいパートナーと結婚して、幸せな人生をデザインしたことだ。

というのは冗談で、この話の教訓はほかにもある。

超オーバーワークの状況で起きているのは、楽しいことがたくさんあるのだが、その量が多すぎる、ということだ。そして、仕事の一部をだれかに委ねられる幸せ型オーバーワークの状況ともちがう。その相手がいないからだ。

この出来事が起きたころ、ライフデザイン・ラボはようやく予算の見通しが立ったところで、デイヴは一学期に三つの講座を受けもっており、仕事を委ねられる相手はいなかった（同じく立ち上げで超オーバーワークの状態にあったビルを除いて）。さらに、このころ、デイヴはライフデザイン・ラボの評判を築くべくがんばっていた。そのため、ふたりは生まれたてのライフデザイン講座に、かなり直接的にかかわっていたのだ。

本当に、すばらしい時代、ワクワクするような時代だった。その一方で、完全に仕事の渦に飲みこまれていた。

デイヴはいっぱいいっぱいだったが、それが「いまのところ」であることはわかっていた。ここで踏ん張り、つらい立ち上げの時期さえ乗り越えれば、超オーバーワークの状態から幸せ型オーバーワークの状態へと一段階ギアを落とし、状況をもっとうまくコントロールできるようになる、と信じていた。

デイヴが築いた新しい物語とはこんな感じだった。

古い物語――「なんてこった、やることが多すぎる」「たいへんだ、また打ちあわせが入った。時間が足りない」「しまった、また約束をすっぽかしてしまった」「もう限界だ」

新しい物語――「なんてこった、高等教育や学生たちの人生に影響を及ぼすという目標を実現するチャンスがようやく巡ってきた。本当にラッキーだ。つらいと感じることもあるだろうが、つらさが永遠につづくわけではないし、これが人生でずっとやりたかったことだ。いまはすごく忙しいけれど、いまだけこの忙しさを楽しもう」

このエピソードの教訓はこうだ。物語を書き換えることが、超オーバーワークの状態をうまく乗り越えるコツなのだ（もちろん、あなた自身の選択でその状態になったと仮定して）。物語は、あなた自身が覚えていられるような短いものにするといい（二、三文以内が目安）。そうすれば、最悪の気分が忍び寄ってきたとき、すばやく視点を切り替え、気分や注意力を台無しにする前に気づける。

こんな古いことわざがある。「鳥が頭の上を飛ぶのは防げない。だからといって、頭の上に巣をつくらせてやる必要はない」。つまり、悪い考え（破滅的で、気分をぶち壊しにする、異常な考え）はよぎるものだが、それとまともに格闘する必要なんてないし、頭のなかにずっととどめておく必要もないのだ。そんな悪い考えを、ずっと魅力的な物語で書き換えるすべを身につけよう。

ひとつ重要な注意を。あなたはひとりではない！　あなたが超オーバーワークに陥っているとき、その影響を受けるひとびとがまわりに必ずいるといっていい。新しい物語をうまく機能させたいなら、そうしたひとびとも登場人物に加えるべきだ。そういうひとびとに、「この物語はわたしにとっても最高」と言ってもらえるようにしよう。

あなたの大事なパートナー、親友、共同作業の相手にも、あなたの超オーバーワークの状態をいまだけ受け入れてもらえれば、みんなにとって物事はずっとスムーズに進むだろう。パートナーの問題を最優先するために、調整が必要なことはつねにあるだろうが、（一緒に）その活動をはじめると決めたのはあなたなのだから、おおむね乗り越えられるはずだ。そして、超オーバーワークの状態から無事に抜けだしたあかつきには（オーバーワークは「いまのところ」にすぎない）、仲間がいるほうがいっそう喜びは大きい。実際、デイヴがしたのはまさにそのとおりのことだ（ああ、彼はまちがいなく幸せ者だ）。

オーバーワークは、だれにでもたまに起こりうる。わたしたちの言いたいことは、もうはっきりと伝わったはずだ。オーバーワークは管理できるし、あなたの仕事や人生の一時的な状態にすぎない。主導権は、デザイナーであるあなた自身にあるのだ。

そして、規則正しいワークライフへと戻ろう。

やってみよう

オーバーワークを乗り越える

①あなたはオーバーワーク？　「はい」か「いいえ」で答えてほしい。絶えず仕事に押しつぶされているような感覚はあるか？　それは継続的な問題なのか、ただのタフな一週間だっただけなのか、振り返ってみてほしい。答えが「はい」なら、②へ進もう。答えが「いいえ」なら、フリスビーか犬の散歩でもしよう。その資格はじゅうぶんだ。

②あなたは燃え尽きている？　「はい」か「いいえ」で答えてほしい。本篇で紹介した燃え尽き判定の質問に目を通して、自分が実際に燃え尽きているのか、単なるオーバーワークの状態なのかを確かめてみよう。燃え尽きかけていると判明したら、すぐに燃え尽き専門のセラピストに連絡をとり、適切な支援を受けてほしい。燃え尽きでないとわかったら、③へ進もう。

③あなたのオーバーワークの種類を、ヒュドラー型オーバーワーク、幸せ型オーバーワーク、超オーバーワークの三つから選ぶ。三種類のオーバーワークの特徴を振り返り、どの説明があなたの状況にいちばん近いかを判断し、オーバーワークから抜けだす道をデザインしよう。

④ヒュドラー型オーバーワークまたは幸せ型オーバーワークへの対処法

a．断捨離リストをつくる。やめる仕事、だれかに委ねる仕事、再交渉する仕事をリストアップして、断捨離リストをつくろう。そのやり方は、幸せ型かヒュドラー型かでかなり異なるが、目標は同じで、なにかを手放すことだ。そのリストをつくろう。

b．上司や同僚との交渉を計画する。ヒュドラー型の場合、たいていはまず上司と、仕事の軽減策について再交渉する必要があるだろう。断捨離リストから最優先項目を選びだし、上司の協力を得るための最善のセールストークを練り、交渉のための面談の約束をとりつけよう。幸せ型の場合、仕事を同僚に委ねるのはおそらくわけもないので（おいしい仕事を選ぶことさえ忘れなければ、引き受けてくれるひとは簡単に見つかる）、どの仕事をだれに委ねるかを計画しよう。そうしたら、面談と引き継ぎのプロセスを計画しよう（完全に手が離れるまでには、何段階かかかるかもしれないが、最終的にはきっとうまくいくので、踏ん張ろう）。

c．実行する。適切に実行することほど大事なことはない。上司や同僚と会話をはじめ、あらゆる細部に気を配ろう。うまくいけば、一瞬で気分がラクになるはずだ。

⑤超オーバーワークへの対処法

a．視点を転換する。（いまのところ）犠牲をともなうとはいえ、あなた自身の状況を最大限に活かせるような形で位置づけなおす方策を探ろう。そのためには、友人、同僚、配偶者、パートナーの協力が必要かもしれない。

b．よりよい物語を築く。あなた自身の現在の状況をプラスにとらえなおす新しい物語を練ろう。デイヴの例を参考に、あなた自身の新しい物語を書いてみてほしい。六〇〇字以内が目安だ。二週間、毎朝、書いた物語を声に出して読み上げよう（物語が実現するまで）。

c．交渉する。あなたの視点の転換がうまく機能するよう、ほかのひとびとに（いまのところ）必要な妥協を明らかにしよう。あなたの超オーバーワークの状態は、おそらくあなたのいちばん身近なひとびとに最大の影響を及ぼしている可能性が高い。あなたの視点の転換や新しい物語に、そうしたひとびとの協力を盛りこめば、成功率は高まる。身近なひとびとの問題や不満を乗り越える覚悟が必要だ。自己弁護に回らず、みんなにとって機能する物語づくりにとりくもう。

d．定期的に近況をチェックする。六～八週間後、あなたの超オーバーワークの状況とかかわりのある身近なひとびとやあなた自身に「調子はどう？」と問いかけ、近況をチェックしよう。これにより、あなたの方針がみんなにとってうまくいっているのかどうかがわかるだろう。全員に問題がないようなら、そのまま継続する。そうでない場合、ここまでのどの部分（視点の転換、物語、交渉）に改善が必要かを割りだし、必要な修正をおこなおう。ただし、超オーバーワークから抜けだすのに必要な変更をおこなう、という点を忘れないでほしい。

そこをついのすみかにしてはいけない。

第5章 マインドセット、やり抜く力、働くひとの三つの心理的欲求

行きづまり思考↓この仕事がきらい。どうすればいいのかわからない。
こう考えなおそう↓どんな状況や仕事も、視点の転換を使ってデザインしなおすことはできる。

やけに長く感じる日がある。

仕事にやる気を失っていると、毎日がその前の日よりも長く感じたりする。なにをしても、たとえネコ動画を観たとしても、時計の針の絶え間ない動きはちっとも速くならない。そうして、あなたは家に帰り、また上司、仕事、クライアント、会社の愚痴を家族（または飼いネコ）にこぼす。あなたの現在の人生プランはこうだ。お給料を受けとり、会社で刑期をまっとうし、やがて退職して、本当の人生をやりなおす。退職したら、いまやっていることなんてなんの意味もなくなると知りながら、会社に言われるまま働き、上司の指示を守り、同僚たちに笑顔でうなずく。

子どものころ、自分が保険を売るなんて夢にも思わなかった。ソフトウェア会社のための技術マ

ニュアルを書くなんて。他人の家のプールにプール・カバーを設置するなんて。しかし、どういうわけか、いつの間にかこうなってしまった。

心あたりがある？　もしそうだとしたら、あなたは時間（または一日、一週間、人生）の大半を捧げている活動に、すっかり熱意や満足感を失っている約七割の労働者と同じだ。では、どうすればいいのだろう？

あなたが説明責任を負っている相手はだれ？

ここでネタばらしを。

あなたが仕事への満足度を得られる場所は、たったひとつだけだ。

それは別の仕事や別の会社でもないし、人事部のオリエンテーション資料のなかでもない。会社は仕事に満足できる環境をつくりだすのは上手でも、直接あなたに満足感を与えてくれたりはしない。では、仕事やキャリアのデザイナーであるあなたにとって、仕事への満足感はいったいどこからわいてくるのだろう？　その答えは、このつづきで。

わたしの本当の上司はだれ？

人生に行きづまると、ついその責任を外部に押しつけたくなる。わたしを行きづまらせつづけている悪の張本人は、わたしじゃない。ほかのだれかやなにかなのだ、と。

「仕事が最悪なのはわたしのせいじゃない。

「社風が最悪なのは会社のせい。だから、ここの従業員はみんなつまらなそうに働いているんだ」

「パートナーがわたしのことを理解してくれない。シルク・ドゥ・ソレイユの道化師《クラウン》になる夢を応援してくれないんだ」

しかし、自分自身に素直になれば、不幸の原因はいつもほかのひとびとにあるわけではない、とわかる。もちろん、最悪の上司や最悪の会社は幸せの足しにはならないけれど、いつかの時点で、こう自問しなければならない。

「わたしの上司はだれ?」

ライフデザインでは、その答えはひとつしかない。

あなたは自分自身の人生のクリエイターであり、あなたに必要な変化、あなたの望む変化を生みだす力をもっている。もちろん、それなりの努力は必要だし、ある程度は時間がかかるかもしれないが(ハードルを低く設定し、そうした変化にそっと近づいていくのがライフデザインなので)、究極的には、先ほどの疑問の答えははっきりしている。

あなたの上司は、あなた自身だ。

その答えが気に入らないなら、あなたの上司と話をしてみてほしい。

仕事への熱意、満足度、やりがいを高めたいなら、いまこそあなた自身の仕事の体験をデザインしなおすときだ。その最初の出発点はあなただ。まずは、あなたの仕事やキャリアの物語を生みだす考え方やマインドセットを変えることからはじめよう。

あなた自身を変える「マインドセット」を養う

スタンフォード大学のわたしたちの同僚である心理学教授のキャロル・ドゥエックの研究によると、ひとびとの人生観は、おおむね二通りに分かれるという。硬直マインドセットとしなやかマインドセットだ。[1] 硬直マインドセットをもつひとびとは、自分の知性や能力が、変えることのできない固定的で生まれもった〝才能〟だと信じている。なにかに成功するとすれば、それは生まれもった能力のおかげ。失敗するのもまったく同じ理由で、〝その才能がない〟からだと考える。

「わたしはクリエイティブじゃない」

「営業は不得意」

「数学は苦手」

一方、しなやかマインドセットをもつひとは、たとえ生まれもった能力は人それぞれでも、知性や才能は伸ばせるし、新しい物事を学んで習得することはできる、と信じている。成功は、生まれもった能力ではなく、懸命な努力や練習のおかげだと考えるのだ。ドゥエックはこう記す。「自分の能力が石版に刻まれていると信じる硬直マインドセットのひとびとは、自分の能力をくり返し証明せずにはいられない。一方、しなやかマインドセットは、人間の基本的資質は努力、戦略、他者の協力次第で伸ばすことができる、という信念に基づいている。あるひとの真の潜在能力なんてわからないし、知りえない、という考え方だ[2]」

世界や難題に対するこの二通りの向きあい方は、まったくちがう結果につながる。硬直マインドセットのひとびとは、失敗に対して弱く、「わたしのせいじゃない。わたしには向いていない」と言って、早々とあきらめてしまう傾向がある。しなやかマインドセットのひとびとは、より粘り強く、本来得意でないことに対しても、目標を達成するために必死で努力しようとする。

脳のｆＭＲＩスキャン（ある課題の実行中に活性化する脳の回路を調べる手法のひとつ）によって得られた証拠によると、ふたつのマインドセットのちがいは神経学的なものだという。たとえば、被験者にｆＭＲＩ装置のなかに入ってもらい、難しい質問をし、その回答に対してフィードバックを返すと、ふたつのマインドセットをもつ脳は驚くほど異なるパターンを示す。「硬直マインドセットの人たちの関心が高まるのは、『あなたは正解です』と言われたときだった。答えが正解か否か告げられる瞬間に最大の注意が支払われることが、脳波から明らかになった。一方で、学習に役立つ情報が提示されても興味を示す気配はみられなかった。答えが間違っていたときでさえ、正しい答えを知ることに興味を示さなかったのである。知識を広げてくれる情報にしっかりと注意を向け、学習に重きを置いているのはしなやかマインドセットの人たちだけだった[3]」

硬直マインドセットとしなやかマインドセットが脳に刻まれているからといって、わたしたちがこうした制約に対して無力なわけではない。脳が訓練次第で新しい回路を生みだせるという証拠は数多くある。なので、大好きな仕事をデザインするプロセスをはじめるときには、しなやかマインドセットを伸ばす訓練を積むことを考えよう。数々の研究によると、しなやかマインドセットをとり入れて伸ばすことで、学習意欲（好奇心）、難題を受け入れる能力、批判や他者の先例から学ぶ能力、そして懸命な努力や練習を目標達成への道のりとしてとらえる能力が増すことがわかっているからだ。

行きづまり思考↓数学は苦手だし、絶対に得意にはならない。わたしは苦手なことだらけ。わたしよりずっと才能の豊かなひとはいくらでもいる。わたしの能力はずっとこのまま。伸びることもない。

こう考えなおそう↓それは硬直マインドセットの声であり、正しくない。しなやかマインドセットを伸ばし、懸命な努力と練習さえ積めば、ほとんどの目標は成し遂げられる。ほかのひとびとが成功しているのは才能があるからじゃない。上達しようと必死で努力しているから。

とはいえ、硬直マインドセットとしなやかマインドセットの話は、少し両極端すぎる。研究によれば、わたしたちはみな硬直マインドセットとしなやかマインドセットを両方もちあわせていて、ふたつのあいだのどこかに位置するようだ。あなたがどちらかというと硬直マインドセット寄りだと感じるなら、少しでもしなやかマインドセットへと近づくためにできることがある。あなたがもともとしなやかマインドセットのもち主なら、練習次第でいっそう伸ばせるだろう。

その第一歩は、自分が硬直マインドセットに陥ってしまったとき、そうと気づけるようになることだ。あなたが硬直した世界観に陥ってしまうのは、どんなときだろう？　解決できない問題に直面したときなのか（「わたしは頭が悪い」）、やるべきことを先延ばしにしてしまったときなのか（「わたしは怠け者だ」）、言葉を飲みこんでしまったときなのか（「わたしはシャイだ」）、不公正に声を上げられなかったときなのか（「わたしは弱虫だ」）？

ちなみに、いま挙げたのはネガティブな独り言の例だ。「物語」のマインドセットをネガティブな形で使っているのだ。「わたしは頭が悪い」「わたしはバカで怠け者だ」と自分に言っているとき、あなたは自分自身に物語を語っている。その物語を何度も自分に語り聞かせれば、だんだん洗脳されていくのはムリもない。

それを逆にするには、硬直マインドセットが優勢になりはじめたときに気づく練習を積めばいい。判断を加えずに、ただ気づくのだ。次に、視点の転換の力を使ってあなた自身の問題をとらえなおし、「物語」のマインドセットの力を活かして「筋書きを変え、結果を変える」。

自分が硬直マインドセットに陥っていることに気づくたび、あなたが語っている物語に着目し、視点の転換をおこなって、もっとよい物語へと変えよう。たとえば、「わたしは頭が悪い」という物語のかわりに、こんな物語はどうだろう。

「この問題には本当に手を焼いている。新しい発想が必要だ。新しい問題解決の戦略を探すこともできるし（「好奇心」）、助けを求めることもできる（「過激なコラボレーション」）。この問題にとりくむ前に、もう少し時間をかけて、基本から学ぶこともできるかもしれない」

このほうがずっとすばらしい物語だ！

あるいは、「わたしはバカで怠け者だ」という物語のかわりに、こんな物語はどうだろう。

「この問題にとりくむ気になれなくて、先延ばしにしてしまっている。まずは、問題にとりくむのに必要な情報収集、下調べ、資料集めをおこなう手もあるし（「認識」）、課題をとらえなおし

（「視点の転換」）、同じ結果を得る新しい方法を探すこともできる。この課題を完了させるメリットをリストアップすれば、着手するモチベーションがわいてくるかもしれない」

わかっただろうか？　要は、あなたの心のなかの物語を書き換える、ということだ。しなやかマインドセットへと近づく最後のステップは、こう自問することだ。「今日、わたしが学べることは？　わたしのやることとリストにある課題を、学習や成長といった目的に沿ってとらえなおせないか？　そして、わたしの学んだことを、他者のために活かせないか？　今日、だれかになにかを教えられないか？」（ちなみに、優れた教師はつねに物語の名人でもある）。学習し、成長して、あなたの体験をだれかと共有することは、しなやかマインドセットを伸ばす最高の方法なのだ。

あなたが真っ先にすべきなのは、しなやかマインドセットをとり入れ、伸ばすことだ！　この新しいマインドセットへと変わりつづけるための計画を立てよう。しなやかマインドセットをあなたにとって自然な問題解決のアプローチとして確立するには、まちがいなく練習とくり返しの強化が必要になるだろう。

この考え方をとり入れ、理想の仕事をデザインしようと励んでいるあいだに、必ず何度か挫折を経験することがあるだろう。そこで、心の回復力《レジリエンス》に関する心理学の出番となる。なぜなら、困難な状況に陥ったとき、ものをいうのは「やり抜く力」だからだ。

仕事で成功する「やり抜く力」をつける

やり抜く力《グリット》。

それは、米国陸軍士官学校《ウェストポイント》の全士官候補生を対象とした「ビースト」と呼ばれる七週間の厳しい基礎訓練に耐え抜けるひとびとを予測する最適な指標とされる。また、重い荷物を背負って何マイルも走ったり、泥水のなかを這いつくばって有刺鉄線をくぐり抜けたりといった、いっそう苛酷なグリーンベレー特殊部隊選抜コースに合格できる者を予測する最適な指標でもある。さらに、もっとも好成績な営業担当者や、もっとも才能あるアスリートより高いパフォーマンスを発揮できるひとびとを予測する最適な指標でもある。やり抜く力って、すばらしい！

　ペンシルベニア大学の心理学教授であり、『やり抜く力　ＧＲＩＴ（グリット）――人生のあらゆる成功を決める「究極の能力」を身につける』の著者でもあるアンジェラ・ダックワースは、やり抜く力を測定する尺度（グリット・スケール）を開発した。そのグリット・スケール・テストを受けてみたい方は、angeladuckworth.com/grit-scale へ。

　明らかに、生まれもった能力はひとそれぞれだが、ダックワースの研究によると、才能、ＩＱ、生まれつきの能力は、困難な状況下での成功とはほとんど相関がないことがわかった。成功するひとびとと途中で脱落してしまうひとびとを分けるのは、やり抜く能力だ。つまり、やり抜く力を養うことが、ワークライフをデザインするにあたっては重要なのだ。そして、回復力ややり抜く力に優れたマインドセットを伸ばす方法はある。

　ダックワースが「成熟したやり抜く力の鉄人たちに共通する精神的資質」と呼ぶ四つの要因が

ある。[4]

①自分のしていることを楽しむ能力。なにかをやり抜くには、その対象に心から興味をもつことが必要になる（この内発的動機づけについて詳しくはあとで）。この資質に、デザイナーのマインドセット「好奇心」が加われば完璧だ。好奇心は興味のもとだからだ。

②練習を重ねる能力。なにかをマスターするための計画的で緻密な練習に力をそそぐ必要がある。そして、毎日、毎週、毎年、練習することが必要だ。練習に終わりはない。それ自体が目的なのだから。

③目的意識。あなたの仕事が、あなた自身よりも大きなものやひとにとって重要な役割を果たしている、と信じることが必要だ。

④希望に満ちた人間であること。希望があればこそ、状況が厳しく、物事が計画どおりに進まないときでも、前進しつづけられる。希望は、楽観主義や、目標がやがて叶うという深い確信とかかわっている。

好奇心や興味を養い、なんらかの技術や分野をマスターするために必死で練習し、あなたより大きなものに目的意識を見出して、希望を抱きつづける――そうすれば、きっとやり抜く力や目標達成能力を高められるだろう。これらは、優れた仕事や人生のデザイナーがもつマインドセットにかなり近い。

毎日、やり抜く力を磨いていくことは、ネコ動画を視聴したり、時計を見つめたり、仕事の愚痴をこぼしたりするよりも、ずっと有効な時間の使い道にちがいない。

確かに、ネコ動画の視聴とやり抜く力の向上のどちらが有効なのかを示す正式な研究はないかもしれないが、あったとすれば、やり抜く力のほうがつねに有効だと断言できる。

さて、しなやかマインドセットを伸ばし、やり抜く力の身につけかたがわかったら、次は仕事のモチベーションについて探る番だ。自分自身の管理者であり上司として、あなたが知っておくべきことはただひとつ──あなたの部下の最大のモチベーションは？

「三つの心理的欲求」を満たせばモチベーションが高まる

行きづまり思考↓仕事が楽しくない。どうすれば楽しくなるのかわからない。
こう考えなおそう↓わたし自身の内発的動機づけを理解すれば、自律性、関係性、有能感の三つをうまく伸ばすことはできる。

結局のところ、仕事をやりがいがあって楽しいものにする責任は、ボスであるわたしたち自身にある。それはバスを運転しているのであれ、企業合併を指揮しているのであれ、どんな仕事についてもいえる。そして、仕事を楽しくてやりがいのあるものにするには、ふたたび心理学者の知恵を借りる必要がある。

人間のモチベーション（動機づけ）について研究する「自己決定理論」によると、わたしたちは内発的動機づけ（向上心や探求心などの内面的な欲求から生まれるモチベーションのこと）をもつ動物なのだという。外発的動機づけにただ反応するだけではないのだ。こうした人間の動機づけについて完全に理解するには、わたしたちの生まれもった心理的欲求を理解することが必要になる。それは、自律性（Autonomy）、関係性（Relatedness）、有能感（Competence）の三つだ。

ちょっと待って、と思った読者もいるかもしれない。

「心理的欲求だって？　理論上はそうだろうけど、わたしがほしいのはお金だ。お金がもらえるからこそ、やる気がわいてきて、もっと早く仕事をこなそうという気持ちになるんだ。銀行口座の話をしてくれよ！」

いい指摘だ。もちろん、わたしたちには金銭的欲求もある。しかし、研究によると、人間は不思議なことにお金以外のものに動機づけられるのだという（生きていくのにじゅうぶんなお金がある場合はとくにそうだ）。たとえば、好奇心や、パズルを解くといった生まれもった挑戦心などがそうだ。ダニエル・ピンクは著書『モチベーション３・０――持続する「やる気！」をいかに引き出すか』で、自己決定理論によって明らかとなった、動機づけの心理学の奇妙な結果について説明している。

人間のモチベーションは、大半の科学者や市民たちの信念とは正反対の法則に従って機能しているようだった。わたしたちは、ひとをやる気にさせる要因がわかっている（と思っていた）。報酬、とくに生々しい現金こそが、関心を強め、パフォーマンスを向上させるのだ、と。（ところが、自己決定理論を研究する心理学者たちが発見した内容は）そのほぼ反対だった。ある活動に対する外的報酬としてお金が用いられると、被験者はその活動に対して本来もっている興味を失ってしまう。人間には、新しいことややりがいを求めたり、自分の能力を伸ばして発揮したり、物事を探求したり、学習したりする傾向がもともと備わっているのだ。[5]

ダニエルが述べているのは、先駆的な心理学者であるエドワード・デシの研究についてだ。この四〇年間、デシはリチャード・ライアンらとともに、人間には原始的な外発的動機づけ（衣食住や安全への欲求）に加えて、それ自体が報酬になりうる強力な内発的動機づけも存在する、という考え方を発展させてきた。つまり、人間は、ただおもしろいという理由だけでなにかをする、好奇心に満ちた動物なのだ。さらに、デシやライアンらは、外的報酬（パズルを解くことへの金銭的報酬など）を導入することで、内的報酬体系（おもしろいからパズルを解くこと）がそこなわれる可能性があることも証明した。内的報酬体系に訴えかける作業に報酬を支払うと、ひとびとのパフォーマンスがむしろ低下するというのだ。

おかしな矛盾だ。

そこで、自律性、関係性、有能感という人間の生まれもった心理的欲求について、詳しく見てみよう。

自律性

いちばん基本的なのが、自分自身の人生をコントロールしたいという欲求だ。自律性は人間特有の衝動であり、生まれもった心理的欲求のひとつだ。だれもが仕事の内容、相手、時間を決められる立場にいたいと思っている。デシとライアンはこう記す。「現象学的なレベルでいうと、人間の自律性は、みずから制御した行動にともなう一貫性、意志、活力の体験に表われる」[6]

職場では、あなたのしている仕事を期待どおりに、または期待以上にこなすことで、自律性を養える。仕事を期待以上にこなす習慣をつけると、魔法のようなことが起きはじめる。

アンは、ファストフード店で時間帯責任者《シフト・スーパーバイザー》を務めている。彼女の日々の業務はだいたい決まっており、業界標準に沿って、自身の勤務時間帯を管理する訓練を受けてきた。有名なハンバーガー大学（ファストフード店経営を総合的に学べるマクドナルドの企業内大学）で授業を受け、店舗の生産性や収益性を最大化するためのたいへん体系的で具体的な方法を学んできた。彼女のような仕事には、自律性を発揮する余地なんてないと思うだろう。それはちがう。彼女は規則に従って店をしっかりと運営しているし、彼女が監督している時間帯は整然としていて、だれもが的確な行動をとっている。だが、彼女の働きぶりは並のシフトワーカー以上だ。職場環境に彩りを添えるため、一日おきに新鮮な花をもってきては、時計の横に飾っている。みずからの時間をなげうって、新人たちが料理づくりのプロセスや規則を学ぶ手助けをしている。あるとき、彼女はシフト間の引き継ぎが必要以上に混乱していることに気づき、独自の判断で修正に乗りだした。三人の時間帯責任者どうしで非公式のコーヒータイムを設け、職場を「来たときよりもきれいにして去る」（主にキャンプ場で使われる定番のフレーズ。「立つ鳥跡を濁さず」と似ているが、汚さないばかりか来たとき以上によい状態にして立ち去る、という意味あいが含まれる。第8章も参照）インセンティブがないことについて話しあった。シフトワーカーたちは、帰宅を急ぐあまり、ぐちゃぐちゃな職場を次のシフトへとそのまま引き継いでしまうことが多かった。その結果、キッチンは荒れ放題で（健康被害のリスクもあった）、注文をすっぽかしてしまうこともあった。そこで彼女が提案したのは、従業員のひとりを「シフト主任」や「引き継ぎ担当者」として定める、新しい勤務スケジュールの〝プロトタイプ〟をつくるというものだった。こうすれば、引き継ぎをスムーズにすることが労働者たちのインセンティブになるだろう。結局、全員が一カ月間このプロトタイプを試すことに同意した。その結果は目をみはるものだった。注文がすっぽかされることはなくなり、いままでよりきれいで楽しい職場へと生まれ変わったのだ。

アンは、ほかにもいろいろな方法で、職場をより効率的で、そしてなにより楽しい場所にしている。

「調理ラインのほうから鼻歌が聞こえてきたり、メンテナンス・スタッフがグリーストラップの掃除の速さを競うゲームをしたりしていると、よい連携が生まれていると感じますね。おかげで、わたしが監督している勤務時間帯は、スタッフの在職率がいちばん高く、辞めたひとはいません。上層部もそのことに気づきはじめているようです」

アンがファストフードの仕事で自律性を生みだせるなら、きっと、あなたにだってできる。

関係性

関係性とは、ひとびとやコミュニティとのつながりのことだ。関係性を養い、維持していくには、同僚たちと交流し、プロジェクトで密接に共同作業し、同僚やクライアントのニーズに共感することが必要になる。つながりへの欲求は、人間の強力な動機づけ要因であり、進化の歴史における基本的な要素だ。人間は、単独ではさほど強い動物でもすばやい動物でもない。野生の世界では、ほとんどの肉食動物のほうがすばしっこいし、力も強いだろう。だからこそ、人間は生き延びるために、一緒に暮らし、一緒に狩りをするすべを学ぶ必要があった。進化のうえでの最善の生存戦略は、強力な家族や部族の集団をつくることだった。関係性を求めるこの内発的な欲求は、職場にも姿を現わす。

いままで、大きなプロジェクトや目標に参加したことでエネルギーや活力がわいてきた場面はないだろうか？　チームの一員となり、チームのために必死で努力する場面は、スポーツから、地域のグループ、社会運動まで、人生のいろんな側面に現われる。そして、過激なコラボレーションは、デザイナーが自然とおこなう関係性づくりのひとつの形だ。

対照的に、格子状に並んだ無機質なパーテーション・デスクに座り、チーム、グループ、会社の目標と明確なつながりのない仕事を、ひとりきりでこなすような環境は、健全な仕事の環境ではないし、たぶんあなたが最高に輝ける場所でもないだろう。

関係性を高めれば、仕事や人生の満足度も高まるのだ。

筆者のビルは、プロダクト・デザインの修士号を取得してスタンフォード大学を卒業した直後、コンバージェント・テクノロジーズという大成功したテクノロジー企業を立ち上げた指導教授のひとりから、「超機密のステルスモード」で進められていた特殊プロジェクトの仕事を打診された。それが彼の最高の仕事の体験のはじまりだった。コンバージェント・テクノロジーズはタフな職場として有名だった。ＣＥＯは同社を「シリコンバレーの海兵隊」と呼び、厳格に舵とりしていた。ビルは総勢二〇人ほどの小さなチームに属する三人のメカニカル・エンジニアのひとりとして、当時の世界最小のポータブル・パソコンのデザインと製造にとりくんでいた。深夜までの長時間労働なんて日常茶飯事だった。同社には、「週末に一週間がある」という表現があった。週末の四八時間のうち、睡眠にあてられるのは八時間だけ、という意味だ！　彼はこの「週末の一週間」を何度となくこなし、ときには週末を睡眠なしでやり過ごすこともあった。ある日曜日、母親の誕生日パーティーに顔を出すために仕事を〝早く〟抜け、途中でまっさらなシャツを買うためにデパートに立ち寄ったことがある。三週間、シャツを洗濯する暇さえなかったのだ。納期は厳しく、だれもが失敗の恐怖に怯えていた。チームはあらゆる技術を限界まで押し広げていて、二〇〇〇万ドル以上のお金がムダになる可能性もあった。それは一九八三年当時としては巨額の投資だった。

　この長時間労働と巨大なストレスには思わずゾッとしてしまうが、それでもビルにとってはいまだに人生最高の仕事のひとつだ。この過激なコラボレーションとチームワークは二度と味わえないものだった。全員が過去に経験のない仕事をし、お互いに支えあっていた。自分たちの仕事が物理学の法則をくつがえしかけているとさえ思うような、純粋なフロー状態と、研究所に深夜までこもる日々。数週間後、とうとうマザーボードが初めて稼働し、「Hello World」の文字を表示したときは感無量だった。[7]

シャンパンが開けられた。

ビルの約三五年前のチームメイトたちは、いまだに当時の体験をなつかしく覚えているし、プロジェクトが終了してからも長年、年一回の同窓会を開きつづけた。もしかつてのチームメイトとばったり出くわしたら、きっと当時の想い出話が止まらなくなるだろう。

ちなみに、そうして完成した画期的なポータブル・パソコン「ワークスレート」は、商業的には完全な失敗だった。発売から約一年後、同社はワークスレート部門を閉鎖した。だれもそのプロジェクトで儲かったわけではないし、製品の成功がいまのこの気持ちの源だと言うつもりはない。すべてはひと、そして体験だった。それはいつの時代も変わらないのだ。

1983年ごろにコンバージェント・テクノロジーズから発売されたワークスレート・コンピューター

有能感

有能感とは、読んで字のごとくだ。だれだって仕事で有能だと思われたいし、いちばんになりたいと思うひともいる。そのためには、なにかをマスターしたと呼べる状態になるまで技術を磨き上げ、さらにいっそう厳しい練習を通じてその上を行くことが必要になる。ここで鍵を握るのは、やり抜く力と継続力だ。有能感は本質的によいものに感じられる。だからこそ、自分の仕事の価値に共感できることが大事になるのだ。仕事を的確にこなすには、スキルを伸ばす必要がある。そして、自分にとって本当に大事なスキルを伸ばしていれば、自然と有能感を高めようという気になるだろう。対して、自分の仕事にやる気を感じていなければ、その仕事に必要なスキルをマスターするどころか、磨こうとさえ思わなくなる。

ここで、有能感を高めるために注力しなければならない主な分野がふたつある。仕事に役立つ天性の「強み」と、仕事で克服を求められる天性の「弱み」だ。前者の場合、目的はあなた自身の天性の強み（たとえば、少人数のひとびとをまとめること）を伸ばし、次なるレベル（チームづくりの世界的な達人になること）へと押し上げることだ。天性の強みを〝そのまま〟活かし、ただ楽しむだけなら簡単だ。しかし、あなた自身の強みをじゅうぶんに活かすには、強みを伸ばす必要がある。

その逆も同じだ。ほとんどのひとは仕事のなかで、あまり得意ではないけれどまちがいなく必要な業務に直面する。たとえば、大学の講師になるなら、人前でしゃべるのがうまくなければならない。

だが、ビルはうまくなかった。

ビルはもともと内向的な人間だ。実は、少人数で一対一、またはひとりきりで仕事をするほうが好きなのだ。リーダーとして影響を及ぼすのは好きだが（彼は戦略家だ）、人前（とくに大人数の前）に立つのは好きではない。だが、それは人気講座の講師がくり返ししなければならないことだ。教師となり、学生たちを育て、デザイン思考のカリキュラムを考え、デザイン・プログラムのスタッフたちをまとめるのは大好きだったけれど、人前に立つのは苦手だった。でも、教師の仕事をしようと思うなら、そのスキルを学ぶ必要がある、と気づいた。そのために、一流の教師たちを観察し、そのスキルをどう身につけたかたずねた。人前で話すことによるコミュニケーションの科学的側面について研究し、どうすれば重要で心に残るメッセージを届けられるのかを学んだ。あとは練習あるのみだ。ひたすら教えまくり、同僚や学生たちから教え方についての建設的なフィードバックを受けとった。最初は、あまり楽しくなかった。教えるのがぎこちなく感じたし、肯定より批判の声のほうが多かった。批判されるのが好きなひとなんていないだろう。それでも、彼は決してあきらめなかったし（やり抜く力）、人前で話す力は遺伝で決まるわけではなく、学習で伸ばせると信じていた（しなやかマインドセット）。やがて、その努力は実った。彼はしょっちゅう高評価をもらえるようになったし、教師の仕事を楽しんでいる。学生たちが学んでいる様子を見ることと、うまく教えること、その両方を。彼はいま、教師や講演者としての有能感を、心から味わっているのだ。

あなた自身のいまのスキルと、仕事で求められる能力とのあいだにギャップがあるなら、それを成長の機会へと変えよう。大きな努力は必要だが、その向こうには、あなた自身や、同僚、クライアントにとって、まぎれもないメリットが待っている。

ちなみに、ビルはいまでも内向的な人間だ。なので、一日じゅう教えたあとには、充実感とともに、疲労感がドッと押し寄せてくる。彼にとっては、一日じゅう教室の前に立ったあとには、家に帰って仮眠をとるのがいちばんの薬だ。一方、デイヴは外向的な人間だ。一日じゅう教えたあとには、二時間ほど自転車をすっ飛ばして余ったエネルギーを発散し、妻と夜遅くまでその日の授業の話をしたくなる。ふたりとも、教えるのが大好きだし、有能感を高めるために努力してきたが、それでも教師の仕事への感じ方はそれぞれ異なる。なにかをマスターするために、能力を磨くというのは、個人的な努力だ。あなたに合った方法を見つけよう。

自律性、関係性、有能感への欲求は、あなたの人間性の一部であり、内発的動機づけ体系の一部だ。だれもがもつこうした動機づけを職場で満たすことができれば、仕事で本領を発揮し、同僚たちとのつながりを感じ、仕事へのやりがいを体感できるだろう。それが自律性、関係性、有能感を養う本当の意味なのだ。

管理者たちに伝えたいこと

あなたが管理者なら、従業員が自律性、関係性、有能感を感じられる機会をデザインするのは、あなたの大事な役目だ。そういう環境づくりを促すのは、管理者にとって最大の利益になるのだ。こうつねに自問してほしい。「わたしは従業員たちが独立性や自律性といった基本的な欲求を満たせるように努力しているか？　みんなを信頼しているか？　チームには自主性があるか？　従業員たちは仕事をしながら学んでいるだろうか？」

あなたが職場で自律性、関係性、有能感を養えていないと思うなら、従業員の仕事への不満の割合や在職率を確かめてみるのがいいだろう。ひとりの従業員を置き換えるには、その従業員の給与の二〇～二〇〇パーセントのコストがかかるといわれる（最大限のコストがかかるのは、主要な従業員、管理者、幹部を置き換える場合）。こうしたコストは、最終的な損益には反映されないものの、生産性や士気の低下、ストレスの増大といった形で測定でき、いずれも従業員の燃え尽きにつながることがある。後任を探すあいだ、残った従業員たちは退職者の穴埋めのため、それまで以上に仕事を背負わされることが多い。面接の時間、人材獲得のコスト、新人研修の手間も増えるだろう。[8] 従業員が給料に不満で辞めていくと考えているなら、ぜひ考えなおしてほしい！　ひとびとが縁を切るのは、仕事ではなく上司なのだ。従業員の自律性、関係性、有能感を高めることは、管理者としてのあなた自身の成功に直結する、と考えてほしい。

情熱を出発点にするのはやめよう

自分の情熱を知っていれば、人生をどう送ればいいのかがわかる、という考え方には、わたしたちはあまり賛成できない。情熱は、目標へと向かう自然な衝動という意味では、実はまれな存在だ。研究によると、情熱はふつう、興味のある分野で懸命に働いているうちにわき上がってくるものだ、ということがわかっている。だから、何年も自分の情熱がわからない、ということだってありえるのだ。わたしたちは、人生の早い時期に真の情熱が浮かび上がってくることは、芸術の道に生きると決めたひとに多い、と気づいた。ダンサー、歌手、デザイナー、そしてあらゆるタイプのクリエイターたちは、ほとんどのひとよりも、「情熱を出発点にする」ことをモチベーションにしている割合が高い。それもそのはずだ。こういうひとびととの「メーカー・ミックス」（第2章を参照）は、圧倒的に自己表現へとかたよっている。これは、外発的（外から内）というよりは内発的（内から外）な仕事のモチベーションといっていい。芸術家の仕事の満足度は、主に内側からわいてくるものなのだ。しかし、それ以外のほとんどのひとにとって、仕事は外部のひとびと、状況、システムなどと相互に依存しあう性質のものだ。たとえば、消防士には、消防車両、特殊装備、特別な訓練を受けた消防士仲間たちの巨大チーム、そして市、警察、地域住民との複雑な関係がある。ほとんどの仕事は似たようなものだろう。あなた自身ではとどまらない多くの複雑な相互関係がある。なので、あなたの真の居場所を知るためには、長年その世界で暮らし、いろんな状況を体験していくしかない（だからこそ、研究によると、ほとんどのひとは三〇代半ばになってようやく、自身のキャリアに居心地のよさを感じはじめるのだ）。

だから、あなたの仕事にまだ情熱をもてずにいるとしても、心配はいらない。情熱が形になるまでには時間がかかる。情熱を築くプロセスをつづけていくには、好奇心をもち、あなたがワクワクするような仕事の側面に注目することだ。注目さえしていれば、キャリアのそれぞれの段階で、あなたの仕事が多少なりとも情熱へと変わりつつあるのかどうかがわかる。

では逆に、ある仕事があなたの情熱へとつながらないケースとは？　その重要な警告サインをいくつか挙げてみよう。

・仕事の一環としておこなっている業務がつまらない。
・どのプロジェクトでも〝遅くまで仕事しよう〟とは思えない。

・仕事で一流になるためにスキルを磨く努力をしていない。
・あなたの分野の最新の事情についていけていない。
・同業者のしていることに興味がない。

わたしたちのアドバイスはこうだ。いまのいまから、あなたの大好きな仕事をデザインすることに専念しよう。しなやかマインドセットを最大限に伸ばし、やり抜く力を養い、心のなかの内発的動機づけの要因に目を向ければ、その仕事のなかに情熱が見つかる可能性は高いだろう。

だれだって、やりがいのある仕事、重要な仕事がしたいと思っている。朗報は、ボスはあなた自身だ、ということ。好奇心をもち、よりよい仕事のプロトタイプをつくりはじめよう。あなたが自分自身に語りかけていた半信半疑な物語をポジティブな物語へと書き換え、その物語を声に出そう。自律性のあるクリエイティブな働き手になり、ほかのひとびとと共同作業できるよう、内発的動機づけに沿ってあなた自身を成長させよう。あなたの業界で一流になるための努力をし、やりがいのある仕事づくりに必要なことに目を向けよう。しなやかマインドセットをもって仕事や人生と向きあい、あなた自身のやり抜く力を最大限に引きだせば、きっとあなた自身にとって、そしてうまくいけば世界にとって、重要な仕事を生みだせる。

もちろん、職場ではほかにもいろいろなことが起こっている。水面下でひそかにおこなわれている不思議な物事、その名もパワーゲームだ。次章では、この社内政治という特殊な課題への対処法を探り、そうすることがあなたにとって最大の政治的利益になる理由を説明していこう。

やってみよう

あなたはいま、やりがいのある重要な仕事をどれくらい生みだせているだろう？　次のシンプルなチェックリストを使って、それを調べてみよう。現在や過去のいろいろな仕事を振り返りながら、次ページのアンケートに答えてみてほしい。ただし、無報酬の〝仕事〟もある、という点を忘れないこと。そういう仕事についても、チェックリストを記入してみよう。あなたの人生でやりがいや情熱が得られる場所について、新たな発見があるかもしれない。

「はい」の数はいくつ？

0～2個　生活のために仕事をしている。いまの仕事はおそらくただの仕事。
3個または4個　仕事を楽しんでいる。一生の仕事になるかも。
5個または6個　やり抜く力を着々とつけ、価値のある仕事に励んでいる。
7個または8個　天職が見つかったかも。
9個または10個　文句なし！　だれもがうらやむ仕事（と人生）だ。

仕事の内容：＿＿＿＿＿＿＿＿＿＿＿＿＿＿＿＿＿＿＿＿＿＿

上記の仕事について、次の文章におおむね同意する（「はい」）か、おおむね同意しない（「いいえ」）かを答えてほしい。		
質　問	はい	いいえ
①ほとんど毎日、仕事が楽しい。		
②この仕事はキャリアアップの足がかりのひとつであり、将来的にもっとよいチャンスをつかむために結果を出したい。		
③この仕事をはじめたときよりいまのほうが、仕事に興味がある。		
④やっと天職が見つかりかけている（または見つかった）と感じている。		
⑤ほとんど毎日、この仕事で新しい物事を学ぶことを楽しんでいる。		
⑥仕事で失敗してもへこたれないし、簡単にはあきらめたくない。		
⑦個人的な目標や仕事上の目標を立てるのが好きで、この仕事がわたしの目標達成に役立っている。		
⑧自分が最善だと思う方法で仕事するだけの自律性がある。		
⑨同僚との共同作業は、この仕事の最高に楽しい部分のひとつだ。		
⑩この仕事で一流になるために努力している。いつかこの仕事のすべての面をマスターし、次のステップへと進んで、どんどんレベルアップしていきたい。		

第6章　あえて、権力と政治の話

行きづまり思考↓この仕事で成功するなんてムリ。すべては社内政治で決まるから。
こう考えなおそう↓影響力、権限、権力の操り方を学べば、わたしでも成功できる。

この章では、政治の話をしよう。

といっても、あの政治ではなくて、職場の政治の話だ。

待って、言いたいことはわかる。政治は好きじゃない。政治はよくわからない。ありがたいけれど、お気持ちだけでけっこう。政治なんてゴタゴタばかりだし、わたし向きじゃないから。

気持ちはわかる。

その一方で、ワークライフのデザインに成功するためには、職場の権力構造を理解することが欠かせない、というのもまた事実だ。社内の権力や影響力のしくみを理解せずに、望みのものを手に入れることなんてできない。政治力を鍛える必要があるのだ。

あなたが主導権を握っていて、簡単に変えられる物事もあるが、あなたより大きな権限をもつひとびとの許可がないと変えられない物事もある。政治が重要になってくるのはそんな場面だ。実際、「イエス」を引きだすのが妙にうまいひとたちがいる。

まずは、職場の変化がどのようにして起きるのか、それを理解することからはじめよう。あなたが目撃したことのある職場の変化を振り返り、その変化の前になにが起きたのか、考えてみてほしい。答えは、意思決定だ。カーペットを交換する。新しいコピー機を買う。会社を多国籍銀行へと売却する。トラックのリースをやめて購入する。どんな変化も、意思決定の結果として起こる。

意思決定がその変化を引き起こしたのだ。直接。

そこで、こう自問してみてほしい。「職場で意思決定をおこなうのに必要なものは？」

時間でも、運でも、美貌でもない。権限だ。なにかを変えたかったら、あなたがその権限をもつ人物にならなければならない。

あなたが運送会社の購入担当責任者だとしたら、トラックのリースをやめて購入すると決めるのはあなただ。そのほうが長期的に見れば安くすむからだ。この場合、あなたはトラックの購入を決定する権限をもっている。責任者はあなただ。同じことは、ロビーのカーペットを交換すると決めた総務部長にもあてはまる。あるいは、好条件のオファーを出したスイス企業に自社を売却すると決めた企業経営者にもあてはまる。どんな意思決定であれ、決定を下し、貫き通すためには、そうするだけの権限が必要だ。

すると、こんな疑問が浮かぶ。権限がすべてなのか？　権力者がなにもかも決め、世界を回しているのか？　いや、世界はそんなに単純ではない。意思決定にはほかにもたくさんのひとの声が関与している。だから、実際には権限以外のなにかが働いているはず。それは影響力の行使だ。

ある意思決定のメリットとデメリットについて、じゅうぶんな情報に基づいた意見を述べる。すると、意思決定の権限をもつひとびとに、大きな影響力が働く。なので、あなたが変化につながる意思決定に影響を及ぼしたとすれば、あなたの影響力は権力者にじゅうぶん通じたことになる。これは組織における権力のひとつの形といっていい。

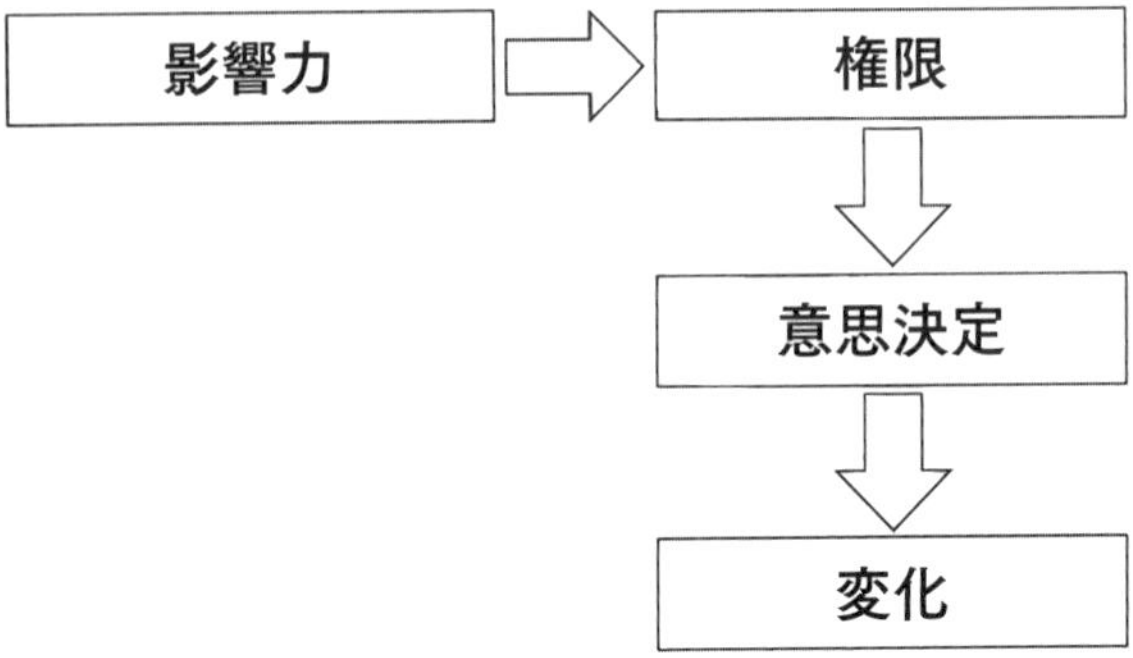

大声を上げて、意思決定のプロセスに首を突っこもうとするのは、影響を及ぼしているように見えて、実はちがう。意思決定に実質的な影響を及ぼしていないなら、その自称インフルエンサーは、インフルエンサーでもなんでもないのだ。影響力とはすなわち、変化につながる意思決定をおこなう権力者たちに影響を及ぼすことだ。

要するに、政治の真の定義とは、「影響力を行使すること」なのだ。

影響力の定義（権力者への働きかけ）だけでなく、影響力の源や作用のしかたまで理解できれば、社内政治に影響を及ぼしてうまく操りたくなったとき、力を発揮できる。そうすれば、わたしたちのワークライフはもっとシンプルで、もっと充実したものになるだろう。

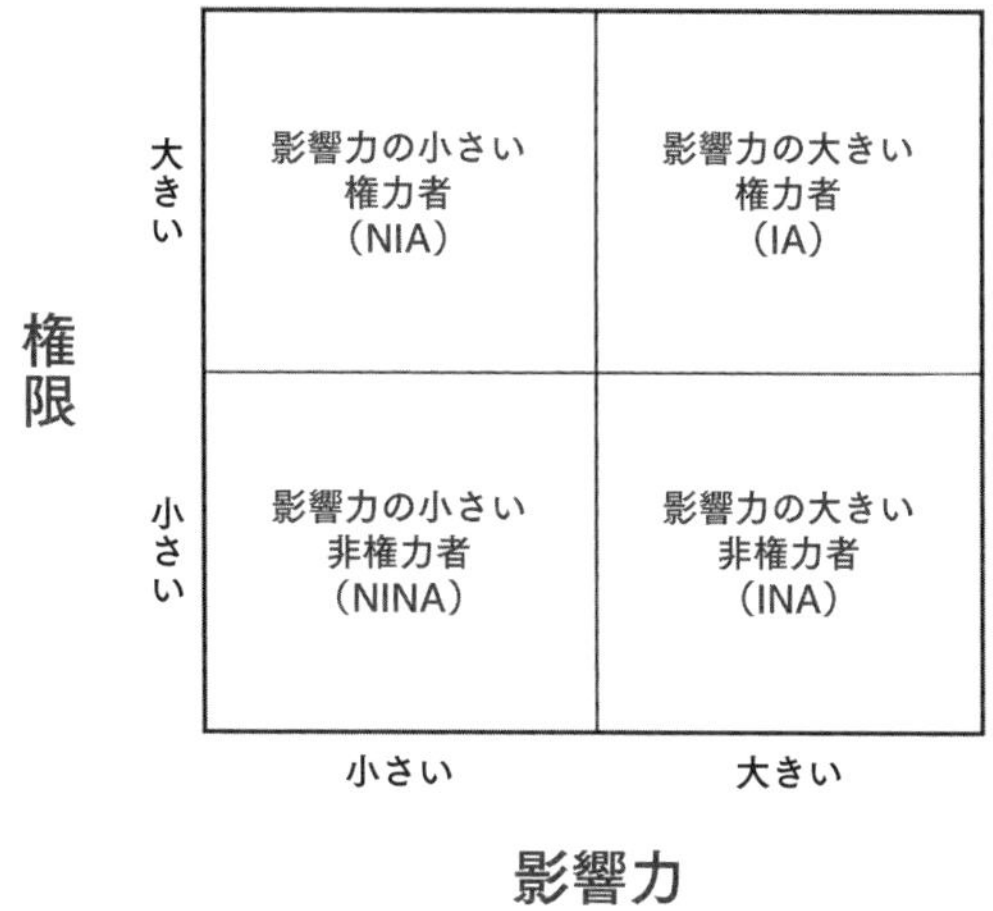

※Ｉは影響力（Influence）、Ａは権力者（Authoritarian）、Ｎはない（Non）の略。

権力の構造

権限とは、意思決定をおこなう力だ。

影響力とは、権限に作用する一種の力だ。

ここで、ちょっとした2×2のモデルを紹介しよう。上図の影響力と権限のマトリクスを見てほしい。このマトリクスでは、権限が大きい／小さい、影響力が大きい／小さい、の四通りのくみあわせが考えられる。[1]

このマトリクスを見ると、組織には大きく分けて四種類のひとたちがいるとわかる。影響力の大きい権力者、影響力の小さい権力者、影響力の大きい非権力者、影響力の小さい非権力者だ。

影響力の小さい非権力者（NINA）

左下は、影響力の小さい非権力者だ。要するに、影響力も権限ももたないひとびとだ。とくになんの権力もないひとびとのことだが、念のために言っておくと、そのことが悪いという意味ではない。そういうひとびとはどんな組織にも数多く必要だし、たくさんの仕事をこなしている。そして、組織内のＮＩＮＡを全員排除したとしても、残りの労働者たちがこのマトリクス上に再分配されるだけだ。このマトリクスの四隅には必ず一定数のひとびとがいる。このマトリクスは、ある状況におけるひとびとの構成を図示したものにすぎない。

どの場所がよい、悪いと言うつもりはなく、ただ組織の構造を描写しただけにすぎない。事実、ほとんどのひとはＮＩＮＡだ。ＮＩＮＡは組織にとって重要だし、貴重な存在だけれど、必ずしも大きな意思決定に影響を及ぼしはしない。教室の教師。お店の店員。地域の病院の大半の医師。国会の一年生議員。みんなＮＩＮＡだ。

影響力の小さい権力者（ＮＩＡ）

左上は、影響力の小さい権力者だ。組織階層の比較的上のほうにいるが、さして影響力のないひとびとだ。必ずしも組織にとってすごく重要な物事を任されているわけではない。オフィスのパーテーション・デスクやコピー機の管理を任されている施設部長は、権限のある地位にはいるが、特別影響力があるとはいえない。オフィスビルの賃料はすごく高額なので、巨額の予算を掌握してはいるかもしれないが、組織の戦略的な舵とりにはかかわっていない。

また、組織に長く居座りつづけているために、名目上の高い地位を与えられたひとびとがいるのもこの場所だ。予備の権力者といったところだろう。確かに高い地位にはいるのだが、たいしたことをしているようには見えない。過去に大きな貢献をして、大出世を勝ちとり、いまでも籍を置いてはいるのだが、会社の戦略的な舵とりは担っていない。彼らは組織に存在しつつも、重要な役割は果たしていないが、ほとんどの組織に何人かはこういうひとびとがいる。

影響力の大きい非権力者（INA）

このマトリクスの右側が権力ゾーンだ。ここには影響力をもったひとびとがいる。影響力の大きい非権力者（ＩＮＡ）は、組織内で耳を傾けてもらえるひとびとだ。実際、最近のデイヴは、スタンフォード大学ライフデザイン・ラボではＩＮＡにあたる。リーダーシップの引き継ぎ計画の一環として、デイヴとビルは、ライフデザイン・ラボに優秀なマネージング・ディレクターを雇った。彼女はビルのもとで働き（スタンフォード大学デザイン・プログラムのエグゼクティブ・ディレクターであるビルは、いわばビッグボスであり、まちがいなくＩＡにあたる）、デイヴの管理者としての職責のほとんどを引き受けてくれた。ラボの全員が彼女に直属し、彼女はビルに直属している。デイヴはまだラボにいるし、ある程度の教育やコーチングもおこなうが、権限はもたない。それでも、彼は一二年前にラボをはじめ、ビルと共同で本を著し、いまでもすばらしいアイデアを握っているので、影響力は大きい。ただ、権限はない。

どんな組織にもこうしたひとびとがいると思う。なにか変更を思いついたとき、校長に聞く耳をもってもらえる先進的な学校教師。顧客の好みに精通していて、店のメニューや内装の変更についていて毎回オーナーから相談を受けるウェイター。ウェブサイト・デザインの改良の際、地域の担当責任者が必ず助言を求める内国歳入庁ヘルプ・デスク・グループの電話サービス担当者。そして、デイヴ。みんなＩＮＡだ。

影響力の大きい権力者（ＩＡ）

最後が、権限と影響力、その両方をあわせもつひとびとだ。このひとたちの言うことは重要なので、だれからも聞く耳をもってもらえる。そして、権限のある地位にいるので、意思決定がおこなえる。真の権力者だ。

ビッグボス（ＣＥＯ、オーナー、社長、ゼネラルマネジャー、大隊長）は、ほぼ例外なくＩＡだ。しかし、ほかにもいる。すべてはそのひとの責任の分野と関係しており、ふつうは予算や資金の規模や使い道に対する決定権、という形で表われる。巨額の予算とその使い道を監督する専任の職員、市支配人《シティ・マネジャー》は、二年おきに再選される（よって、交代するまで待てばすぐに影響力なんてなくなる）市長より、米国ではまちがいなくＩＡに近い。ＮＦＬチームのヘッドコーチは、序列でいえばオーナー、ゼネラルマネジャーにつぐ三番目だが、チームにとっていちばん重要なことに最大の責任を負っているので、明らかにＩＡだ。それは試合に勝ってプレーオフに進出することだ（そこにビッグマネーがかかっている）。勝つかクビになるかのリスキーな仕事だが、勝っているかぎり、組織内でいちばん権力をもつ人間といってかまわないだろう。

あなたの生みだす価値が影響力を高める

影響力と権限のマトリクスを理解することはすばらしい第一歩だが、このモデルを使ってあなたの影響力と権力を高めるには、どうすればいいだろう？　基本的には、自社やほかのインフルエンサーたちと戦略的・文化的に連携し、権力をもつひとびとから認められる貢献の歴史をつくりだす、というのがその方法になる。

したがって、影響力とは、あなたが組織に提供した価値と、その貢献から得られる認知、そのふたつを合計したものといえる。

影響力＝価値＋認知

つまり、価値こそが最大の武器なのだ。この考え方は、政治に対するマイナスのイメージを払拭するためにも、理解しておくことがすごく大事だ。わたしたちのいう政治とは、影響力の行使のことであり、その影響力というのは、意思決定の権力をもつひとや機関に働きかけるような影響力のことだ。そして、その影響力はごくまっとうなところから生じる。それは、あなたが組織のために生みだす真の戦略的・文化的な価値だ。

意思決定の権限を与えられたひとびとは、共同で、組織を成功に向かって前進させる役目を負っている。あなたが職場でそのひとりだとすれば、あなたには目標があるし、戦略がある。新型の自動運転車をつくって売るとか、街角のスーパーマーケットで顧客がよい買い物体験をできるようにするなど、なにかを成し遂げようとしている。あなたが権限を使ってどんな意思決定をするにせよ、その目的は企業、パートナー、顧客のために成功を生みだすことである、という点は変わらない。

たとえば、アンジェラが権限をもつ意思決定者だとしたら、だれの意見を聞くだろう？　会社がもっと大きな価値を生みだして成功するのに役立つアイデアをあなたが握っていると思えば、彼女はあなたの意見に耳を傾けるだろう。あなたのファッションが好きだからとか、あなたが前に彼女のいとこと交際していたから、とかいう理由では、耳を傾けないはずだ（ときには、これらが理由になる場合もあるが、それは悪い政治であり、かなりまれなケースだ）。ほとんどのインフルエンサーが影響力をもち、アンジェラのような意思決定者に意見を求められるのは、そのひとのアドバイスや助言が組織に価値を付加するからなのだ。

では、インフルエンサーになるには？　話はとても単純だ。組織に価値を付加すればいい。組織にとって貴重な存在となり、一流の仕事をして、組織の成功を後押しするのだ。ここで重要なのは、あなたの付加する価値が組織の方向性と戦略的に一致していて、組織の方向性についてなにかできるひとびとと、意思決定の権限をもつひとびとに認められることだ。

だれにも知られず価値を付加するのも、それはそれで立派な貢献だが、それでは影響力は得られない。なにも価値のあることをせずに、声を上げたり人気者になったりして認められようとするのは、一時的には有効かもしれないが、その効果はすぐに消えうせてしまうだろう。真の影響力は、「価値を生みだして認知される」ことのくり返しから得られるものなのだ。これはよいことだ。実際、意思決定者にはインフルエンサーの存在が必要だ。でなければ、意思決定者は何事も自分で判断しなくてはならなくなるからだ。よって、わたしたちの定義する健全な社内政治、つまり権限と影響力の健全な生態系《エコシステム》は、実際に組織を強くするのだ。
少しは政治を好きになってくれただろうか？

組織をダメにする悪い政治

ときには、状況がひどく悪化することがある。みんなの願いに反して、政治がどんどんみにくくなっていくケースだ。みにくい政治は騒がしく、大きな犠牲をともない、多くのひとを傷つける。なにかが崩壊や瓦解を起こしてしまうこともあるし、全員が仕事を失い、会社がつぶれてしまうことだってある。

一般的に、悪い政治が生じるパターンはふたつある。ひとつ目は、組織内のだれかがパワーゲームをはじめたケース。そしてふたつ目は、会社で価値観の崩壊が起きたケース。

まず、パワーゲームと権力争い《パワー・ストラグル》を区別しておこう。権力争いとは、正当な意見をもったひとびとどうしが、方針をめぐって対立すること。先ほどの社用トラックのリースと購入の例に戻ろう。一方のグループは、車両を更新しやすいのでトラックをリースすべきだと訴えている。もう一方のグループは、コストを抑えられるのでトラックを購入するべきだと訴えている。どちらも誠実な意見であり、これは適切な意思決定をおこなうための正当な権力争いといっていい。これは一種の対立であり、等しい権力をもった組織のふたつの派閥が意見を闘わせているわけで、実際には悪いことではない。正当な権力争いであり、どこにも問題はないのだ。意思決定をおこない、前に進めば、会社はいっそう強くなるだろう。権力争いでは、だれもが組織にとって正しい行動をとりたいと思っている。ただ、正しい行動についての意見が一致していないだけの話なのだ。

一方のパワーゲームは、それぞれが会社にとってではなく自分自身にとって正しい行動をとろうとしている状態だ。たとえば、先ほどのトラックの例で、アリーがトラックのリースではなく購入を強く訴えているとしよう。トラックの仲介業者をしているいとこがいるからだ。彼女は実際には、会社にいとこからトラックを購入させて、いとこに大儲けをさせようと企んでいる。会社に貢献することとはなんの関係もない。これはパワーゲームであり、会社の戦略と一致しているわけでも、会社の戦略にとってプラスになるわけでもない。これは問題ありだ。

悪い政治が生じるふたつ目の理由は、会社で価値観の崩壊が起こるからだ。

たとえば、街角でスーパーマーケットをいとなむガスは、長年店を繁盛させてきた。だが、最近は客足が減りはじめている。昔からの常連客たちは高齢化しているし、地域に引っ越してきた新しい住民たちは、オンラインで購入する傾向があり、オーガニック商品やサプリメントが買える大手チェーンのほうに関心があるらしい。彼は新しい住民に来店を促す方法がわからず、途方に暮れている。それどころか、資金が底を突き、パニックになりはじめている。

ビジネスモデルに問題が生じ、正しい行動や意思決定がわからなくなると、組織は大小を問わず価値観の崩壊に直面する。この例の場合、「影響力＝価値＋認知」という等式はもはや成り立たなくなる。本当の「価値」がわからなくなるからだ。窓の看板をもっと目立たせたほうがいいのか？　SNS（その繁盛店をはじめた三〇年前には存在しなかった）でもっとアピールしたほうがいいのか？　新しい〝グルメ〟志向の客のためにオーガニック食品をとり揃えるのと、自宅への配達サービスをはじめるのとで、より価値が高いのはどっち？　そして、（1）失敗の理由と（2）その対処法、がわからないと、戦略が立てられなくなる。そうして、状況は混沌とし、価値観の崩壊が起こってしまう。

正しい意思決定の方法がわからないと、適当に意思決定するはめになる。そして、いちばんおもしろそうなアイデアをもつひとや、いちばん声の大きなひとの意見ばかりを聞くようになる。突然、日替わりで意思決定をするようになり、明確な方向性もないまま状況がどんどん変わっていく。だれにもよい意思決定と悪い意思決定の見分けがつかないと、状況はあっという間にみにくくなっていく。

これは、客層の変化に見舞われた街角の小さなスーパーマーケットだけの話ではない。大きなストレスや価値観の混乱に直面するすべての組織で起こりうることだ。ビルがアップルで働いていたころ、スティーブ・ジョブズが去り（数年後に復帰）、三人のCEOが次々と就任した。それぞれが同社の新しいビジョンを打ちだすと、たちまちだれもどう行動すればいいのかわからなくなった。〝正しい意思決定〟の基準はめくるめく変わり、たちまち悪い政治がはびこった。だれもが自分の推《お》すプロジェクトに予算を勝ちとるべく争いあった。そのプロジェクトが会社の戦略に沿っているからではなく（戦略なんてものはなかった）、個人的な権力を蓄えるために。

よく、こんなケースを目撃する。総勢三人のとある新興企業《スタートアップ》で、共同創設者たちが戦略で対立し、みるみる状況が悪化していく。すると、より詳しい調査をおこない、全員で「前進の道を築く」かわりに、共同創設者のうちのふたり（前の会社からのつきあい）が徒党をくみ、三人目をつぶそうとパワーゲームをくり広げる。こうして、三人目の共同創設者は追放されるが、そのことが結果的に大きな代償を生む。追放された共同創設者はたいてい、ちょうど株式公開のタイミングでひょっこりと戻ってきて、会社の公平な分け前を求めて訴訟を起こすのだ。こういう不要な混乱は、あなたが思うより頻繁に起こる。

このように、だれかが自分自身の利益のため、または価値観の崩壊が起こり、だれにも正しい選択がわからないせいで、パワーゲームをくり広げると、手のつけられないような悪い政治へと発展していくことがあるのだ。わたしたちのアドバイスはこうだ。こういう状況では、混乱に巻きこまれないよう注意すること。状況を見守れるくらい現場の近くにいつつも、やけどするくらい近寄ってはいけない。悪い政治は、たいていそう長くはつづかない。最終的には、だれかがその混乱を整理するためにやってくる。その人物を見極め、そのひとの役に立つことができれば、ふたたび健全な側に立つことができる。社内政治を細かく観察して、適切なインフルエンサーや権力者へと目に見える価値をもたらしつづけよう。きっといい結果が待っているはずだ。

組織の真の構造は組織図だけじゃ見えない

伝統的な組織図を目にしたことがないひとなんて、ほとんどいないだろう。権限に基づいた組織内の上下関係を示した図だ。社長。副社長。中間管理職。労働者。何世紀も前から、そういう組織図が描かれてきた。ひとつだけ問題があるとすれば、それでは組織の真の内情はわからない、という点だ。社内の権限と影響力の作用のしくみは二次元ではなく、三次元だからだ。

組織の実情をずっと正確に表わした三次元の組織図は次ページの下図に示したとおりだ。

伝統的な組織図には権限を示す線しかないが、この三次元の組織図には権限と影響力の両方が

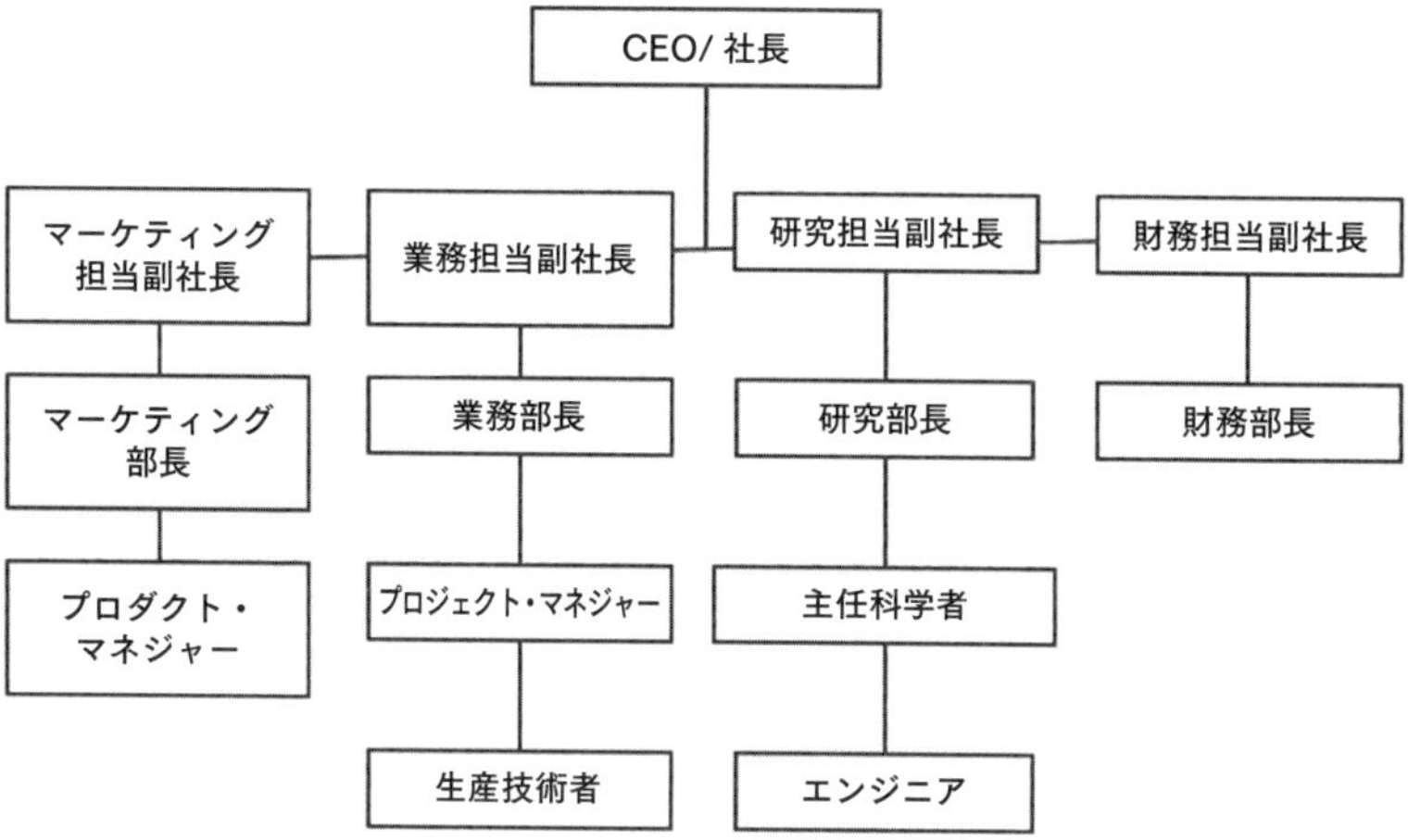

典型的な二次元の組織図

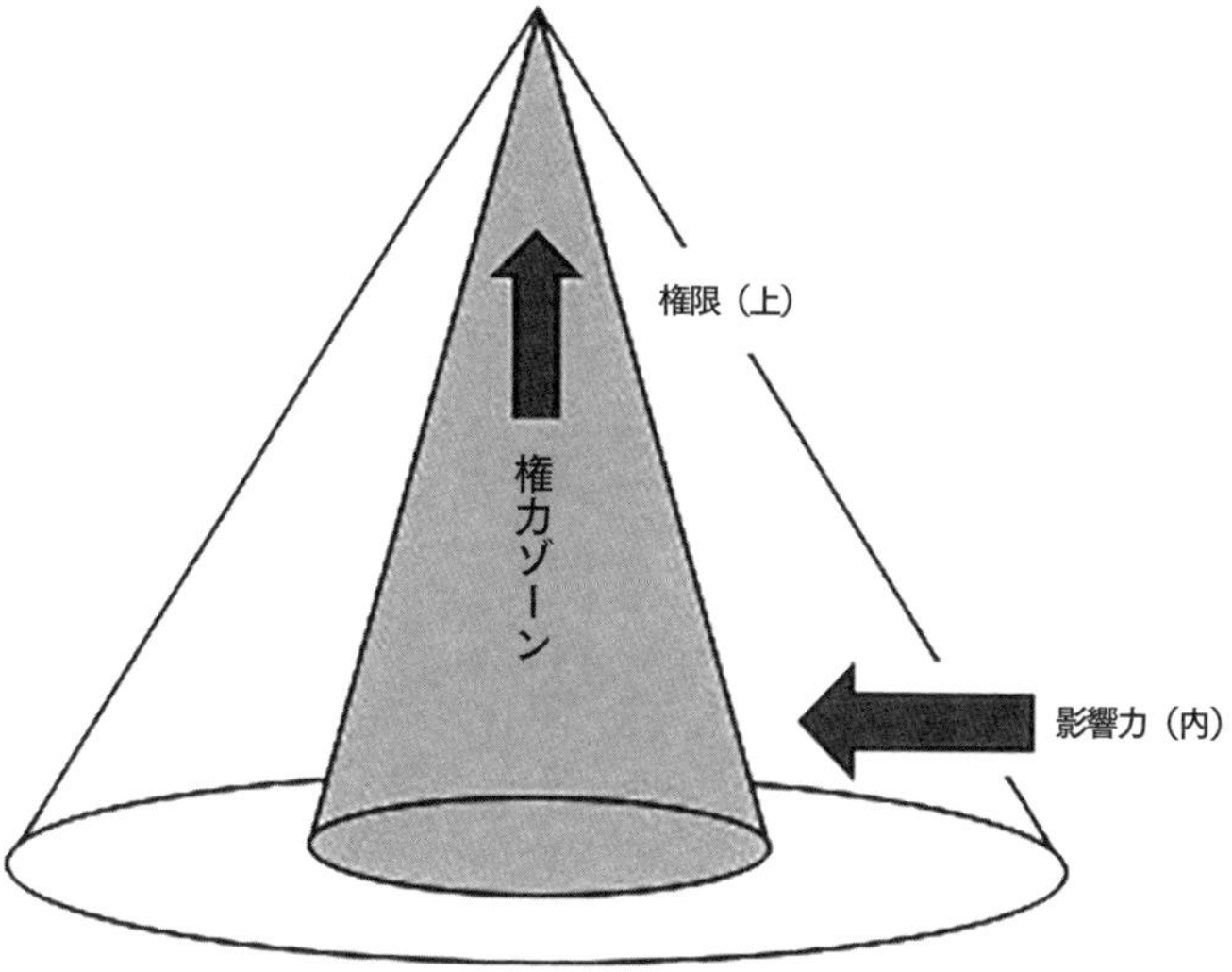

含まれる。つい先ほど説明したとおり、どちらもたいへん重要だ。この図は、ふつうの組織図と同じように、上に行けば行くほど権限が大きくなることを示している。

しかし、上だけでなく、X軸の中心に近づけば近づくほど、影響力のレベルが高くなることも示している。つまり、権力ゾーンへと入っていくわけだ。この権力ゾーンにおいて、注目すべきは影響力のある非権力者（ＩＮＡ）と影響力のある権力者（ＩＡ）だ。より権力の小さいインフルエンサーはゾーンの外側に来る（注意――上方向に行っても権力ゾーンからはずれるひとびともいる。それが影響力のない権力者〔ＮＩＡ〕だ）。

この三次元モデルのほうが、組織内の権力と影響力、それを行使するひとびとの実際の機能のしかたをずっと正確に表現している。そして、この三次元モデルをホログラムにして、このページから飛びださせるとしたら、さらにそのホログラムを回転させることになるだろう（次の著書ではできるようになるかも？）。なぜなら、この影響力と権限のモデルは動的なものだからだ。職場の権力と影響力の風景は決して静止しているわけではない。つねに動いている。あなたが動きを止め、価値を付加する努力をやめれば、この回転するモデルの遠心力によって、あなたは吹っ飛び、権力ゾーンから弾きだされてしまうだろう。このモデルでは、あなたの地位を保つため、つねに貢献しつづけなければならない。

価値を提供すればするほど、それだけ権力ゾーンにどんどん近づいていく。影響力が高まるのだ。価値の貢献が少なくなれば、あなたは権力ゾーンからすべり落ちはじめる。

そういうわけで、賢いデザイナーは、この三次元の流動するシステムに合わせて組織の理解を見なおし、自分の権力と影響力を高めるべく努力する。そして、それこそが本来のビジネスのしくみなのだ。

自営業者へのアドバイス――本章を読みながら、あなたは内心こう思っているかもしれない。「ふぅ！　やっぱり自営業者は最高だ。こんな厄介事に巻きこまれなくてすむ」。実は、本章の内容は、ほかのどのひとびとよりも自営業者にとってのほうがいっそう重要だ。確かに、自営業者は伝統的な組織の内部で暮らしているわけではないし、だれからも最新の組織図が送られつづけたりはしないが、組織の内部で働いていることはほぼまちがいない。それに、クライアントはたいてい企業だ（そして、クライアントが個人だとしても、企業よりは複雑でないというだけで、やっぱり政治は重要だ）。自営業者にとって政治が重要な理由はシンプルだ。仕事を請け負う立場上、組織内では権力がなく、その企業に雇われているほかのひとびとの権力を通じて仕事をするしかないからだ。つまり、完全に影響力だけに頼って仕事をすることになるので、健全な政治を実践する能力と技術がとりわけ必要になるのだ。デイヴは二〇年以上、企業から給料をもらうことなく、権力をもたない独立のコンサルタントとして働いた。彼の成功と失敗は、クライアント企業の政治や影響力といった権力構造のなかで、どれだけ手腕を発揮できるかにまるまるかかっていた。それはそう難しくはない。そして、あなたもきっとその要領がつかめるはずだ。

組織を見通す千里眼を養おう

さて、権力、影響力、政治について理解したあなたは、企業の壁を見通せる一種の千里眼を手に入れたことになる。影響力が正しい意思決定に影響を及ぼし、それが変化を引き起こすことを理解すれば、意思決定に関する政治を見通せるようになり、すべてに合点がいきはじめる。

この新たな千里眼を使えば、だれがインフルエンサーで、だれがそうでないのかを見極め、理解し、認識できるし、たとえあなたが意思決定の最中に会議室にいなくても、影響力が意思決定にどう影響するかが見えてくる。評価のプロセスが理解でき、それが意思決定にどう作用するかがわかる。こうしたビジネスの状況がよりはっきりと見通せるようになれば、その新しい政治的な洞察力によって、あなた自身のワークライフに力を及ぼせるようになったことに気づくまで、そう時間はかからないだろう。また、組織図とは関係なく、実際の意思決定のしくみを認識できるようになり、組織を渡り歩くのが上手になる。そして、権限という意味の権力であれ、影響力という意味の権力であれ、権力をもつひとびとと連携し、目に見える価値を組織に付加することができれば、ただの政治遊びをするのではなく、とても健全な形で政治の現実と向きあえるようになるだろう。

一日じゅう街角に立って、「トラック購入、反対！」と叫んで街宣活動をするのだけは避けよう。

それは声が大きいだけ。

価値を生みだしてはいない。

大声で騒いだからといって、影響力が高まるわけではない。迷惑がられるだけなのだ。

影響力のなかったピートは重鎮看護師の力をどう活かしたのか？

医師のピートは、昔ながらのかかりつけ医であり、開業医でもある。大都市圏で暮らす彼のまわりには、巨大な研究病院もあるが、町の小さな診療所もいくつかある。彼はそうした小さな診療所のひとつで働きつつ、個人で開業もしている。だが、彼は単なる医師ではない。超がつくほどのコンピューター・マニア、という裏の顔をもっている。中学校でアマチュア無線（知らないひとは調べてみてほしい）クラブに所属して以来、ずっとそうなのだ。

ピートがパートタイムで働く小さな診療所は、新たな電子医療記録（ＥＭＲ）システムの導入を検討していた。彼はそのシステムの導入にどうしてもかかわりたかった。彼はその方面にかなり精通したコンピューター・マニアとして、導入の手助けができると思っていた。だが、彼は診療所に勤めるパートタイムのかかりつけ医にすぎない。ＥＭＲシステムの導入方法について、彼にアドバイスを求めようと考えるひとなんていなかった。

ある日のオープン・ドアの時間に、そんなピートがデイヴのところへやってきて、この話を打ち明け、ＥＭＲの導入に対して影響力がないことへの不満をこぼした。するとデイヴは、ＥＭＲプロジェクトにかぎらず、その診療所全般の内情についてたずねた。ピートがその状況で成功するためには、その診療所の実情に沿った行動をとるべきだと考えたからだ。その診療所にとって価値のあることとは？　価値のないことは？　その情報こそが、ＥＭＲにまつわる意思決定に影響を及ぼす方法を考えるうえでの土台になると思ったのだ。

「うちの診療所は順調に成長しているのですが、もっと大きなビルに移転する余裕がないので、かわりに長時間診療をおこなっています。実は、夜間に町の診療所を訪れたいと思うひとが意外と多くて。ですから、夜勤もあります。そこが、とくに看護師たちにとっては少し複雑なところで。実をいうと、ここのところはみんなエスターの顔色をうかがってばかりです」

「ほう、そのエスターというのは？」

「ええと、診療所の看護師長です。長年そこで働いていて、昇進をくり返しているのですが、事実上、診療所を仕切っているのは彼女だと思いますね」

「もう少し詳しく教えてくれ」とデイヴ。

「一日三交代制なので、別々のシフトで働く看護師たちが患者の世話をしている状況です。シフト間の引き継ぎをきちんとおこなわないと、患者の命に危険が及ぶので、プロセスに従うことが非常に重視されています。その点、エスターはプロセスの管理がとても得意で、全員にルール厳守を徹底しています。それから、彼女はEMRの導入チームにも加わっていて、看護師たちの懸念事項をチームに伝えたりしているんですよ」

続けて、ピートはデイヴにEMRの導入について話した。

「診療所の所長と情報技術責任者が、EMRの導入に関する意思決定の権限を握っています。保険会社から支払いを受けるのがスムーズになるので、彼らは電子医療記録への移行に乗り気なのですが、患者のケアに及ぼす影響についてはあまり深く考えていないようです」

すると、デイヴがピートにたずねた。

「EMRシステムを導入したら、患者に対応しながらデータを入力しなくちゃならなくなるんじゃ？　そうなると、全員、とくに看護師に大きな影響が出ないかい？」

「出るでしょうね。実際、エスターはそこが少し不満なようで。EMRシステムが看護師たちの仕事や患者のケアの全般的な質にどんな影響を及ぼすのか、もっとよく知りたいらしいのですが、技術的な議論になると少しまごついてしまい、ひとり蚊帳《かや》の外に置かれてしまう、と言っていました」

そして、ピートの千里眼が効果を発揮したのは、そのときだった。組織内の政治、影響力、意思決定の方法への理解を深めた彼は、エスターがおそらく組織内の主なインフルエンサーであり（彼女は何度も昇進していた）、EMRの導入に対する影響力を高めたいと言っていたことに気づいたのだ。そこでデイヴは、ピートにこんな提案をした。エスターに連絡をとり、コーヒーに誘い、自分も患者のケアの質に心から関心があると伝えてみては？　また、〝コンピューターの話〟が得意で、自分ならEMRシステムに適切なユーザー・インターフェースや使いやすいソフトウェアをとり入れるよううまく説得できる、とアピールするのはどうだろう？　さらに、EMRの導入によって、彼女が心から気にかけている看護体験の質が向上すると思う、とも伝えてみてはどうか？

数週間後、ピートが戻ってきてこう言った。

「見事にうまくいきましたよ。エスターと会って、EMRプロジェクトについて話しあったら、EMRチームに入れてもらえたんです。おかげで、EMRチームの主要メンバーであるエスターに影響を及ぼせるようになりましたし、患者のケアの改善に向けて一致団結できるようにもなりました。わたしがいままで参加してきたなかで、最高のプロジェクト・チームのひとつですよ」

一部のひとびとから見れば、ピートは影響力をもたないパートタイムの開業医にすぎなかった。

だれも彼にソフトウェアの専門知識があることなど知らなかったし、気にもしていなかった。しかし、彼はエスターが影響力を握っていることに気づき、彼女が価値の付加という点で大事にしているものを突き止めた。そして、ＥＭＲシステムにどういう使いやすいソフトウェア・インターフェースをとり入れれば、彼女の看護の手順をソフトウェアにくみこみ、患者の経過を改善できるかを知る男として、自分自身の価値をアピールしたのだ。その結果、彼は一瞬にして、このプロジェクトの影響力の中枢へと招き入れられ、実際に影響を及ぼせるようになったわけだ。

ピートは見事に政治を操った。

そして、彼自身と組織の両方がその恩恵を受けたのだ。

結論はこうだ。ワークライフをデザインするときには、この新しい千里眼と、組織は影響力と権限からなる三次元の回転するピラミッドであるという知識を、最大限に活かすべきだ。健全な組織における政治とは、組織の運営をスムーズにする潤滑油みたいなものだ。組織の内側で起きていることが（組織の壁をも貫き通して）見えるようになれば、あなたがどんなインフルエンサーになりたいのかが決められる。あなた自身を組織の戦略や目標と、そして価値観をあなた自身のコンパスと一致させれば、きっとよいことが起きる。

それがよい政治だからだ。

そして、影響力を身につけ、より効果的に使うコツがわかったら、次はあなた自身のキャリアのなかでとりわけ大きな一歩を踏みだしたくなるかもしれない。それは、いまの仕事をデザインしなおすことだ。

やってみよう

演習——組織の権力構造を理解する

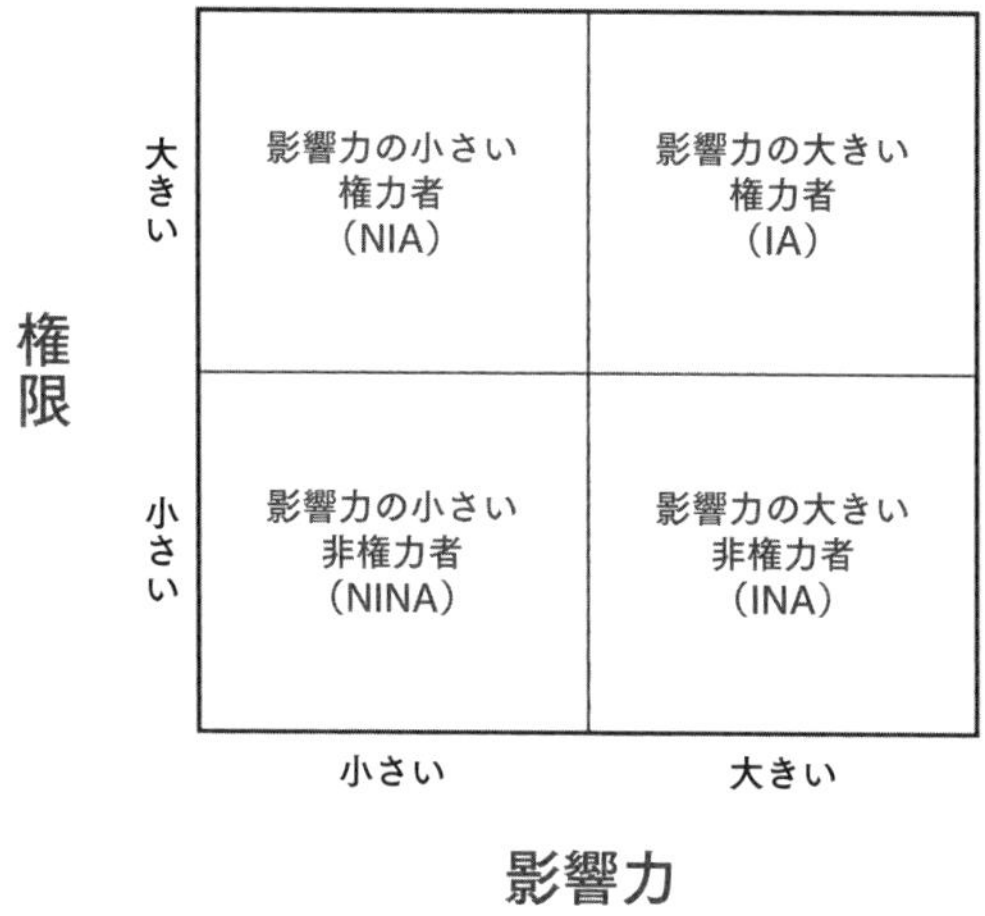

※Ｉは影響力（Influence）、Ａは権力者（Authoritarian）、Ｎはない（Non）の略。

すごくシンプルでありながら、意外な発見につながることが多い演習を紹介しよう。２×２のマトリクスを描き、上の図のように、各エリアにＩＡ、ＮＩＡ、ＩＮＡ、ＮＩＮＡと書きこんでほしい。

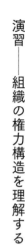

あなたが仕事で直面している問題（ピートの診療所の場合はＥＭＲプロジェクト）を思い浮かべ、その問題に少しでも関与しているひとびと全員の名前を、いったん別の場所に書きだそう。次に、一人ひとりがもつ影響力と権限の大きさをもっともよく表わしているマトリクス内の欄に、その名前を振り分けていこう。

最終的には、全員が「権力ゾーン」との関係性に応じて振り分けられる。そうしたら、次の疑問に答えてほしい。

①気づく点は？
②意外な欄に分類された人物は？
③全員をそれぞれの欄へと振り分けるのに必要な情報は？

たいていの場合、真のインフルエンサーとＮＩＮＡをふるい分け、残りの関係者全員の政治的な立ち位置を明確にすれば、あなたの組織の真の構造や意思決定者が詳しく見えてくる。いったんそれがわかれば、次にあなたがとるべき行動（それととくに、とらないほうがよい行動）がわかりやすくなる。

第7章　仕事を辞めずに、デザインしなおそう！

行きづまり思考↓最悪の仕事だ。辞めるしかない！
こう考えなおそう↓最悪の仕事なんてない。いま、あなたに合っていないだけ。いまの仕事をあなたに〝合った〟仕事へとデザインしなおすことなら、いつだってできる。

仕事がきらい。仕事が退屈だ。仕事にやりがいを感じない。この仕事を一生つづけたいと思ったことなんていちどもないけれど、なんだかんだでもう二〇年間も同じことをつづけている。もう行きづまりだ。

確かにそのとおりかもしれない。

ただし、行きづまりだ、という点を除けば。デザイナーは決して行きづまらない。行きづまりから抜けだすすべを知っているから。そして、辞めるのが最初の選択肢であることはめったにない。

だから、はっきりと言っておこう。辞めちゃいけない。いまのところは。

いまのあなたがいちばん聞きたくない言葉かもしれない。ただ、絶対に辞めるな、とは言っていない。どんな状況であってもいまの仕事をつづけるべきだ、とも思わない（仕事の上手な辞め方については次章で。だれもがいつかは仕事を辞めるのだから）。しかし、仕事の体験をデザインしなおし、飛躍的に改善するための原材料が、手の届く範囲にあるのに、仕事を辞めて一から出なおす苦痛とリスクをみずから背負ってしまっているひとは、どれだけ多いだろう。確かに、仕事をデザインしなおすのは簡単ではないけれど、一から出なおすよりはずっと簡単だ。なので、焦って決断を下す前に、せめて仕事をデザインしなおすという選択肢について理解し、いくつかのアイデアを試してみよう。

いま、あなたが抱えている仕事と、あなたのことをよく知る企業には、あなたにとってのメリットがいくつかある。長い時間いまの会社で働いてきたなら、おそらく社内に強力な人脈や支援の体制ができあがっているだろう。いまの会社のよい面と悪い面もよくわかっている。密接な関係ではつねにそうだが、親、パートナー、友人と同じように、同僚、上司、会社の弱点や欠点も、時間をかけて浮かび上がってくる。だれだって、現状にひたすら耐えているような感覚に、不満がつのり、しびれを切らし、嫌気がさすこともある。しかし、新しい場所へと飛びこみ、すべてを一からやりなおす（そしてすぐに、新たな職場の欠点に気づく）前に、勤め先を変えるコストとリスクを背負うことなく、現状をデザインしなおすことはできないか、一緒に考えてみよう。

これから紹介するのは、あなたにふたたびインスピレーションとやりがいを与え、お気に入りのジーンズのようにあなたにぴったりとフィットするよう、仕事をデザインしなおす方法だ。わたしたちはこれまで、あなたと同じような多くのひとびとが、自分に合っていない仕事を分析し、修正するのを手助けしてきた。その過程で、わたしたちはワークライフをデザインしなおしたくなったときに試せる四つの再デザイン戦略を生みだした。あなたの状況に応じて、次の戦略のどれかが、行きづまりから抜けだすのにきっと役立つはずだ。

①視点の転換&再出発。あなたの仕事に新たな物語や関係性を見出し、新しい気持ちでいまの仕事にふたたびとりくむ。組織の優先事項に合わせてあなたの活動を位置づけなおし、その過程であなた自身の価値を高めよう。

②再構築。あなたの強みをいままで以上に活かしつつ、あなたの興味により合う形で、いまの仕事に外面的または構造的な変更をおこなう。それによって仕事のパフォーマンスが向上し、上司も満足するし、やる気の向上によってあなた自身も幸せになれる。

③配置転換。手の届く範囲にある新しい役割へと横すべりする（たとえその役割が一見すると明白でないとしても）。空いている役職があるならそれを埋めてもいいし、あなたのために新しい役職をつくってもらうのでもいい。

④再創造。まったく新しいキャリアをはじめる。「あなた2・0」プログラムを始動するのだ。ただし、あなたが前から準備を進め、教育を受けなおしてきた、社内のまったく別の役割につ

くのが原則だ。そうすれば、あなたはキャリアを大きくリフレッシュさせられるし、会社は忠実で貴重なチームメンバーを失わなくてすむ。

行きづまり思考↓最悪の仕事だ。転職してもっといい仕事を見つけるしかない。
こう考えなおそう↓辞める前に、いまの職場にある選択肢をすべて最大限に活かしてみよう。理想の仕事はすぐ隣に転がっているかもしれないから。

新しい会社に転職して新たな仕事やキャリアを模索したり、自営業に転身したり（または自営業をやめたり）したくなる気持ちはわかる。仕事がうまくいっていないと感じるひとのほとんどが真っ先に考えるのは、そういう行動だ。しかし、人生や仕事のデザインでは、「反復的な改良」にこそ価値がある、とわたしたちは考えている。わたしたちはこれまで、何十万というひとびとがデザイン思考を使って人生を改善できるよう後押ししてきた。先ほどの四つの再デザイン戦略のどれかを使えば、あなたのワークライフを一新して、リフレッシュさせるチャンスはおおいにあると考えている。そして、試すだけなら失うものなんてなにもない。最終的に、やっぱりいまの仕事を辞めて、別の場所で新しい仕事を見つけたい、と結論づけたとしても、仕事をデザインしなおす努力は、あなたをずっと有利な立場へと導いてくれるからだ。新しい会社で新たな仕事を探しはじめるのにも、最終的にいまの仕事を上手に辞めるのにも、きっと役立つはずだ。

有害な職場はすぐに去ろう
デザインしなおす価値のない仕事もある！

有害な職場。敬意をもって扱われない職場。ハラスメントや虐待のはびこる職場。そういう職場は、一刻も早く去ったほうがいい。仕事だからといって、だれも安心できない職場に耐える義務なんてない。そして、上司がいわゆる〝クソ野郎〟だとしたら、わたしたちの同僚のロバート・サットンの著書『チーム内の低劣人間をデリートせよ――クソ野郎撲滅法』（パンローリング）と『スタンフォードの教授が教える職場のアホと戦わない技術』（SBクリエイティブ）を読むことをお勧めする。どちらの本も、有害な上司に関する学術研究を完璧に網羅するとともに（そう、そんな研究で実際に博士号がとれるのだ）、そういう上司への実践的な対処法を教えてくれる。楽しく読めるだけでなく、職場や人生の〝クソ野郎〟への対処法について、ためになるアドバイスを提供している。

あなたの置かれている状況が実際に有害だと思うなら、こうした本などでしっかりと予習をして、本当にそうなのかどうかを確かめてほしい。そして、本当にそうだとしたら、第8章の仕事の辞め方のヒントまで進み、別の場所で人生を再開しよう。

あなただけが隠しもつ「武器」を活かそう

あなたが従業員おおむね一〇〇名以上の職場で働いているなら、おそらくたくさんの種類の仕事があることだろう。ここで、もうひとつ仮定をしてみよう。そうした仕事の大半は会社にとって重要なはずだ。でなければ、そんな仕事は存在しないはずだから。あなたは文字どおりの〝インサイダー〟なので（だって、社内で働いているのでしょう？）、少なくともインサイダーのコネをもたない気の毒な一般の求職者よりは、必然的にそうした仕事は目につきやすいし、手に入れやすい。

そこで、せっかく〝仕事を変える〟と決意したなら、まずはこうした社内にある仕事を獲得してみてはどうだろう？　あなたはもともと社内の人脈をもっているし、会話のプロトタイプを築きやすい。あなたの社会的・政治的な資本も、あなたにとって有利に働くだろう。

外部からの採用者と比べると、あなたには不当なほど優位性がたくさんある。あなたは会社で顔が知られているし、たとえあなたが現在の仕事に不服だとしても、外部の人間を雇うよりは、会社にとってリスクが本質的に少ないはずだ。そして、あなたは優秀なライフデザイナーだし、社内の人脈を築いてきたのだから、あなたの才能や将来性に太鼓判を押してくれるひとも何人かはいるだろう。なので、あなたがこの仕事探しの戦略で社内にやりがいのある〝次の仕事〟を見つけ、その仕事を勝ちとり（物語をうまく語れば）、新しい仕事で成功できる可能性はおおいにあるだろう。あなたはじゅうぶんな下調べをして、社風を理解し、どういう仕事が自分に合っているかを知ったのだから。

ただし、ひとつ注意を。これらのアドバイスはすべて、あなたが現在の地位で一定の成功を遂げていて、いまの職場に応援者や支援者がいる、という仮定に基づいている。そのため、もういちどここで、あなた自身の仕事の実績をじっくりと振り返り、自身の仕事の〝バランスシート〟を評価してみてほしい。

デザイン思考は、願い事がなんでも叶う魔法のような考え方とはちがう。あなたがいまの仕事で全力を尽くしていないなら、おそらく一定の自己分析が必要だろう。そして、現状に対処するまで、仕事をデザインしなおす作業を中断することも必要かもしれない。社内で新しい仕事を探しているなら、まずは現在の役割のなかで価値のある従業員になることが必要だ。こんな経営の一般原則がある。「問題を移転してはならない。まずは修正せよ」。あなたが問題のある従業員なら、現在の役割のなかであなた自身を修正することが、わたしたちの再デザイン戦略のステップ1に先立つステップ0なのだ、という点を覚えておいてほしい。心配いらない。時間はたっぷりある。まずはあなたにとって必要なことをしよう。わたしたちはいつまでもここで、あなたの帰りを待っているから。

戦略①――視点の転換＆再出発

この戦略には、簡単な部分とより難しい部分がある。

まずは簡単な部分からはじめよう。それは、いまの仕事をこのままつづけはするが、いままでよりもずっと好きになる、というものだ。といっても、一五分おきに「好きだ、好きだ、好きだ」と呪文を三回唱える、ということではない。そんなことをしてもたぶんあまり効果はないだろう。一定の変化は必要になるが、この戦略では、その変化を起こすのはあなた自身だ。

さて、次に難しい部分へと移ろう。それは、あなたが新たな気持ちで仕事に参加し、より満足して前に進めるような形で、仕事との関係性を見なおすことだ。このデザイン手法が自分にあてはまる、と感じるなら、おそらくあなたがいまの仕事をはじめたときと比べて、会社（や経営者）が大きく変わってしまった、といったところではないだろうか。昔は、その仕事があなたにとっていまよりずっと楽しかったのに、組織内外の変化が重なって、状況が変わり、仕事がずっとつまらなくなってしまった、というケースだ。

野外冒険教育を提供するアウトワード・バウンド社には、こんなモットーがある。「抜けだせないなら、潜りこめ！」。わたしたちがここでしようとしているのは、まさにそれと同じことだ。あなたの仕事をそんなにつまらなくした変化には、その仕事への見方を変え、仕事との関係性をデザインしなおすための原材料もつまっている――その前提に立って、話を進めよう。

つらい仕事を辞められない男性がおこなった視点の転換

ジョンは、テネシー州にある中規模航空宇宙メーカーに勤めている。彼は専門学校を出てすぐに入社し、ライン工から、固定具の製造で生じた欠陥をとり除くライン技術者、そして会社の製品が旅客機での使用に必要な厳しい申請要件をすべて満たすよう監督する品質管理者へと、着実に昇進をつづけてきた。

ジョンは自分の仕事と会社に誇りをもっていて、「飛行機が安全に飛べるための部品をつくっているんだ」と友人たちによく自慢している。勤続一六年になる彼は、仕事と価値観の一貫性をまあまあ成し遂げ、人生でかなりよい選択を下したと感じていた。

すると、一年くらい前のある日、ジョンは〝全社〟会議に呼ばれ、上司の上司のそのまた上司から、会社が「レバレッジド・バイアウト」という形で買収されたことを説明された。すぐにはなにが起きたのか理解できなかったが、「いままでとなにも変わらない」し、この会社の取り柄である前向きな労働文化はこれまでどおりだ、と約束された。

そんな約束とは裏腹に、状況は急変した。それも、悪い方向に。

新たな生産ノルマが定められ、製造すべき製品の数は一八・五パーセントも増えた。新経営陣の主張によると、旧経営陣は競争を生き抜くだけの成果を上げておらず、本格的な再編が必要だった。ジョンがよく知るかつての上司たちは、ほとんどが早期退職のオファーに応じたが、彼と同レベルの従業員たちには同様のオファーはなかった。

新経営陣が生産を増やしたがったのは、そこまで意外ではなかった。新経営陣はほぼきまって、なんらかの変革を実行して、自分たちの経営手腕を証明したがる。ジョンは、あまり無茶をすれば品質に悪影響が生じるということに経営陣がほどなく気づき（航空宇宙業界では、品質低下だけは受け入れられない）、しばらくして状況が落ち着くだろう、と思った。そこで、彼は少し様子を見ることにし、新経営陣の要求に応えるために精一杯働いた。生産量の増加に追いつくべく長時間労働をはじめ、すぐさま土曜日、ときには日曜日まで仕事をするようになった。増産によって品質リスクが生じることがいちばんの不安の種だった。新たな要求に合わせて品質管理部門を拡大する時間がなかったからだ。彼はこの問題を新しい上司に提起したが、新しい生産スケジュールに従わないなら「ほかの仕事を探してもらう」とまで言われた。増産の要求はすでに定着してしまったようで、彼は行きづまった。

かといって、仕事を辞めるわけにもいかなかった。というのも、ジョンには慢性疾患を抱える息子がいたのだ。高額な免疫療法薬と継続的な医師による管理が必要な疾患だ。治療費は彼の手取りの二倍近かったが、幸い、彼の会社には充実した健康保険制度があり、なんとかやっていける程度の現金出費ですんでいた。会社と保険制度を変えるなんて論外だった。自宅近くに別の航空宇宙会社はなかったし、息子の既往歴もあって、転職すれば保険に入るのは難しい（不可能ではないにせよ）。息子の病状は少しずつよくなっていたが、医師が寛解を宣言するまで、少なくともあと一年はかかるだろう。

完全なるお手上げ状態だ。

ジョンは完全に行きづまってしまった。

あなたはこんな状況に陥ったことはあるだろうか？　やむにやまれぬ事情でつらい仕事をつづけざるをえなくなったことは？　たとえば、仕事のために思いきって新しい街に引っ越したものの、期待とちがい、新しい街は気に入ったが新しい仕事は最悪だった、ということもあるかもしれない。または、新しく来た上司が目すらまともに合わせてくれないこともあるだろう。あるいは、あなたの会社の市場が崩壊しはじめ、全員がストレスを抱え、あなたの大好きだった仕事がつまらない仕事に変わってしまった、ということもあるかもしれない。

あるいは、ジョンと同じように、会社に新しい経営陣がやってきて、ぜんぜんちがう会社に変わり果ててしまった、ということもあるかもしれない。毎日、同じ職場に通い、同じデスクに座り、ほとんど同じ仕事をしている。だが、いままでと期待がまるで変わってしまった。

だれだって一貫性が好きだし、変化は怖いこともある。それが金銭的な安定や家族の安全にかかわるならとくにそうだ。会社が売却されたのはジョンの責任じゃないし、成功の条件が変わったのも彼の責任じゃない。彼の息子が病気になったのも、まちがいなく彼の責任じゃない。確かに、こうした状況は厄介だし、不公平とさえいえたが、それが現実だったのだ。

ジョンの見方では、選択肢は三つだけだった。

ひとつ目の選択肢は、不条理としか思えない要求をしてくる新しい上司たちに立腹し、不当な現状を訴えて、独りよがりな怒りをぶちまけるというもの。新しい経営陣に直談判し、正常な状態に戻すよう訴えるのだ。仕事が楽しかったときの状態に。

たぶん、この方法はうまくいかないだろう。ひどくすれば、クビになるかもしれない。〝正論〟を言い、解雇されてそれでおしまい、という可能性が高いだろう。この選択肢はリスクが高すぎたし、なにより、年がら年じゅう腹を立てているのもイヤだった（もちろん、妻や息子にとっても）。

ふたつ目の選択肢は、腹をくくって、いままでどおり職場に通い、惰性で仕事をつづけるというもの。なにより、息子のために給料や保険が必要だ。職を失わなくてすむ程度にはがんばるが、真剣にとりくむのはやめ、心にふたをするのだ。ギャラップ社の調査によると、アメリカの労働者の六九パーセントがとるのはこの戦術だ。単純に、仕事を真剣にするのをあきらめるのだ。こういうことは日常茶飯事だ。

しかし、ジョンは直感的に、そうするのは得策ではないと思った。なんとなく、自分の人間性が根っこから変わってしまう気がしたのだ（それも悪い方向に）。人生や仕事の一貫性や整合性も失われるだろう。そんな代償を払いたくなんてなかった。たとえ短期間でも、ゾンビみたいに働くなんて考えられない。

そこで、ジョンは三つ目の選択肢を選んだ。仕事の状況が変化したのだから、仕事に対する見方を変え、仕事の新たな文脈を築きなおそう、と決意したのだ。彼は二年間いまの仕事をつづけ、その時点でふたたび状況を評価しなおすと決めた。息子が絶対不可欠な治療を受けられるよう、家族の安全と安定を守ると誓ったのだ。この選択を下し、これからの二年間を「いまのところは、これでじゅうぶん」という戦略の一部として考えると決めたとたん、ふっと心が軽くなり（毎時間、仕事を辞めるべきかと自問自答して、自分自身を追いつめることはなくなった）、少しだけやる気がわいてきた（しばらく残ると決めたからには、その時間を最大限に活かそうと決心したのだ）。勤務中にバリバリと仕事をしてくれる熱心な部下をもつ資格が自分にあるなら、経営者にだってあるはず。

そこで、ある週末、彼は少なくとも今後二年間、会社の献身的な品質管理者としてあらためて再出発する、と心に誓った。そして、翌月曜日から、彼は毎日職場に現われては、経営者のニーズと、一貫性のある人生を送るという自分自身のニーズを尊重しながら、バリバリと仕事をしはじめた。つまり、毎日、自分が働く〝理由〟を思い出し、仕事の満足度を最大化することから、家族の安全や健康を最大化することへと、考え方を切り替えたのだ。働く〝理由〟を変えるのは必ずしも簡単ではないので、少々慣れは必要だったが、彼は少しずつ、この新しい文脈に合わせて仕事の戦略を改良していった。その成果は目をみはるものだった。

再出発から数カ月後（もちろん、上司にそうすると告げたわけではないが）、ジョンは新しい同僚たちと新たな関係を築いた。そして、仕事のストレスや要求が過大になったときでも、あきらめたり怒ったりすることなく、少しだけ距離を置けるようになった。おかげで、厳しい仕事と、息子や家族との時間、そのふたつの折りあいをある程度つけられるようになった。そしてとうとう、品質保証プロセスを迅速化して、一五パーセント増産という許容ラインを維持する方法を見つけだした。新しい経営陣からのプレッシャーがなければ、彼がそうした改善方法を考えようと余分な努力をすることはなかっただろう。彼の設計した新しい品質基準は、顧客の仕様を完全に満たす信頼性の高い製品を量産しつづけた。そして、生産スピードをいまだかつてないくらい向上させたことは彼の誇りになった。さらに、彼は数度にわたる大量リストラを無事に切り抜けただけでなく（いったん状況が変化しはじめると、ドミノ倒しのように変化がつづくことが多い）、そのあいだも会社への自身の貢献について前向きな姿勢を保ちつづけることができた。そしてなにより、彼は自分のコントロールできない物事をコントロールしようとするのをやめた。二年後、彼はもう二年間がんばると決めた。そのころには、息子の治療も終わっているはず。その後の展開は……みなさんのご想像にお任せしよう。

ときには、自分自身の役割をとらえなおし、新しい文脈、新しい〝理由〟に沿って活動を位置づけなおすことで、一気に道が開けることもある。

ジョンの場合はまさにそうだった。

「視点の転換＆再出発」戦略の肝は、困難な状況を最大限に活かすことにある。もちろん、つねにうまくいくとはかぎらない。ジョンが安全品質基準を満たさない製品をつくらされていたら、医療保障を失うリスクと良心を天秤にかける必要があっただろう。そして、長続きするともかぎらない。二年後、もういちど仕事にのぞむという気が起こらないかもしれない。しかし、仕事を辞める余裕がないなら、「視点の転換&再出発」戦略は、その仕事を「いまのところは、これでじゅうぶん」なものにするのに効果的な方法なのだ。

必要なステップはとてもシンプルだ。（1）新しい現実を受け入れる。（2）仕事をつづける新たな〝理由〟の源を見つけだす。（3）仕事や会社との関係性を見なおす。（4）新たな気持ちで再出発し、仕事をまっとうする。（5）仕事を「いまのところは、これでじゅうぶん」なものにするため、仕事の新たなメリットや満足度の源を探す。

戦略②——再構築

仕事に外面的または構造的な変更をおこなうことで、いまの仕事を見なおし、生まれ変わらせるという戦略だ。外面的な変更というのは、単に髪型を変えるとかいうことではない。新しい塗装、新しいカーペット、新しい家具、新しい音響システム、といったように、くみあわせによってまったく新しい体験を生みだすが、壁をとり壊したりする必要まではない、大きな変更を指す。ふつう、この種の再構築をおこなうのに、上層部の許可はあまり必要ない。一方、構造的な変更は、より大がかりで複雑な変更だ。壁をとり壊し、キッチンとリビングをつなげ、改造した裏庭が見渡せる巨大な部屋へと変えるようなものだ。大々的なとりくみではあるが、おそらく二番抵当は不要だし、引っ越しトラックも必要ないだろう。

すべてはたった八杯のコーヒーからはじまった——外面的な変更の例

アンは、外面的な変更を通じて、仕事の体験にまったく新しい活気を吹きこんだひとりだ。彼女は事前の許可なく、すべてひとりきりでそれをおこなった。ある金融サービス会社の上級営業担当者だった彼女は、主に零細企業への融資をおこなっていた。商売は順調だった。彼女は有能で、高く評価されており、それなりの報酬も受けとっていた。企業も成長をつづけていた。実のところ、彼女は大きな不満があったわけではないが、どこか落ち着かず、ときどき少し退屈することがあった。勤続三年の彼女は、一〇カ月前に「上級」の肩書きを得たばかりだ。仕事は気に入っていたが、なにかが物足りなかった。昇進して現在の上司の役職を継ぎたいとは思わなかった。そうなれば、営業ではなく管理業務だけに時間を使い果たすことになるからだ。彼女は現場での営業の仕事が好きだったし、見込み客や顧客と話すのも好きだった。また、業務部門へと移る気もしなかった。では、どうすれば？

そこで、アンはこう自問した。自分がすでにしていて、できればもっとしたい、と思う仕事はなにか？　一瞬で答えがひらめいた。面接だ！　企業は成長していたので、定期的に新入社員を獲得していた。彼女は、自分と同じ営業の仕事であれ、社内のほかの役職であれ、新たな候補者の面接をするのが大好きだった。いろんなひとびとと知りあい、会社に溶けこむ手助けをするのが楽しくてたまらなかったのだ。実際、彼女の面接を受けて入社したあと、相談や意見交換のために彼女のところへ戻ってくるひとは数知れなかった。それだけ、彼女と話をするのは楽しいということだ。彼女のほうもそうした会話は大好きで、それが仕事を再構築するインスピレーションになった。

お察しのとおり、アンはひとを育てる天性の才能をもっていた。聞き上手で、共感力や直感力が信じられないくらい高い。だからこそ、彼女は外回りの営業でも才能を発揮できる。しかし、その強みは、優れた社内コーチになるのにも役立つ。彼女はすでに〝副業〟で、何人かの仕事の効率向上や、社内の仕事の問題解決に手を貸していた。ならば、ときどき何人かを手助けするのではなく、定期的に多くのひとびとを手助けできないだろうか？　彼女はまず、ひそかにとはいえ効果的な方法でプロトタイプづくりをおこない、小さなことからはじめてみた。かつて彼女に助けを求めたことがあり、彼女の洞察力を認めていた（別の部署の）四人のところへ行き、仕事の効率向上や問題解決について話しあう定期的な集まりを開いてみないか、と誘ったのだ。

すると、全員がそのチャンスに飛びついた。アンは一人ひとりと始業前のコーヒー・ミーティングの予定を立て、三週間後にまた予定を立てた。こうして、彼女は始業前の約三〇分間を使って、一カ月足らずで八回のコーチング・セッションを開いた（もちろん、そんな用語は使わなかったけれど）。かかった費用はぜんぶで八杯ぶんのコーヒー代だけ。安上がりだ。彼女は相手の反応を知りたかったので、あえて自分からは次回のミーティングをしようとは言わなかった。二回目のセッションが終わると、四人のうちの三人が自分からまたコーヒー・ミーティングをしたいと言いだした。期待どおりの反応だ。彼女は要望を受け入れ、同じ部署内のほかのひともこういう会話を楽しんでくれると思うか、三人にたずねてみた。三人ともそう思うと答え、参加を呼びかけてみると言った。すると、数週間足らずで、五つの部署から八人が参加を求めてきた。

アンはこうしたひとびとと会う約束を入れる前、上司である営業部長と、月一回の恒例の面談をおこなった。そのなかで、自分が新入社員たちとコーヒー・ミーティングを開いていて、もっとやってほしいという要望が数多く届いていることを伝えた。彼女はその活動が個人的に大好きで、営業の仕事に支障が出ないようすべて〝副業〟でおこなっていたが、営業グループの評判にかかわることなので、いちおう上司の耳にも入れておこう、と思ったのだ。「うん、いい試みだと思う。そういう活動を率先してやってくれるひとがもっと増えるといいのだが。アン、よくやったよ！」と営業部長は答えた（ほとんどの管理者は、本来の職務に支障をきたすことなく、会社に価値を付加するのは歓迎だろう。ふつうは、会社のためにもっとなにかがしたい、と売りこむのは難しいことではない）。

アンにとっては、週三日だけ三〇分早めに出社するのは朝飯前だったし、おかげでいちどに最大九人の社内コーチングの顧客を抱えることができた。彼女自身のスケジュールへの影響は小さいながら、彼女の仕事の体験には大きな影響を及ぼした。彼女は毎週、ひとりの同僚の人生に影響を及ぼしていた。社内のすべての部署をずっと詳しく知る機会がもてたし、おかげで営業担当者としての腕を磨くこともできた。彼女はどんどん多くのひとから社員食堂で声をかけられるようになり、社内で居心地のよさを感じるとともに、ひとりの従業員としての評価も高まった気がした。やがて、人事部長が彼女のモーニング・コーヒー・クラブの噂を聞きつけ、経緯を聞くために彼女を昼食に誘った。彼女と同じことができるスキルをもつひとはほかにもいないか？　社内コーチング・プログラムの開発本部に加わる気はないか？　すると上司は、三カ月間、週に一日、開発本部のほうに参加する許可を彼女に与え、プログラムは幸先よいスタートを切った。こうして、彼女は大満足で営業の仕事に残り（彼女は営業の仕事が大好きだった。ただ、物足りなさを感じていただけだ）、上司は週半日をコーチングにあてることを恒久的に認めた。いちどとして、彼女が自分から許可を求めたことはない。営業の仕事も止めなかった。ちょっとした仕事の再構築をおこない、結果として仕事の満足度を大きく向上させたのだ。

自分にも同じことができるかって？　アンと同じように、まずはあなたが職場ですでにしていて、いちばん楽しいと思える活動を思い浮かべよう。そうしたら、上司にその活動を認めてもらいやすい形で、その活動を増やす方法をプロトタイピングしていこう。成功したら、より楽しい仕事へと向かう道を築きつづけよう。

しかし、外面的な変更だけでは足りないこともある。どれだけ模様替えをしても、部屋自体の構造は変わらないだろう。壁を壊すべきなのはそんなときだ。あなたの壊したい壁が職務記述書の一部だとしたら、やるべき仕事はたくさんある。そして、賢く仕事をデザインしなおす必要があるだろう。

組織の壁を壊そう——構造的な変更の例

サラは、筋金入りのオタクだ。

高校時代は、格闘ロボットチームにいるほうが、陸上ホッケーチームにいるより楽しかったし、ロボットを強くするコードを書くほうが、ＳＮＳ上でみんなのしていることよりも楽しかった。

プログラミングやロボット工学を学ぶためにマサチューセッツ工科大学に進学したときには、やっと楽園が見つかった気持ちだった。そこには、複雑な制御システムやフィードバック・ループを愛し、機械を思いどおりに動かすのが大好きな仲間たちがいた。

サラは、マサチューセッツ工科大学をほぼ首席で卒業し、だれもがうらやむシリコンバレーの会社に就職した。最初は、コードを書いたり複雑なモノをつくったりするのが楽しく、所属するソフトウェアチームともウマがあった。全員が彼女と同じくらい内向的なプログラマーばかりで、厳しいテストに耐えうる高速のコードさえ書いていれば、だれも彼女がオタクであることなんて気にかけていないようだった。

数年後、サラはチームリーダーへと昇進する。最初、彼女は大喜びした。昇進するのはずっといいことだと思っていたし（でしょう？）、それにともなう昇給もバカにならなかった。新しいコードの設計方法についての議論を率いたり、コーディングを高速化する新しいデバッグ・ユーティリティを考案する手助けをしたりするのは、本当に楽しかった。ところが、その一方で、予算やスケジュールなどの管理業務に関する隔週の会議に参加させられるのは、まったく楽しくないし、ものすごく居心地が悪かった。彼女は自分の番が回ってくると、経営陣の前に立って、チームの進捗を報告し、チームの予算やスケジュールについての弁明や状況報告をおこなわなければならなかった。どれもが彼女にとっては苦痛だったが、スケジュールと予算にかかわる部分は最悪で、ただでさえ居心地の悪い会議のなかでも、毎回いちばん険悪な雰囲気になる部分がそこだった。そして、そういう会議は延々と押し寄せた——隔週で。

新しい仕事のこの部分こそが、退職を検討しはじめるくらいまで、彼女の人生を破壊していった。そもそも、優秀なプログラマーは業界でひっぱりだこだったし、彼女には選択肢がいくらでもあった。

いったいこの先どうすれば？　なにかを変えなければならない、ということだけは確かだった。人間よりもコンピューターやコード相手の仕事のほうが好きだ、ということは自覚していた。ときに面倒で、激しく、感情的になるのが人間だ。管理していて楽しいものではない。プログラマー仲間と仕事するのは楽しいけれど（お互いに協力的だ）、予算、スケジュール、管理、人間にかかわる仕事は、わたしには向いていない気がする……。

しかし、彼女はふと興味をもった。どうしてプログラマーとの会議は大丈夫なのに、財務や経営関係のひとたちとの会議はこんなに苦痛なのだろう。財務関係のひとびとだって、人間は人間だ。まったく筋が通らない。そこで、実践家であり、データを愛するプログラマーだったサラは、こう決意した。一部の仕事はこんなに得意なのに、〝人間との面倒な仕事〟がこれほど苦手な理由を掘り下げてみよう。彼女はこうしたジレンマを解き明かすきっかけになるテストがあると聞き、自分でじっくり下調べをしたあと（彼女は心理学全般をあまり信用していない）、クリフトンストレングス・テスト（ストレングス・ファインダーの名称で知るひともいるだろう）と呼ばれるテストを受けてみることにした。[1]

自分の強みを知ろう

クリフトンストレングス・テストは、あなた自身の強み（ドナルド・クリフトンの研究でいう「特徴的な強み〔signature strengths〕」）を明らかにするためのオンライン・テストだ。このテストは、マイヤーズ＝ブリッグス・テストのような性格テストとは異なり、クリフトンが特定した、職場での成果や満足度と関連する三四種類の実証可能な強みを掘り下げていく。クリフトンストレングス・モデルにおける強みとは、才能（天性のもの）、知識（その分野について時間をかけて学んできた内容）、スキル（その知識を行動に移すのに必要な経験や技術）のくみあわせからなる。強みには「内省」「社交性」などの名前がつけられているが、どれも職場で役立つ能力ばかりだ。

自分自身の特徴的な強みを知ると役立つのはなぜなのか？　職場で特徴的な強みを活かせるひとほど、成功者とみなされやすい、というデータが判明しているからだ。クリフトンストレングス・テストを提供する組織、ギャラップの報告によると、「毎日、自分のもっとも得意とすることをおこなう機会がある」ひとびとは、そうでないひとと比べて、仕事に熱中する傾向が六倍、優れた生活の質を体験していると報告する傾向が三倍高まるという。[2]巨大な組織では、こうしたちがいが積もり積もって数百万ドルの収益の差を生みだす可能性もある。

このデータは何百万という職場と関連づけられており、人事やタレント・マネジメント界隈のひとたちのあいだでは、一般的に信頼されている。わたしたち筆者は、テストに迷いこむことはあまりお勧めしていないのだが、一歩後ろに下がり、自分にぴったりな仕事についてのデータをもっと集められないか、探ってみるのもたまには役立つだろう。

クリフトンストレングス・テストは、あなたの特徴的な強みを見極めるきっかけになる。そのうえで、あなたの強みを最大限に活かせるよう仕事をデザインしなおすことができれば、きっと仕事への満足度が高まり、あなた自身の貢献の内容を楽しめるようになるだろう。つまり、仕事にやりがいを感じる可能性が高まるわけだ。あなたが独立して仕事を請け負っており、さまざまな状況でプロジェクトにかかわっていて、ひとつの職場でたったひとつの職務記述書を与えられているわけではないなら、その重要性はとくに高まる。もしあなたがそういう仕事をしているなら、自分自身の強みを詳しく知ることは、プロジェクトのたびにあなた自身のエネルギーを生産的な物事に集中させ、労力をクリエイティブな方向へと向けるのに役立つだろう。

クリフトンストレングス・テストを受けた結果、サラの特徴的な強みは次のとおりだとわかった。

- 分析思考――「分析思考」の資質がとくに高いひとは、物事の理由や原因を追求しようとする。ある状況に影響を及ぼしうるすべての要因を考慮する能力を備えている。
- 収集心――「収集心」の資質がとくに高いひとは、知識に対して貪欲であり、あらゆる種類の情報を収集・蓄積しようとすることが多い。
- 達成欲――「達成欲」の資質がとくに高いひとは、並外れたスタミナをもち、旺盛に仕事にとりくむ。多忙で生産的なことに大きな満足感を得る。
- 慎重さ――「慎重さ」の資質がとくに高いひとは、意思決定や選択をおこなうときに細心の注意を払い、困難を入念に予測する。

・運命思考――「運命思考」の資質がとくに高いひとは、あらゆる物事は結びついていると考えている。この世に偶然というものはめったになく、ほとんどの出来事には原因があると信じている。

サラが驚いたのは最後の項目だった。いままで、自分にそんな資質があるとは夢にも思わなかったからだ。ところが、自分の強みについてほかのチームメイトに話すと、全員がそのとおりだと言った（クリフトンストレングス・テストの一環として、最低五回、テストの結果を他者と共有することが求められる。あなた自身やあなたの強みがまわりからどう見られているかを深く理解するためだ。これは重要なステップだ。自分が周囲にどう見えているのかは、正確にわからないこともあるからだ）。彼女は、同僚たちのフィードバックを信頼したおかげで、彼女はずっと探し求めていた洞察を得た。彼女は、実はソフトウェアチームを管理するという人間的な部分がむしろ得意だったのだ。彼女には、チーム作業と優れたプログラミングのあいだにある因果関係が見えていたからだ。この発見が、彼女の「運命思考」の強みをおおいに引きだし、内向的なチームリーダーの抱える課題を乗り越えるどころか、それ以上の成果へとつながった。

彼女は、スケジュールや予算が企業運営に不可欠であることは理解していたが、どちらもソフトウェアの品質に直接の影響を及ぼすものではなく、プログラミング活動とまったく関係のない純粋な管理業務にすぎなかった。スケジュールや予算は彼女にとって〝無関係〟なものだったので、彼女の「運命思考」の資質はなんら足しにならなかったのだ。この「自分とは無関係だ」という感覚と内向的な性格、その両方が隔週の経営会議への不快感や不満足感を生みだしていた。なら、自分の仕事から予算やスケジュールの部分をとり除き、コードの設計により専念する方法はないか？　それは大きな変化になるだろう。そのためには、何枚かの壁をとり壊す必要があるだろうし、助けも必要になる。厄介なのは、かわりにスケジューリングや予算編成をやってくれるひとを見つける、という部分だ。そんな仕事が好きな技術者がどこにいる？

そのとき、サラはひらめいた。

生産技術者だ。

サラは、スケジューリングに多くの時間をさいている技術者たちがいることを思い出した。生産技術グループだ。ダウンロード・サイトや安全なファイアウォールの構築、バージョン番号やアップグレード価格の設定など、ソフトウェアの販売に必要な根気のいる専門的な作業を通じて、完成したソフトウェアを世の中へと送りだすのは生産技術者たちだ。生産技術者たちは開発グループの仕事が完了したあとのスケジューリングに命をかけていた。なかには、スケジューリングが得意なだけでなく、好きなひともいた。予算編成も似たようなものなので、すぐに要領をつかめるだろう。おまけに、生産部門は開発部門に毎回、「完成はいつでしょう？　テスト版ができるのは？　修正版がリリースできるまでどれくらい？」とたずねてきた。質問はキリがなかった。それなら、生産部門に開発部門のスケジューリングも任せてしまえばいいのでは？　生産部門は仕事が増えるが、自分でスケジュールを立てれば、サラにしつこくスケジュールを訊く手間がなくなるだろう。隔週の経営会議にはもともと参加していたから、余計な労力が増えるわけではない。

名案かも。

　そこで、サラは上級生産技術者のセスを昼食に誘い、話をしてみた。セスは乗り気だったが、実現のためには開発部門と生産部門の〝壁を壊す〟必要があったので、両方の上司にアイデアを売りこまなければならないだろう。セスは力になると約束したが、提案書はサラのほうで用意する必要があった。

　サラは職務記述書を構築しなおし、自分（や生産部門の同僚たち）の特徴的な強みをより活かした役割をデザインすると決意した。そして、上司に、効率性改善のための提案書を準備していると告げた。そうすれば、余計な人材を獲得することなく、開発部門と生産部門の両方にメリットが生まれるだろう。上司は、少なくとも提案書づくりと、提案書を上に通すのに力を貸すと約束してくれた（物事の改善案があると部下から聞いて、がっかりする優秀なマネジャーなんてまずいない）。彼女はさっそく、開発部門と生産部門の主要なマネジャーたちに向けた、一五枚のスライドからなるパワーポイント・プレゼンテーションを用意した。

　最初の五枚では、詳細なグラフや統計を使って、ソフトウェアチームの優れたリーダーシップが、コードの品質改善や開発時間の減少につながることを訴えた。次の五枚では、マネジャーたちにおなじみの「市場投入までの時間《タイム・トゥ・マーケット》」という指標を用いて、より高品質なコードをすばやく開発することのビジネス上のメリットを解説した。こうして、経営陣の重視する基準で主張を展開することで、マネジャーたちの懸念事項に対して共感を示したのだ（いわば、彼女自身ではなくマネジャーの問題を解決しようとしたわけだ）。そして、最後の五枚では、スケジューリングや予算編成の機能を開発部門から生産技術部門へと移すことにより、コードの質が高まり、両部門間の摩擦が減ることを説明した。同時に、彼女はセスが作成してくれた新しい統合型スケジュール・ダッシュボードの模型も紹介することができた。それまでのスケジュール報告書と比べると明らかな改善だ。四五分間の議論と厳しい質問攻めの結果、三カ月間の試行期間を設けることが決まった。もちろん、テストは成功だった。その後の展開は言うまでもない。

一定の努力と創造性（と何度かの居心地の悪い会議）は必要だったが、サラはこうして心から愛せる仕事を得た。開発部門と生産部門の壁を壊し、自身の役割を再構築して、仕事をデザインしなおすことに成功したのだ。彼女は相変わらずプログラミング・チームのリーダーを務め、その仕事に見あう給料や職務を与えられているが、隔週の経営会議には四半期にいちど顔を出すだけでよくなった（そして、前もって詳細な開発報告書を提出しているので、プレゼンテーションの必要もない）。また、より大きなソフトウェア・アーキテクチャーの問題に時間をさけるようになり、いまではより効率的なデバッグ・ツールを開発する新たなプログラマー・チームを率いている（彼女はバグが大きらいだ）。彼女は強みを活かし、上司の問題（よりバグの少ない高品質なコードを、より多く、よりすばやく書き、市場投入までの時間を短縮すること）に共感して、生産技術者たちの問題（スケジュールに関する摩擦を減らすこと）までも解決した。その過程で、全員の価値をも高めたのだ。

こうして、全員の人生が少しだけ幸せになった。それがなによりではないだろうか？

戦略③と④——配置転換または再創造（要するに、社内で仕事を探す）

このふたつの戦略をセットにしたのは、両者が実は同じ戦略のふたつのバリエーションにすぎないからだ。それは、簡単にいうと「社内で新しい仕事を探す」ことだ。社外で新しい仕事を探すのと似ているが、社内のほうがずっと探しやすいし、試すリスクも小さい。うまくいけば、新しい仕事が手に入るが、退職はしなくてすむ。新しい雇用先は、あなたがすでに働いている会社と同じなのだから。

アプローチは両戦略とも実質的に同じだ。ただ、最終ステップの直前で二本に枝分かれする。どちらの戦略でも、あなたが探すのは新しい分野の新しい仕事であって、それまでの役割の延長線上の仕事ではない（それは戦略②「再構築」だ）。戦略③「配置転換」では、おおがかりな準備や再教育なしで、いまの場所から別の仕事へと横すべりするだけなので、かなり簡単だ。一方、それまでの仕事の経験をそのまま移行できないような、おおがかりな変化を起こすのが戦略④「再創造」だ。そういう仕事を得るには、準備や再教育への本格的な投資が必要になるだろう。再創造のほうがずっと難しいが、まったく新しい会社やキャリアに飛びこむのと比べれば、すでに人望や信頼のある自社のなかで仕事を探すほうが、ずっとラクだろう。

したがって、配置転換も再創造も出発点は同じだとわかる。仕事に退屈しかけている。または、働いてみたい別の分野が見つかった。そこで、あなたはいまとは別の種類の仕事について探りはじめ、そういう仕事へと横すべりすることを決意する（この時点までは、ふたつのアプローチはまだ同一だ）。そして、あなたの求める仕事が手の届く範囲にあるとわかれば、「配置転換」戦略を実行する。そうではなく、その仕事の有力な候補者になるために、本格的な努力が必要だと思えば、「再創造」戦略を実行することになる。

どちらの戦略でも、本書で紹介したデザインのマインドセットに基づく、次のシンプルな四ステップのプロセスを用いる。

- 好奇心をもつ
- ひとびとと話す
- やってみる
- 物語を語る

ふたりの会計士の物語

先ほど話したとおり、「配置転換」と「再創造」のどちらの戦略でも、自社内で別の種類の仕事を探すのに、同じアプローチを使う。それどころか、仕事の再デザインの道をかなり奥まで進み、成功の条件が判明するまでは、自分がどちらの戦略を実行しているのかにすら気づかないだろう。このあと、戦略③「配置転換」はカサンドラのエピソード、戦略④「再創造」はオリヴァーのエピソードを例にとって紹介していく。カサンドラとオリヴァーのエピソードは、途中まではほとんど瓜二つだ。しかし、あるとき、カサンドラは配置転換が可能だが、オリヴァーには再創造が必要だとわかる決定的な場面がやってくる（つづきは、ぜひふたりのエピソードを読んでほしい。その意味は追い追いわかるので）。

カサンドラとオリヴァーは、ふたりとも三〇代前半で、それぞれ中~大企業の経理部門で働いている。カサンドラは電気通信メーカー、オリヴァーは保険会社だ。ふたりとも優秀な大学で会計学の学士号を取得したが、大学院には進学していない。ふたりは勤続約三年だが、仕事に退屈しはじめていた。仕事はひととおり習得したが、管理職に昇進するまではまだ数年かかる。さて、これからどうしよう？　長期的に経理の仕事をつづけていくべきか？　ふたりとも学校では経理がそれなりに好きだったし、両親からは安定した立派な仕事につくよう勧められていた。その点でいうと、経理以上に安定した仕事なんてない。しかし、カサンドラもオリヴァーも、この先二〇年間、経理の仕事をつづけたいとは思えなかった。経理よりもマーケティングのほうがおもしろそうだと気づいたのだ。

　マーケターのほうが仕事を楽しんでいるように見えた（少なくとも、経理部門よりマーケティング部門の会議のほうが、ずっと笑いが多かった）。広告やＰＲ、魅力的な動画制作といった、クリエイティブな仕事の機会もあった。現地販売のイベントに出かけたり、新製品の発売にあたって顧客のもとを訪れたりすることもあったので、年じゅう楽しい街に出張する機会もあった（会計士には絶対ない）。

　マーケティングのほうが合っているかもしれない。でも、どこから手をつければ？　ふたりはそのための正しい行動をとった。マーケティングに好奇心をもち、ひとびとと話し、なにかをやってみたのだ。

カサンドラは強みをどう活かして配置転換を果たしたのか

カサンドラは、すでにマーケターたちと仲がよかった。席はマーケティング部門の真向かいにあったし、学校時代の友人のひとりがマーケティング部門にいたからだ（彼女がそもそも経理部門の仕事の面接の機会を得たのは、そのおかげだった）。そこで、彼女は学校時代の級友のマーシーと最初のプロトタイプ・インタビューをおこない、マーケティング部門の仕事の概要、製品マーケティングとマーケティング・コミュニケーションのちがい（その意味はどうあれ）、話しかけやすいひとびとなどを教えてもらった。そして、マーケティング・グループのほかの何人かに話を聞き、内容が気に入ったら、気さくなマーケティング担当副社長のデレックに連絡をとるといい、と勧められた。そこで、彼女はアドバイスに従ってみた。始業前にコーヒーを飲みながらのおしゃべりを三回、仕事終わりのワインバーでの飲み会を二回、ランチを数回終えると、彼女はそれまで以上にマーケティングの仕事にひきつけられた。そこで、彼女はマーシーのアドバイスを胸に（頼れる協力者を信頼して損はない）、仕事の相談がしたい、とデレックにメールを送ってみた。彼は快諾した。

カサンドラは少し緊張しながら、デレックの部屋のドアをノックした。しかし、彼からこんな温かい言葉が返ってくると、ふっと緊張が和らいだ。

「やあ！　連絡を待っていたよ。きみがうちのグループについてあちこちでたずね回っているという噂を聞いて、いつか相談に来るんじゃないかと思っていた。で、話というのは？」

これで、好奇心をもち、ひとびとと話をするところまでは、うまくいった。次はいよいよ、自分自身の物語を語る番だ。その準備はできていた。彼女はこう答えた。

「この会社に入って三年、経理部門で会計学の学位をじゅうぶんに活かせていると思います。ただ、最近は、経理部門では求められないクリエイティブな仕事に興味がわいてきて。きっと会社の力になれると思うんです。ご承知のとおり、マーケティング部門のひとたちと何度も会ってきて、聞く話に興奮しっぱなしです。そこでいま、心機一転、マーケティングの道に進むべきかで悩んでいるのですが、この案についてどうお考えでしょうか？」（彼女はデレックに仕事を求めているわけでも、自分がマーケターとして有能だと思うかどうか訊いているわけでもない。マーケターへの転身について助言を求めているだけだ。これは、どのようにも答えられる気軽なお願いだ。彼女はデレックを追いつめたり、無理やりなにかを引きだそうとしたりはしていない点に注目だ）

「きみが話を聞いた相手は正しいと思うよ。ただ、きみは本格的なマーケティングの経験はないんだよね？」

「ええ、ありません」

「なら、こうしたらどうだろう。マーケティング部門の仕事を体験できるようなプロジェクトを探してみるよ。会計士としてのキャリアを棒に振る前に、きみがそんなに魅力的だと思う仕事を、いちどやってみるべきだ。外野から見ているぶんには楽しそうに見えるのはわかるけれど、来る日も来る日もこういう仕事をするのがどんな感じなのか、きみはよくわかっていないと思う」

数週間としないうちに、デレックはカサンドラのためにプロジェクトをこしらえた。マーケティング・チームのための競合分析の仕事だ。その仕事にマーケティングの専門知識は必要なく、社内データベースに関する彼女の知識は大きなプラスとなった。彼女が週に数時間だけそのプロジェクトに専念できるよう、デレックは彼女の経理部門の上司にかけあい、ちょっとした余裕をつくってもらった。すべては順調に行った。そして、六週間の終わりに、デレックはフルタイムの職をひとつ設けることを決めた。こうして、あっという間に、彼女は経理部門からマーケティング部門へと転身を果たした。

競合分析プロジェクトはカサンドラのリーダーシップのもとで成長していき、数カ月後には、彼女はグループにとって欠くことのできない存在にまでなった。わずか数カ月で、彼女は幸せに配置転換を果たしたのだ。

しかし、オリヴァーにとってはそう簡単ではなかった。

オリヴァーがおこなった起死回生の実験

オリヴァーは、両親のアドバイスに従って経理の仕事についたが、ずっと自分のことをクリエイティブな人間だと考えていた。そして、心のなかでは、もっとクリエイティブな仕事につく方法はないか、とつねづね思っていた。彼は上司にその思いを打ち明けたが、上司にこう一蹴されてしまった。

「クリエイティブな会計士なんて、だれも求めちゃいないよ、オリヴァー。それは刑務所行きになるやつらだろう?」

まっとうな指摘だったが、上司はわかっていなかった。

オリヴァーはもう会計士の仕事に見切りをつけていた。別のことを試してみたかったのだ。

オリヴァーはシャイな性格で、新しい会社で新しい仕事を探すのは怖かった。そこで、彼は自分の勤める保険会社のなかで、クリエイティブな人間が重視される仕事がほかにないか、見渡してみた。社内のひとびとなら、話しかけるのはそう怖く感じなかったからだ。創造性が報われる職場のひとつがマーケティング部門で、彼は社内のボウリング・チームに所属する何人かと会ったことがあった。彼は数回のコーヒーとランチを通じて、前進の道のプロトタイプを築きはじめると、マーケティングの仕事が実際に経理の仕事よりもクリエイティブであることを知った。ところが、そうしたプロトタイプ・インタビューを重ねていたとき、ボウリング仲間のセリーナから容赦ない言葉を浴びせられた。

「オリヴァー、あなたは人間的にはいいひとだけど、マーケティングの仕事に必要なスキルもないし、教育も受けていないでしょう。どうやったって、マーケティング・グループの仕事にあなたを推薦するなんてムリよ」

配置転換ではなく、仕事の再創造が必要になるのはどんなとき？

オリヴァーとカサンドラのエピソードには、重要なちがいがある。カサンドラの場合、主に競合分析データベースを管理し、営業担当者たちを支援する〝マーケティング〟の仕事がもともとあった。それは彼女の経理部門での管理スキルがそのまま使える業務だった。さらに、彼女に関して、ちょっとしたリスクを冒す覚悟をもつ上司がいた（実際には、そこまでのリスクではなかったが。競合分析データベースはまったく注目されていなかったからだ）。彼女はデレックにちょっとした〝お願い〟をしただけだったし、マーケティング部門ですでに厚い支持も得ていた。一方、オリヴァーが手がけたかったのは、ブランディング、新製品に関するメッセージング、広報といった本格的なマーケティングだ。これらはかなりクリエイティブな仕事で、彼の経理の知識はまったく助けにならなかった。さらに、彼の会社のマーケティング上層部はよりリスクぎらいだったので、オリヴァーの〝お願い〟は大胆なものだった。

教訓はこうだ。あなたの置かれている状況を、正直に見つめること。だれかにチャンスがほしいとお願いする前に、じゅうぶんな下調べをし、好奇心をもち、いろんなひとびとと話をして、あなたが望む仕事の変化の必要条件を理解しよう。そして、物語を語り、その新しい仕事を求める決心がついたら、相手の心をつかむ物語を伝える準備を整えよう。この例の場合、オリヴァーにとって配置転換という戦略は使えなかった。彼に残された道は、自分自身を創造しなおすか、黙って経理の仕事に戻るかのふたつにひとつだった。

さて、オリヴァーとボウリング仲間のセリーナの話のつづきに戻ろう。

当初、オリヴァーはセリーナの反応に意気消沈したが、勇気をふるい、マーケティング職の有力な候補者になるために必要なスキルをひとつ残らずリストアップしてほしい、と頼んだ。そのリストを携え、彼は計画を練った（リストや計画は彼の十八番だ）。まず、よりクリエイティブな仕事につきたければ、一から教育を受けなおす必要があると気づいた。いろいろとたずね回った結果、学校に戻ってＭＢＡを取得することを決めた（お金で専門知識と〝バッジ〟を買うこと

を選んだわけだ）。彼は地元の優秀な大学が提供している手ごろなプログラムを見つけた。それは社会人向けのプログラムで、夜間と週末に授業を受けることができた。彼はマーケティングと広報に努力を集中させることを決めた。学位を取得するまでには、経理部門でフルタイムの仕事をしながら、三年近い歳月が必要なことはわかっていたが、将来的にもっとクリエイティブな仕事ができるなら、喜んでそれだけの時間を捧げる覚悟だった。そして、彼はセリーナに、この転身を後押しする非公式の助言者になってくれないか、と頼んだ。

彼女は喜んでその依頼を引き受けてくれた。

ＭＢＡプログラムに参加して一年がたったころ、オリヴァーは「ソーシャル・メディア・マーケティング入門」という興味深い講座を受講した。彼はそのデータに基づく創造活動の存在を知って興奮した。それは、本質的にクリエイティブでありながら、彼の数値処理能力も活かせるマーケティング活動だった。さらに、ソーシャル・メディアの主なターゲットは若年層だったので、そのスキルの習得はたいへん役立つだろう。というのも、彼の会社は、保険の昔ながらのマーケティング方法が、重要な新規顧客層であるミレニアル世代に届いていないことに気づきはじめていたからだ。最終試験のため、論文を書いてソーシャル・メディア・サイトを立ち上げる必要があった彼は、ミレニアル世代向けの保険のマーケティングに関する論文を書くことにした。また、フェイスブック・ページのプロトタイプをつくり、ミレニアル世代向けのマーケティング活動に関するアイデアもテストした。

彼のフェイスブック・ページは単なるプロトタイプだったが、最初の数日間で一〇〇〇件を超える「いいね！」を集めた。論文はＡと評価され、彼が自身のフェイスブック・ページから（合法的に）収集したデータは、たいへんおもしろい傾向を浮き彫りにした。

オリヴァーは学校での課題を巧みに活かし、自社への自己アピールに使える〝実験〟プロジェクトへと変えた。彼は論文とフェイスブック・データを非公式の助言者であるセリーナに見せた。おおいに感心した彼女は、経営陣向けのプレゼンテーションをまとめるよう助言した。

「ミレニアル世代はうちの会社にとって戦略的な優先事項のひとつになりつつあるけれど、正直なところ、従来のアイデアでは、あなたのフェイスブック・プロトタイプの半分も反響がなかったのよ」と彼女は言った。ビンゴだ！　彼はいつかマーケティングの仕事のオファーをくれるかもしれないひとたちの前で、プレゼンテーションする機会を与えられたのだ。大チャンスだった。

オリヴァーは徹夜で準備し、翌日のプレゼンテーションを大成功させた。数日後、セリーナは彼に連絡し、あるオファーを伝えた。

「経営陣がミレニアル世代の問題に挑むための特別チームを立ち上げるって。よければ、うちのデザインおよびデータ・アナリストとしてチームに加わってくれないかしら？　うちで働くあいだ、ＭＢＡ課程のほうも継続できるよう、とりはからっておいたから」

オリヴァーは有頂天になり、ふたつ返事でオファーを引き受けた。いままでで最高の気分だった。創造性を発揮して、若者向けの新しい保険のマーケティング方法を考える機会もあるし、自身のソーシャル・メディア・ページを使って大量の分析データを集める機会もある。本当に夢のような仕事だ。いまのところは。

オリヴァーは、新しい仕事で初めて昇給を得た半年後になってようやく、両親にその仕事のことを打ち明けた。少し驚いてはいたが、昇給までしたのだからきっとやっていけるだろう、と納得してくれた。そして、そのとおりになった。彼は大成功し、ずっと前を向きつづけている。彼は見事に仕事の再創造をやってのけたのだ。

大学院に通いなおすのはキャリアアップに有効か？

「再創造」戦略では、次のステップへと進むため、教育の受けなおしが必要になることも多い。パートタイムとフルタイム、どちらで学校に通うのであれ、大きな挑戦になることはまちがいないだろう。大学院に通うことが未来への近道なのだと決心したなら、次は大学院を選び、取得する学位を決め、出願の準備をし、必要な入学試験を受ける、といったステップに目を向けることになる。

時間がかかる。

興奮もする。

新たにビジネスの修士号や教員免許を取得したり、ロースクールに通ったりすることを考えるだけで、ワクワクしてくる。しかし、「大学院に通う」ことにこだわるあまり、不満の根本理由から目を背けてしまう恐れもある。大学院に通うことが解決策になるのは、解決すべき問題をきちんと見定めた場合にかぎられるのだ。

わたしたちはこの方策を手放しでお勧めするつもりはない。大きな変化に対して心の準備ができているという確信を得てからにするべきだ。大学院に通うには、信じられないくらいの費用がかかるし、入学のために多くの時間や準備もいる。そして、ふつうは卒業までに多くの時間とお金がかかる。さらに、フルタイムで大学院に通うとしたら、数年間ぶんの逸失利益も考慮に入れなければならないだろう。

それでいて、必ず成功するという保証はないのだ！　わたしたち筆者は、とてつもない苦労をして一流の大学院に入り、大学院の学位をとったのに、新たな学位がたいして仕事の足しにならないと気づいたひとを、少なからず見てきた。

これだけ手間とお金のかかる学習方法はない。

オリヴァーのように働きながら夜間に通うのであれ、仕事を辞めて一、二年間フルタイムで通うのであれ、大学院に通うというのは大きな決断だ。なので、大学院に行く前に（または大学院への出願プロセスをはじめる前に）、次の重要な疑問に答えることをお勧めする。

大学院に通う目的は？

お察しのとおり、この疑問についてはいくつか考えるところがある。ひとびとが大学院に通う理由は、次の四つのうちのいくつかを手に入れるためだ。

専門知識

大学院がアピールするのは主にこの点だ。いままで知らなかったことがたくさん学べる。実践、理論、金融、マーケティング、起業など、学校によって専門分野や教育法は異なるので、下調べはじゅうぶんにおこなおう。当然ながら、あなたにとって興味のある専門分野や教育法に特化していて、あなたの目指す分野で確固たる実績をもつ学校を選ぶのがいいだろう。

人脈

大学院では、いままで出会ったことのないひとびとと知りあえる。そうしたひとびとは、あなたのキャリアを後押ししてくれる新たな人脈となるだろう。それ自体が大学院に行く立派な理由になる。一流の学校にはそれだけ強力な人脈があり、おおやけには認めないだろうが、ほとんどの一流大学院の超高額な学費にはその人脈代が含まれているといっても過言ではないだろう。よい学校になればなるほど、その人脈の影響力も高くなる（だからこそ、二〇一八年の米国最高裁判所判事は全員がハーバード大学かイェール大学のロースクール出身なのだ〔女性連邦最高裁判所判事のルース・ベイダー・ギンズバーグは、ハーバード大学に進学したが、コロンビア大学で法学の学位を取得した〕。だから、いつか最高裁判所の判事になりたいなら、その人脈を避けては通れないだろう）。

別のアイデンティティ

大学院で教育を受けなおせば、別の種類の人間になる許可証が手に入る。それこそ、オリヴァーが求めていたもの（そして、カサンドラには必要なかったもの）だ。マーケティングを実践するスキルに加えて、彼には新しい仕事にともなう職業上のアイデンティティが必要だった。彼がマーケティング部門に移ると聞けば、きっと会社の同僚たちはこうたずねるだろう。「でも、あなたは会計士じゃなかった？　マーケティングでなにをするつもり？」。そう訊かれたら、彼は自身の新しいアイデンティティについて、こんな物語を伝えられる。「もともとは経理の人間だったけれど、これまでずっと、キャリアの幅を広げることを目指してきた。だから、マーケティングのMBAを取得したんだ。大学院で学びながらも、ずっとセリーナやマーケティング・チームと共同作業をつづけてきた。なので、フルタイムのマーケティングの仕事へと転身するのは、次の自然なステップだったわけだ」

もちろん、大学院に通わなくても、転身は可能なこともあるが、大学院の学位をもっているほうが信頼性は高まる。大学院の学位は、あなたに追加の許可証を与えてくれる。教育はそれだけ大きな価値をもつのだ(おそらく相応以上の価値を)。ただし、わたしたちはルールを押しつけるつもりはない。あなたがルールに従って勝利するのを、後押ししたいだけなのだ。

バッジ

大学院は、「わたしはMBAを取得している。公衆衛生学の修士号をもっている。法学の学位をもっている」と言えるためのバッジを与えてくれる(素材は銀、金、プラチナとさまざまだが、バッジに変わりはない)。卒業した大学院のランキングが重要な分野もある。なので、〝バッジ〟の取得目的で大学院に戻るなら、ランキングがどれくらい重要なのかを理解し、その大学院の就職率を確かめよう。このことは、弁護士や建築士といった、倍率の高い職業ではとくに重要だ。ランキングの低い学校となると、両職業の就職率は二〇パーセントを下回る。つまり、せっかくバッジを取得しても、八割のひとが弁護士や建築士としてそのバッジを活かせない恐れがある、ということだ。それから、バッジが文字どおり不可欠な職業もある。医学の学位がなければ医療は実践できないし、心理学の学位がなければカウンセリングは実践できない。大学で教えるのに博士号は必要ないが（筆者はふたりとももっていない）、もっていれば教授になるのはずっと簡単になる。

新しい学位を取得するのに、それだけの時間とお金をかける価値は本当にあるのか？　それを最終的に判断するのはあなただ。専門知識、人脈、別のアイデンティティ、バッジの四つの要素をそれぞれどれくらい重視するのか、しっかりと把握しよう。

その高額な学費を、バッジのためだけ、またはアイデンティティのためだけにはたくひともいれば、三つや四つの要素のためにかけるひともいる。あなた自身にとって価値があれば、なんの問題もないのだ。ただし、大学院に通うことがあなたの将来に影響を及ぼすという確信を得るためにも、ぜひ会話や体験のプロトタイプを積み重ねよう。そのうえでやっぱり通う価値があると思うなら、通えばいい。よい大学院を選び、新しい仕事に必要なスキルを習得するため、必死で努力しよう。

大学院があなたに合うと思うなら、ぜひ突き進もう！

エピローグ――カサンドラが楽しさと引き替えに失ったもの

カサンドラのエピソードは、新しいマーケティングの仕事を手に入れてめでたしめでたし、とはいかなかった。予想もしないつづきが待ち受けていたのだ。

競合分析プロジェクトは、カサンドラのリーダーシップのもとで成長していき、数カ月足らずで、彼女は組織にとって欠かせない存在となっていた。一年後、勤務評定を間近に控えた彼女は、デレックとふたりでふたたび昼食をとった。デレックは彼女に近況をたずねた。彼女は大学院に通いなおすこともなく成功を遂げ、マーケティング分野でキャリアを築きつつあったので、当然、「最高」という答えが返ってくるものだと思っていた。

カサンドラは大きく息をついた。

「実は、思ったより楽しくなくて。というより、一日じゅう不安感が強くて、あまりよく眠れないんです」

つづけて、カサンドラは営業部門のサポートに苦労していることを打ち明けた。営業担当者たちは、競合他社の状況について際限なく情報を求めてきた。ところが、競合他社についてすべてがわかるわけではないので、営業担当者は絶対に満足してくれない。彼女の助けに感謝しつつも、つねにどんどん情報を求めてきた。電話や情報の依頼は、一時としてやむことがなかった。

そのため、カサンドラは毎夜、営業担当者のためにもっとできることがあったのではないか、という心残りを抱えたまま帰宅するのだが、それがなんなのかはわからなかった。永遠に訪れない満足。頭がおかしくなりそうだった。

「なにが悪いのか、わからないんです」

「なにも悪くなんかないよ」とデレックは言った。「マーケティングの世界へようこそ。マーケティングでは、顧客にじゅうぶん感謝してもらえることなんてない。競合他社のことがじゅうぶんにわかることもない。絶対にね。それがこの仕事なんだ。おもしろいし、クリエイティブだし、柔軟だけれど、ぼくらはいつだってあいまいさと闘っている。永遠に終わりのない闘いだ！」

カサンドラは、あいまいなのはきらいだし、永遠にキリのない感覚も好きじゃない、と答えた。

「そうだなあ、一日の終わりにきちんと正解が出て、今日の作業はぜんぶ終わった、思い残すところはなにもない、と安心できるような仕事がしたいなら、最高の部署があるよ。経理部門だ。ちがうかい？　もしかすると、マーケティングの仕事の楽しさにつきまとうあいまいさは、きみにとって価値がないのかもしれない。きみ自身はどう思う？」

カサンドラにとって、ちょっとした退屈は、一日の終わりに正解が出て、仕事を（本当の意味で）終えることから来る満足感や心の安らぎと比べればなんでもないことに気づいた。敗北を認めたくはなかったが、経理部門に戻ったほうが楽しくやっていける、と彼女は結論づけたのだ。経理部門で欠員が出るまでは数カ月かかったし、デレックが彼女の後任を見つけるまでしばらく、競合分析データベースの保守のために残業する必要もあったが、最終的にはすべてが無事に収まった。そして、それ以降は全員がハッピーになった。

営業担当者だけは別だが。

彼らが満足する日は永遠に来ないのだから。

状況は変わる——カサンドラにとっても、あなたにとっても

では、カサンドラはなにをまちがえたのだろう？　彼女が配置転換に失敗した理由は？

彼女はなにもまちがえてなんかいないし、配置転換は大成功だった。この点を理解しておくこ

とが重要だ。

カサンドラは、生きて、呼吸し、成長し、変化し、絶えず進化している人間だ。彼女は機械ではないし、あなただってそうだ。カサンドラであれ、デレックであれ、マーシーであれ、だれであれ、彼女のマーケティング部門への異動の結末を予測できたひとなんて、この世にはいなかった。それは時と経験だけが教えてくれることなのだ。彼女が結末を知るまで一年かかった。マーケティングの仕事をはじめてから四〜八カ月間は、目新しさや学習する楽しさに興奮するあまり、仕事のストレスに気づきもしなかった。一〇カ月を超え、何人もの営業担当者からの質問に答えられないまま帰宅するのが二三七回目になったところでようやく、よく眠れない日々がつづいている原因にふと気づいたのだ。

ライフデザインとは、まさにそんなものだ。その名のとおりデザインであり、反復的な改良や何度ものプロトタイピングが必要になる。朗報は、わたしたちがつねに成長し、変化していっているということ。ムダなんてひとつもない。カサンドラは、会社の仕組みについてずっと深い洞察を得て、経理部門へと戻った。マーケティング部門やほかの部署の管理者たちがビジネスをどうとらえているのかが深く理解できた。マーケティングの専門知識のおかげで、経理の仕事に厚みが増した。そしてなにより、自分自身のことがよくわかった。仕事に退屈を感じはじめたとき(だれだってそう感じるときはある)、自分自身の物語をとらえなおして、「なんだかんだいっても、夜にぐっすりと眠れるのがいちばん!」と考えられるようになった。営業部門やマーケティング部門の同僚たちとコーヒーを飲むことならいつだってできるし、それは一緒に働くのと同じくらい楽しいうえに、ストレスは少ない。自分自身やビジネスに対する新たな理解を得たおかげで、かつて退屈だった経理の仕事が、「いまのところは、これでじゅうぶん」といえるものになったのだ。

ある時点で、自分の仕事に満足しきれなくなるのは自然なことだ。あなたが聡明でクリエイティブな人間で、好奇心や行動主義といったデザイナーのマインドセットをもちあわせているなら、あなたの仕事が進化するスピードよりも速く、あなた自身のスキルや能力は伸びていくことだろう。つまり、数年に一回くらいは（多少の前後はあるが）、仕事に物足りなさを感じる時期が巡ってくる、ということだ。キャリアを築きつづけるには、そういうときこそが次の仕事を探すタイミングなのだ。健全な組織なら、あなたの能力を認め、もっとやりがいのある新しい役割を一緒になって探してくれるだろう。だが、いつもそううまくいくとはかぎらない。無関心な上司や、部下思いでない上司もいる。そういうときは、あなたのほうから第一歩を踏み出す必要があるかもしれない。

多くの場合、最善の第一歩は、いまの職場にとどまりながら仕事を変えることだ。ぜひ本章で紹介した四つの戦略のどれかを試してみてほしい。そして、ジョン、アン、サラ、カサンドラ、オリヴァーにとってそうだったように、四つの戦略のうちの少なくともどれかは、退職することなくもういちど仕事に活力をとり戻すのに役立つ、とわたしたちは確信している。

それでも仕事をデザインしなおせなかったら？

しかし、どの戦略もうまくいかなかったら？　そのときは、いまの会社を辞め、別の場所に移るころあいかもしれない。幸い、好奇心をもち、ひとびとと話し、なにかをやってみて、物語を語るという一連のプロセスは、社内で仕事を見つけるのと同様、社外で新しい仕事を見つけるのにも役立つ。もちろん、いっそうの努力と積極的な人脈づくりは必要になるが。そのプロセスについては、第9章でアドバイスしている。しかし、新しい仕事を本気で探しはじめる前に、考えなければならないことがある。本当にそろそろ仕事の辞めどきなのか？　そして、本当に辞めると決めたら、次は「上手に辞める」ことが重要になってくる。

やってみよう

①いまの仕事をデザインしなおすための次の四つの戦略のなかから、ひとつを選び、成功の物語を六〇〇字以内で簡潔に書く。

□視点の転換&再出発
□再構築
□配置転換
□再創造

②その物語を三人の友人に伝える。その物語は、よりよい仕事を手に入れるためのアイデアのひとつにすぎないことを説明しよう。そうしたら、物語を声に出して読み上げよう。余計な〝前置き〟はいらない。「ええと、これは名案じゃないし、賛成してもらえるかどうかわからないけれど……」などと言わずに、堂々と読み上げてほしい。

③友人の反応を記録し、それぞれ比べる。

④その物語の評価をゲージに書きこむ。

⑤このプランについて学んだことを、簡単に考察する。

⑥考察のあと、そのプランを実行する覚悟ができたら、あなたが追求すると決めた仕事やキャリアに関して、好奇心をもち、ひとびとと話し、実際にやってみて、新しい物語を語る、という一連のプロセスをはじめる。

ワークシート——いまの仕事をデザインしなおす

いまの仕事をデザインしなおすための次の四つの戦略のなかから、ひとつを選び、成功の物語を六〇〇字以内で簡潔に書こう。

□視点の転換&再出発
□再構築
□配置転換
□再創造

あなたの物語を書きこもう

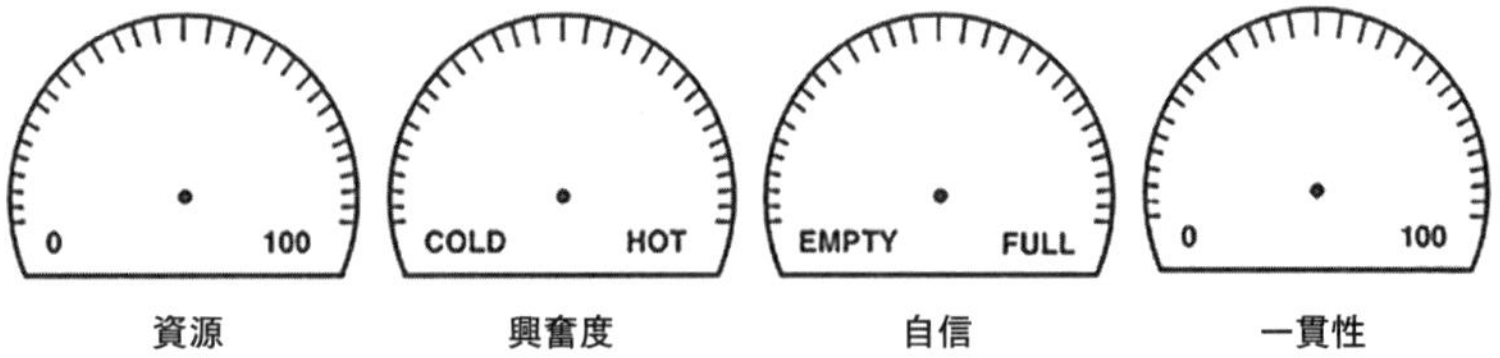

あなたの物語の評価を以下のゲージに書きこもう

資源——プランの実現に必要な時間、お金、スキル、人脈などの資源はどれくらいあるか？

興奮度——そのプランにどれくらいワクワクするか？

自信——成功させる自信はどれくらいあるか？

一貫性——あなたの仕事観や人生観とどれくらい一致しているか？

あなたの考察の内容を書きこもう

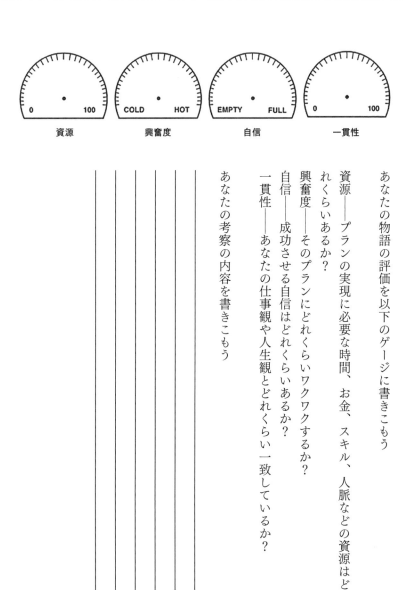

第８章　仕事を上手に辞める

行きづまり思考↓こんなくだらない仕事は今日かぎりで辞めてやる！
こう考えなおそう↓引き際をうまくデザインし、次のもっとよい仕事へとつなげよう。

何事にも四季がある。移り変わりがある。終わりがある。

データによると、ひとは一生のうちに多くの仕事につき、何通りものキャリアを送るという。つまり、仕事を辞める機会が一生のうちに何回かは巡ってくる、ということだ。そして、どうしても辞めるなら、引き際が肝心だ。

仕事の辞め方はいろいろとあるが、大きく次の二種類に分けられると思う。

①キレて辞める
②二週間前の退職届

キレて辞める

映画にたびたび登場する、古典的な仕事の辞め方のタイプだ。火炎瓶を肩越しに投げ、ドアへと向かう。駐車場へと飛びだしたところで、ジョニー・ペイチェックの一九七七年のヒット曲「こんな仕事なんて、クソくらえ（Take This Job and Shove It）」が流れだす。楽しい曲だし、映画の一シーンとしてはおもしろいかもしれないが、戦略としては最悪だ。これだけは絶対にしてはいけない！　その瞬間は気分爽快かもしれないが、長期的に見れば最悪の考えだ。絶対に、怒りにまかせて辞めてはいけない。退職の前に、あなたがいなくなったらどうしよう、と会社に考えさせる時間を与えるのだ。きっと将来、自分自身に感謝する日が来る。

みんなの前ですっくと立ち上がり、会社への正当な怒りをぶちまける。同僚たちは拍手喝采し、経営陣はあなたの雄弁さに口をあんぐりと開ける……。そんなせいせいする辞め方の妄想をぶち壊しにして申し訳ないが、誤解しないでほしい。橋を燃やして退路をたつような辞め方の妄想が、どれだけ魅力的かはわかっている。だれだって、頭のなかでいちどくらいはそんな辞め方を想像したことがあるはずだ。しかし、害のない想像にとどめておくのが賢明だろう（そして、たとえ想像のなかでも、そんなシーンを再生しすぎるのは有害なのでやめたほうがいい）。

二週間前の退職届

日々何千回と使われている、いちばんよくある仕事の辞め方のタイプだ。厳密な統計こそないが、退職の圧倒的大多数はこんなパターンに従うにちがいない。（1）とうとう仕事を辞めると決意する。（2）退職日を決める。（3）退職日の二週間前に、次のような簡潔で無難な退職届を出す。

宛先　上司
差出人　ラリー
件名　退職届

このたび、一身上の都合により、本日より二週間後の三月二八日金曜日をもって、勝手ながら上級アヒル羽毛抜き担当責任者を辞任するとともに、ラッキーダック株式会社を退職させていただきます。
ラッキーダック株式会社で働く機会をいただきましたこと、たいへん感謝しております。今後の御社の繁栄を心よりお祈り申し上げます。

ラリー

それからの二週間は、ほぼタイムカードを押しに来るだけだ。同僚と気まずい会話をくり返し、ひっそりと会社を辞めていく。
ラリーがこうして辞めたのは、「退職希望日の二週間前までに通知するのが礼儀」であり、退職届は簡潔であればあるほどよいことを知っていたからだ。なるべく短く。すっきりと。退職届を出したあとは、たいした仕事は頼まれないし（頼まれるとしても）、なんの期待もされない、と彼はわかっている。運がよければ、最後の二週間ぶんの給料は支払うから、出社しなくていい、と言ってくれるだろう。それが慣例だ。

この「二週間前の退職届」戦略は、まちがってはいない。かといって、とりわけ正しいわけでもない。やむをえない事情で、そうするのが精一杯なら、この方法でも問題ない。そうしたからといって、あなたの人間性をとやかく言うつもりもない。たぶん、害が生じることはないだろうが（「キレて辞める」のとはちがって）、かといって次につながるわけでもない。ラッキーダック社に勤めるあいだ、ラリーは数千羽のアヒルの羽毛を抜いたのだから、少しくらいはその努力の報いがあってもいいはずだ。そういうわけで、わたしたちがお勧めするのが次の第三の方法だ。

③建設的な辞め方

建設的な仕事の辞め方が未来を切り開く

仕事をデザインしなおす方法があるように、仕事の辞め方をうまくデザインする方法もある。ほとんどのひとは、仕事を辞めることを否定的にとらえているが、わたしたちはむしろチャンスだととらえている。いままでしてきたことに上手に区切りをつけ、新しいことを始めるためのターニングポイントなのだ。なので、退職を、それまでの仕事の壮大な最終章を書き上げ、次の仕事のすばらしい序章を描くチャンスとしてとらえなおしてみてほしい。

そこで、「建設的な辞め方」のパワーをお教えしよう。

建設的な辞め方は、無上のデザイン体験にもなりうる。自分は何者なのか？　なにが自分のモチベーションになるのか？　それをいっそう深掘りすることにつながるのだ。建設的な辞め方には、次の前提条件が必要だ。

前提条件

①まず、仕事をデザインしなおしてみる。
②上司と腹を割って話す。
③辞めることを選択する。
④先に新たな仕事を見つけておく。

「建設的な辞め方」のステップ

①来たときよりもきれいにして去る。
②人脈を強化する。
③後任者が成功できる環境をつくる。
④円満に退社する。

「ちょっと待って！」という声が聞こえてきそうだ。「前提条件ってどういうこと？　いますぐ辞めたくてうずうずしているのに！」

気持ちはわかる。でも、話を聞いてほしい。建設的な辞め方ができるひとは、仕事を円満に辞めるのがいかに重要かを知っているので、これらの前提条件に注意を払う。これらの前提条件をしっかりと守れば、仕事を上手に辞めるというつだって厄介な課題が、ずっと建設的なものに変わるのだ。

まず、仕事をデザインしなおしてみる

あなたが我慢の限界に達し、今日にでも辞めたいというところまで来たなら、ほかの内容をすべて読み飛ばして直接本章にやってきたかもしれない。もしそうなら、まずは第7章「仕事を辞めずに、デザインしなおそう！」を読み、そこで紹介されているアイデアを試してほしい。いまの職場にいたまま「仕事を変える」ことには大きな利点があるかもしれない、ということを忘れないでほしい。

仕事をデザインしなおすのに失敗したとしても、試すのに費やした時間は決してムダにはならない。デザイン思考のプロセスをあなたの問題へと応用すれば、あなた自身や自社（そして業界全体）について、たくさんのことが学べるだろう。きっと、新しい仕事を探しはじめたときに語ることのできる、魅力的な物語が手に入るはずだ。

上司と腹を割って話す

いまが本当に辞めどきかもしれない。仕事は楽しくないし、退屈。いまの職場で最高に輝くた

めの戦略を試してみたけれど、うまくはいかなかった。睡眠不足もつづいている。しつこい上司が夜九時にメールで指示を出してきて、いつまでたっても仕事が終わらない。さて、どうすればいいだろう？

第７章で紹介した仕事の再デザイン戦略をひとつかふたつ試してみたけれど、うまくいかなかったとしよう。もうひとつだけ、試してほしいことがある。上司にひとつのシンプルな質問をして、成り行きを見るのだ。

サムは、だれもが夢見るシリコンバレーの大手テクノロジー企業（どういう企業かは想像がつくだろう）に勤める若きエンジニアだ。最初の数年間は、自社のソフトウェア製品のテスト戦略をデザインし、実行することを心から楽しんでいた。ところが、それから状況が悪化した。最悪の状態へと。ほとんど毎日、上司が彼のことをちくいち監督するようになったのだ。まるで、なにもできない子どもみたいな気分だった。上司はどんどん口うるさく、批判的になる一方で、どうやっても満足してはくれなかった。そんな毎日が数カ月つづくと、彼は辞めるしかないと決断し、退職届まで書きはじめた。そんなとき、土壇場で連絡をとった相手が筆者のビルだった。ビルの元教え子だったサムは、いざ「終身オープン・ドア」制度（筆者が教え子たちに与えている「いつでもオフィスを訪問できる権利」のこと。前著『スタンフォード式　人生デザイン講座』を参照）に頼ることにした。

サムに仕事を辞める計画を打ち明けられると、ビルはこう答えた。

「おかしいことを言うようだけれど、その上司と面談して、きみの仕事ぶりにそれほど不満げな理由をたずねてみたらどうだろう？　訊くだけならなんの害もないし、どのみち辞めると決意したんだろう？　貴重なフィードバックが得られるかもしれない」

最初、サムはこの提案に難色を示した。上司と腹を割って話すくらいなら、麻酔なしで虫歯治療を受けるほうがまだましだと思った。しかし、結局、彼は勇気を出し、一対一の面談の約束をとりつけた。

サムは深呼吸をし、すごくシンプルな質問をしてみた（これこそ、わたしたちがたずねてみるべきだと思う質問だ）。

「わたしのなにがいけないのでしょう？」

上司はびっくりした様子で、しばらく微動だにせず座っていた。そして、こう言った。

「きみの仕事にいけないところなんてひとつもないよ、サム。いやむしろ、きみはこのグループでいちばん仕事ができるエンジニアのひとりだ。問題があるのはきみじゃなく、わたしのほうだ。実は、家庭の問題をいろいろと抱えていてね……」

すると、上司は結婚生活が破綻しかけていて、泥沼離婚が避けられないことを語りだした。もう一カ月も子どもたちと会えず、つらい思いをしているのだという。彼はこう締めくくった。

「申し訳ない。きみにやつあたりをしていたようだ。きみの責任じゃない。ただ、いまは、きみやだれかを管理する心の余裕がないんだ。必要だと思う仕事があったら、きみの裁量でどんどんしてしまってかまわない。プロジェクトを持ちこんでくれたら、なんでもサインするから」

サムはその話を聞くうちに、上司への同情がわき上がってきた。彼は帰宅すると、とりわけ難しい実験の一部を自動化する提案をまとめ上げた。すると、上司はハンコを押した。

半年後、上司が会社を辞めた。サムは自身のグループの上級エンジニアに昇進し、いままでになく仕事に満足している。大幅な裁量を与えられた彼は、仕事の技術的課題を克服することを楽しんでいる。そして、彼がたったひとつの面談で途方もないミスを犯さなくてすんだことを考えると、本当にゾッとする。

要するに、相手にたずねてみるまで、本当の事情や相手の真の動機は決してわからない、ということだ。だから、辞める前に、せめて上司と会話し、こんなシンプルな質問をしてみよう。

「わたしのなにがいけないのでしょう？」

あとは、黙って話を聞く。自己弁護に走ったり、言い争いをしたりはせず、上司への精一杯の共感を奮い立たせて、話を聞こう（難しいのはわかるが）。次は、上司の上司に同じことをするのもいいかもしれない。どんな発見があるかなんてわからないのだ。

辞めることを選択する

ここでもやはり、あなたはこう言うかもしれない。「なんだって？　辞めることはもうとっくに決めている。辞めることを〝選択する〟って、いったいどういう意味？」

いい質問だ。

わたしたちが言いたいのは、あなた自身の意思で辞めることを選択する、ということだ。辞めることを選択させられてはいけない。辞めることを前向きで建設的な選択にしてほしいのだ。辞めるという出来事が突然降りかかってきた、といわんばかりにふるまうひとはあまりにも多い。辞めるで、それが最終手段だとか（「もう我慢の限界だ」）、不本意な結果だとか（「ほかに選択肢がなかった」)、不当だとか(「世の中、不公平だ」)、運命だとか(「しょうがない」)、そんな言い方をするのだ。

これだと、辞めることを選択させられているように聞こえる。

辞めると決意したなら、次は辞めることを意識的に選択する番だ。辞めることをひとつの選択としてとらえなおしてみてほしい。辞めることをみずから「選択する」わけだ。ポジティブ心理学や自己決定理論によれば、あなたが自分の意思ですると選んだ物事は、あなたの人生に生きがいや目的意識をもたらす。だから、目的をもって辞めることが大事なのだ。

先に新たな仕事を見つけておく

辞める前に、新しい仕事を見つけておくべきだ。

その理由はふたつある。①新しい仕事を獲得できる可能性が高まるから。②金銭的な安定性が高まるから。それぞれについて詳しく説明しよう。

①雇用中の求職者は、無職の求職者と比べると、応募への返答率が四倍、面接に呼ばれる確率が二倍、受けるオファーの数が三倍高いといわれる。[1] 雇用中のひとびとのほうが、無職のひとびとより魅力的なのだ。以上。フェアではないかもしれないが、一定の道理はある。採用を検討している会社はすぐにこう考えるだろう。「うーん、ほかの会社がこのひとを採用してこなかったとすれば、わたしたちの知らない理由が隠れているのでは?」。あなたが従業員として無

能だから無職なのだと誤解されないためには、無職にならないのがいちばんだ。それがいつも可能だとはいわないし、できなかったからといって致命的になるわけでもないが、辞める前に新しい仕事を獲得してしまうに越したことはない。もちろん、新しい仕事を見つけるのは大仕事だ。それはわかっている。だからこそ、次章ではその話題を専門に扱うわけだが、まずは上手な辞め方のデザインについての話を最後までつづけよう。

②お金のことを忘れてはいけない。無職でいるのにはお金がかかる。新しい仕事を見つけるまでにどれだけ時間がかかるかもわからないし（大半の労働市場では、三〜六カ月間が一般的）、そのあいだずっと無職でいるのはお金もかかり、不安も大きい。なので、いまの仕事を辞める前に、新しい仕事を見つけることをお勧めする。

たいへんなのはわかる。わたしたち筆者は、仕事をつづけながら新しい仕事を探した経験がふたり合わせて二〇回くらいある。だから、いまの仕事をフルタイムでつづけると同時に、ほとんどフルタイムで新しい仕事を探すのがどれだけたいへんかは、よくわかっているつもりだ。そう、それから、あなたが仕事を探し回っていること（つまり、辞めようと思っていること）を会社に悟られずに、仕事探しをつづけるのは少々厄介だ。それでも、辞める前にあなた自身の将来の成功のお膳立てを整えるのが、わたしたちの知る最善の戦略なのだ。

さて、これで辞める準備は整った。次は、いよいよ上手な辞め方だ。

来たときよりもきれいにして去る

バックパックを背負って森へと入るとき、優れたキャンパーならだれでも、「来たときよりもきれいにして去る」[2]という原則を心得ている。これは、人生や仕事においても優れた原則だ。職場を去る前に、よりよい状態にして返すと、いいことがたくさんある。あなたの抜けた穴を埋めなければならない同僚たちの成功の助けになる。あなたに対する会社の信頼に感謝を示せる。上司の書いてくれる推薦状の内容がよくなるかもしれない。そしてなにより、辞める前にやるべきことをやった（適当にすませたのではなく）という晴れ晴れしい気分で会社を去れる。ほかにも数々の理由から、これはよい考えだ。この考えを実践すれば、きっと一目置かれるにちがいない。

ビルはアップルの去り際をどうデザインしたのか？

ビルにはアップルで働いた最高の経験がある。それは信じられないほど厳しい経験だったが、最高の経験だった。しかし、入社六年が過ぎると、どれだけ気分を一新しようと努力しても、仕事に魅力を感じられなくなっていた。あるよく晴れた春の月曜の朝、短すぎる週末を終えたビルは、運転中にまぎれもない「ひらめき」の瞬間を体験した。どこからともなく声が聞こえてきて、「そんなに仕事が不満なら、辞めちゃえ」と言われたのだ。彼はこの考え（と声）に驚いて、道路脇にはみだしそうになった。

ビルは、ずっと囚人みたいな気分だったことにはたと気づいた。アップルに残るしかない、と思いこみ、いつの間にか自律性をすっかり失っていた。アップルにいるのがそんなに不満なら（実際にそうだった）、なにかできることがあるはずだ、と気づいたのだ。

まず、ビルは、（わたしたちがお勧めするように）アップルに残りつつ自分自身を再創造しようとしたが、結局はうまくいかなかった。そこで、職業上の人脈を活かしていろんなひとびとと話し、なにかをやってみて、別の場所にある新たな機会をひそかに探しはじめた。そして、自身の職場を見渡してあわただしく後片づけをはじめた。

ビルがなにより心がけたのは、自分が去ったあとでチームが空中分解を起こさないようにすることだった。そこで、彼は舞台裏で暗躍をはじめた。彼はとっくに昇進していてもおかしくないふたりのキーパーソンを昇進させると、次の大きなラップトップ・プログラムを、自分の信頼し尊敬するプロジェクト・リーダーに一任する段取りをくんだ。その準備に数カ月はかかったけれど、そうするだけの価値はあった。彼は同僚たちのことを心から気にかけていた。同僚たちがアップルでキャリアを前進させる後押しができれば、全員にとってプラスになると考えたのだ。

また、ビルはその時間を使って外部での仕事の機会をひそかに探しはじめ、最終的には、非公式の人脈を通じてかなりおもしろそうなふたつの仕事の機会を見つけた。ひとつは史上初の電子書籍系の新興企業《スタートアップ》で、もうひとつはプロダクト・デザイン関連の新しいコンサルティング会社だった。彼はそのどちらかが次の仕事になりそうだ、と確信していた。

一方の仕事が別の人物にオファーされたのを知ると、ビルはとうとう決断のときがやってきたと悟った。

ビルは、アップル在籍の七年間で、一一種類のラップトップを手がけてきた。

もう、一二種類目を手がけたくなんてない。だから、彼はそのデザイン・コンサルティング会社へと向かった。

ビルはこれまで一緒に旅をつづけてくれた同僚たちへの感謝の言葉で満ちた丁寧な退職届を書き、上司に送って、帰宅した。三週間後の最終出社日、彼は会社を出ると、自分の残したものとこれから向かう先への満足感でいっぱいになった。

あの春の月曜の朝の〝通勤中のひらめき〟から、実際に仕事を辞めるまで、一年近い歳月がかかった。それはまさしく、「上手に辞める」ために費やした一年間だった。

人脈を強化する

過激なコラボレーション（つまり「助けを借りる」こと）は、すべてのデザイナーにとって重要なマインドセットだが、上手に辞めるにあたってはとりわけ重要になる。辞める前に、職場の内外両方の友人や同僚の人脈を維持し、広げるためにできるかぎりのことをしよう。これまで述べてきた数々の理由から、いまの仕事のチームメイトや同僚のネットワークは、将来的な紹介や仕事の機会が眠っている金脈だ。辞める前のいまこそが、そうしたひとびとに連絡をとり、つながりを強化する絶好のタイミングなのだ。

あなたのレストランで働くおもしろい接客係。毎月営業成績でトップを走っている現場の営業担当者。いつも息子のサッカー大会を避けてシフトをくんでくれるレジ部門の親切な副主任。そうしたひとたちと実際に交流をもち、そのつながりを具体的な形にしよう。時間や協力を捧げてくれたひとに感謝する手書きのメモは、いつだって喜ばれる（手書きのメモは失われて久しい技術のひとつだ）。より重要な人脈の場合、あなたのおごりで昼食に誘うといいだろう。それから、コーヒーを飲みながら〝退職者面接〟のプロトタイピングをおこなうこともいつだって可能だ。連絡をとってつながりあう相手は、多ければ多いほどよいのだ。

転職前の数週間、正式に退職を発表する前に、仕事を変えることを打ち明けておきたい相手がいるかもしれないが、だれかが口をすべらせて、上司に意図せず退職の計画を知られてしまう危険性もあるので、注意が必要だ。あなたが「仕事を辞める」というのは機密情報なので、必要以上に明かすべきではないし、なるべく退職間際まで胸にとどめておくべきだ。絶対に必要でない相手には、伝えないほうがいい。しかし、だれかに秘密を打ち明けることで、絆が大きく深まることもまた事実なので、伝えるなら慎重かつ戦略的におこなおう。

後任者が成功できる環境をつくる

これは「来たときよりもきれいにして去る」とワンセットのステップだ。職場をきれいにするというのは、あなたが去ったあと、在職中一緒に働いてきた友人や同僚たちが働きやすい環境をつくる、ということだ。しかし、もうひとり、あなたが予想外の形で非常に大きな力を貸せる相手がいる。

そう、あなたの後任者だ。

あなたが穴を開けた仕事を引き継いでくれるひとだ。

その準備はふたつの作業からなる。ひとつは、後任者がきれいな状態で仕事をはじめられるよう、（あなたの名札つきで）残しておきたくないゴミを片づけること。もうひとつは、その仕事をきちんとこなすうえで欠かせない主な情報、手順、連絡先を文書としてまとめること。あなたがいた場所をきれいに片づけることに注意を払っていれば、ひとつ目の課題はクリアしたも同然だろう。残るはふたつ目の課題だ。それはあなたの仕事のいわばクイック・リファレンス・マニュアルを書くことだ。

これは聞こえほど難しくはない。なにも一二八ページにわたる業務マニュアルを書こうとしているわけではなく、あなたが仕事を効率的にこなすために溜めこんできた内部知識を、ひとつの便利な場所にまとめるだけの話だ。たとえば、次のような内容が含まれる。

・業務上必要になる定期的な会議、活動、報告書
・特殊な問題を解決するための専門知識をもった、協力的で信頼できるひとびと
・あなたがいまとりくんでいる喫緊の課題
・解決ずみだが、たまに確認しないと再燃する恐れのある古い問題
・（あなたに部下がいる場合）直属の部下一人ひとりの強みを簡単にまとめたもの。あなたの部下たちが、新しく来た上司に好印象をもってもらえるようにする

デイヴはかつて、辞める前に自身の仕事のマニュアルを書いたことがある。朝飯前だった。終わってみれば二〇ページほどで、書くのに六時間しかかからなかった。そして、彼は退職届と一

緒にそのマニュアルを上司に提出した。上司の仰天ぶりといったらなかった。

「びっくりだ！　こんなのは見たことがないよ。いままでで最高の辞め方だ。辞め方についての本を書いたほうがいい！」

結局、本ではなく章を書くことで落ち着いた。

次に仕事を辞めるときは、あなたの仕事のクイック・リファレンス・マニュアルを書くといい。きっと上司もびっくりだろう（そして、あなたの後任者から感謝の連絡が届くかもしれない）。

円満に退社する

映画のプロデューサーは、映画でいちばん大事な場面はクライマックスと結末のふたつだ、とよく言う。仕事を辞めるとき、あなたは自分の仕事という映画の最後のシーンの脚本を書いていることになる。あなたに関して、会社や同僚たちの記憶にもっとも強く残るのはその最後のシーンだ。だから、みんなに覚えておいてもらいたいと思うような最高のシーンをつくるよう心がけよう。

みんなが笑顔になり、あなたに戻ってきてほしいと思うようなシーンに。

あなたの退職の物語を書き上げるのはあなた自身だ。そして、あなたはその物語を少なくとも二回は語ることになるだろう。一回目は退職届のなかで、二回目はひとびとの前で。退職を発表するときが来たら、だれもがあなたの退職理由を知りたがるだろう。そのときに必要なのは、一貫した前向きな物語を語ることだ。ネガティブな話は控えるべきだし（言わなくてもみんなどうせわかっている)、過去にこだわるのはよくない。ここぞとばかりに〝借りを返す〟のはやめよう。明快かつ簡潔に話をし、今後の挑戦についての前向きな側面を強調するのがいいだろう。

キレる辞め方の例

「わたしが辞めようと思ったのは、上司のダンがあまりに口うるさくて、会社に長期的な戦略が見えないからです。上層部の行動に一貫性がないせいで、せっかくとりくんでいるプロジェクトがどんどん中止になる。もううんざりですよ。それから、ダンがろくでなしなんです。あれ、さっき言いましたっけ?」

建設的な辞め方の例

「わたしが辞めようと思ったのは、一段階キャリアアップして、ワクワクするような新しい物事を学ぶ機会が目の前に現われたからです。大好きな会社ですし、最高の同僚たちと別れるのは淋しいですけど、いまこそ次なる挑戦に向かって進む絶好のタイミングだと思いました」

こうした物語を語るのは、決して難しくない。すばらしい台本を用意して、最後まで従うことがなにより大事だ。きっとあとで、そうしておいてよかったと思うはずだ。

上手な辞め方を身につけよう

さて、おさらいしよう。

どうしても、という場合以外は、仕事を辞めないほうがいい。

それでも辞めるなら、建設的な辞め方をしよう。だれしも、人生で何度かは仕事を辞めることになる。だから、上手な辞め方を身につけよう。

上手な仕事の辞め方の計画が立ったら、次は前提条件④のところで話したとおり、デザイナーの方法で新しい仕事を探す番だ。次章では、効率的で効果的な仕事探しのデザイン方法に着目していこう。

やってみよう

演習1――辞める場面をイメージする

これから紹介する体系的なイメージ演習を実行すれば、仕事を辞めるのがどういう気分なのかを想像し、いまの仕事の好きな点ときらいな点を理解する助けになるだろう。そして、最終的には、自分が本当に仕事を辞めたいのかどうかを判断するのにも役立つかもしれない。

①ほかの可能性がすべて尽きて、仕事を辞めるしかないところを想像する。

②あなたが任されている仕事、実際にしている仕事をすべて含めた職務記述書を作成する。あなたのすべての職務を完全にリストアップしよう。

③リストアップした職務に目を通し、だれかに委ねられる職務に取消線を引く。

④残った職務に目を通し、あなたにとって楽しくない職務に取消線を引く。

⑤リストに残った項目を見なおす。これこそが、あなたの楽しめる職務や仕事であり、あなたの中心的な職務記述書にあたる。

⑥時間、訓練の機会、支援があればやってみたい、新しくて価値のある物事をリストアップする。これがあなたの組織の役に立つ物事、または新たな学習と関連する物事にあたる。

⑦リストをまとめなおす。これがあなたの新しい中心的な職務記述書となる。この職務記述書は、あなたの現在のスキルと新たな興味を中心としてつくられたものだ。あなたの現在の〝仕事〟と一致する職務記述書ではなく、あなたが望む職務記述書になるよう心がけよう。

⑧ただし、夢のような職務記述書にはしないこと。

⑨想像のなかで仕事をデザインし終わったら、一日くらい置いてふたたび読みなおす。その仕事は一貫性があるか？　合理性はあるか？　あなたと同じスキルや能力をもったひとがうまくこなせるだろうか？

⑩その職務記述書どおりの仕事が見つかったところを想像する。いまの仕事を辞めてその仕事につくのはどんな気分だろう？　リアルに想像してみよう。すべては想像のなかなので、遠慮は無用だ。そうしたら、その新しい仕事を現実化するために必要なステップを、ひととおり想像してみよう。

⑪そのステップをリストアップする。

このイメージ演習が効果的なのはなぜか？　たとえ想像のなかだけでも、「仕事を辞めてよりよい仕事につく」ところをイメージするだけで、いまの仕事の現実的な制約からあなた自身を解き放つことができるからだ。あなたの想像の妨げになっているのは、おそらくそうした制約だ。仕事を辞めて転職するところを想像すれば、創造性が花開く。そして、あなたの新しい職務記述書のなかに気に入ったアイデアがあれば、いまの仕事にとどまりながら、いくつかのプロトタイプを試すことができる。

たとえば、こんなプロトタイプだ。

・新しい職務記述書のなかで、あなたがだれかに委ねると決めた職務を引き受けてくれるひとがいないか、現在の同僚たちとブレインストーミングする。
・あなたが楽しめない仕事について、現在の上司と会話を交わす。その仕事をしないことであなたの仕事の効率を高める方法について、上司とブレインストーミングするところを想像しよう。
・このような、あなたの学びたい物事、あなたと上司の両方がより満足できる物事を学ぶには、どういうプロトタイプをつくればいいだろう？

この架空の未来を想像すれば、最終的に貴重なことが学べるだろう。その新しい仕事の可能性に対して、自分が肉体的・感情的にどう反応するかがわかるのだ。それから、実際に仕事を辞める前に、辞めることへの後悔や心変わりといった感情も体験できる。その体験から学べることもあるかもしれない。

実際に仕事を辞める前に、ぜひ想像のなかで仕事をデザインしなおしてみてほしい。きっと、実世界の制約に惑わされることなく、あなたの創造性のスイッチを入れ、いまの仕事をデザインしなおす斬新な手段になるはずだ。そして、必ずといっていいほど、あなた自身について貴重なことが学べるだろう。

演習２――「上手な辞め方」を計画する

それでもなお、仕事を辞めると決めたら、実際に辞める前に、上手な辞め方の計画を立てよう。すでに述べたとおり、建設的なよい〝辞め方〟には、次の四つのステップがある。

以下の欄に記入し、仕事を辞めるための戦略を立ててみてほしい。展開に応じて、自由に計画を修正してかまわない（仕事を辞めるというのは動的な活動なので、状況が目まぐるしく変わることもある）。覚えておいてほしいのは、やり遂げるべき重要な作業と、維持すべき重要な人間関係がある、ということ。退職をひとつのプロジェクトととらえ、体系的に管理するように努めよう。

来たときよりもきれいにして去る

同僚や部下（いる場合）をリストアップし、あなたの退職をそうしたひとびとにとってプラスに変える方法を考えよう。たとえば、同僚たちの上司にところへ行って、同僚たちの仕事の功績を称えるのもいい。あなたのもつ政治的・社会的な資本を、おしみなく分け与えよう。どうせ、次の仕事へはもっていけないのだから。

人脈を強化する

職場の良好な人間関係をすべてリストアップし、辞める前に連絡をとろう。

辞める前に会っておきたいひとをリストアップし、一緒にコーヒーを飲む予定を立てよう。

後任者が成功できる環境をつくる

あなたの退職後、あなたの仕事を引き継いでくれるひとのためのクイック・リファレンス・マニュアルの概略を練ろう。次のリストやセクションを土台に、適宜調整してほしい。

①定期的な会議、活動、報告書（例、テンプレート、スケジュールを含める）
②重要な同僚や協力者のリスト（名前、役職、メールアドレス、電話番号）
③現在の主な問題、解決すべき問題（各一ページ。メモ用の余白を設ける）
④定期的にメンテナンスしなければ再燃する恐れのある古い問題（問題を再燃させないために必要な要注意事項やメンテナンスの内容）
⑤仕事が正常に機能するために必要な手順
・社内文書があれば参照する
・ほかで文書化されていない主な活動について、手順を簡単にまとめる

⑥あなたの直属の部下（いる場合）一人ひとりの個人的な概要。たとえば、従業員としての強みなど。とくに、あなたがやり残した部下の昇進、業績評価、キャリア開発プロジェクトなど（部下たちの将来に気を配ろう。あなたが部下と一緒にはじめたことを、途中で投げだすわけだから）。

円満に退社する――あなたの退職について前向きな〝物語〟を書く

退職を公表する際に伝えられる、あなたの退職にまつわる短くて覚えやすい物語（二五〇字以内が目安）を書こう。

次の三つの要素を入れるのを忘れないでほしい。

・あなたの新しい仕事についての前向きな内容（ただし、新しい会社についての前向きな内容には触れないこと。だれだって、「隣の芝生がよく見える」ような話は聞きたくないものだ。一般的な内容ではなく、個人的な内容にとどめよう）。

・あなたのいままでの役職についての前向きな内容（頭をしぼれば、きっと見つかるはずだ）。

・同僚たちについての前向きな内容（これは簡単なはずだ）。

計画ができあがったら、いよいよ退職のプロセスの開始だ。ビルがアップルを辞めたときのように、一年はいらないかもしれないが、二～六カ月かけて辞める計画を立てよう。じっくりと時間をかけて、退職のプロセスを上手に進めてほしい。そして、心のなかでは「どうせすぐにこの仕事を辞めるんだし」と思っていても、キャリアはまだまだ先が長いという事実をどうか忘れないでほしい。つねに仕事の評判や人脈を築きつづけるという心がけが大事だ。このふたつはどこへ行ってもついてくるものだからだ。

第9章　新たな仕事を探す

行きづまり思考↓前職を選んだのは失敗だった。すべてを白紙に戻して、新しい仕事を見つけなおさないと。
こう考えなおそう↓いまの居場所がどこであれ、最高の自分を活かせば次の場所へとジャンプアップできる。

新しい仕事を見つけるのはストレスが溜まる。つらく感じることもある。ときには、歯の神経の治療と同じくらいに。

気持ちはわかる。

痛いほど。

わたしたちの最初の著書をずうずうしく宣伝するつもりはないのだが、新たな業界やいままでとはちがう役職で次の仕事を探しているなら、または前回の就職活動からそうとうな時間がたっているなら、その仕事探しは入念な準備が必要な巨大プロジェクトになるかもしれない。その場合は、ぜひ前著『スタンフォード式　人生デザイン講座』の第7章「仕事探しの落とし穴」と第8章「夢の仕事をデザインする」に目を通してほしい。就職ではなくフリーになることを目指しているなら、特殊なケースなので、本書の第10章で詳しく話したいと思う。

しかし、あなたの思い描く仕事をよく知っていて、あなたの地域でその仕事ができそうな会社におおよそ見当がついており、自分にその業界で働くにふさわしい経験、資格、人脈があると思うなら、必要な情報はすべて本章にある。あなた自身や最新の求人市場についてあなたが知っていることを活かし、外部での仕事探しをはじめよう。

すべては物語を求めることからはじまる

シンプルながらも奥深い視点の転換を紹介しよう。

仕事を手に入れる最善の策は、相手に仕事ではなく物語を求めること。（とにかく多くの）物語を求めるだけで、自然と仕事が見つかるのだ。

この助言こそが、第7章で紹介した仕事をデザインしなおすための戦略「配置転換」と「再創造」の根底にある。すべては好奇心をもち、ひとびとと話をすることからはじまるのだ。わたしたちの知るかぎり、新しい仕事の機会を探し、獲得する最善の方法は、あなたが関心をもつ分野のプロフェッショナルとの、真の好奇心に根差した「会話のプロトタイプ」（前著では「ライフデザイン・インタビュー」と呼ばれている）からはじまる。

次の一～三カ月を費やして、たくさんのおもしろそうなひとびと（主に、現在働き手を探していないひとびと）と、たくさんのおもしろい会話をしよう。うまくいけば、その途中で、隠れた仕事の機会についての会話に自然と入りこめる。

前著『スタンフォード式　人生デザイン講座』で、カートという男性の仕事探しのエピソードを紹介した。その後、彼は二度の引っ越しと二度の仕事探しを経験したが、わたしたちの手法を使ったおかげでいずれも成功した。

仕事探しの標準モデルは通用しない

カートが初めて本格的な仕事探しをはじめたのは、妻と一緒にジョージア州アトランタへと引っ越したときだった。彼はスタンフォード大学デザイン・プログラムに四年間通い、二年間で修士号を取得後、もう二年間フェローを務め終えたばかりだった。それは、イェール大学ですでに取得していた持続可能建築の修士号に次ぐふたつ目の修士号だった。彼は妻のサンディが第一子を妊娠していることを知ると、ふたりでアトランタの祖父母の近くに引っ越すことを決めた。彼はとうとう輝かしい学位を引っさげ、家族を養える楽しい仕事を見つける覚悟を決めたのだった。彼はジョージア州に着くなり、すぐに本気で仕事探しをはじめ、求人掲示板で自分の経歴にぴったり合う求人情報を次々と見つけた。そして、立派な学位で飾られた印象的な履歴書と、一通一通丁寧に書いたカバー・レターを添えて、三八社に応募書類を送った。

彼の経歴を考えれば、数えきれないくらいの仕事のオファーが来たはずだと思うだろうが、そうはならなかった。応募した三八社のうち、八社からぴしゃりとお断りのメールが届いた。残りの三〇社は？　音沙汰なしだ。八件のお断りと三〇件の無視。面接も、オファーも、電話もなし。これがイェール大学とスタンフォード大学で教育を受けた男の話なのだ。

カートはこの「仕事探しの標準モデル」で失敗した。ネットや企業のウェブサイトで求人情報を探し、職務記述書を読み、それが正確な仕事の内容なのだと仮定した。そして、自分にぴったりな仕事だと判断し、履歴書とカバー・レターを送り、人事責任者からの連絡を待った。

ひたすら待ちつづけた。

返信は来ない。

問題は、雇い主の実に五二パーセントが、応募者の半数以下にしか返信しないと認めていることだ。この標準モデルでの仕事の獲得率はたったの五パーセントほど。カートにとっては、骨折り損のくたびれもうけというやつだ。

この標準モデルがこれほどしょっちゅう失敗するのは、いくつかの誤解が根底にあるからだ。ひとつ目は、だれかがあなたのカバー・レターに目を通しているという誤解。それはちがう。ほとんどの大企業は、「タレント・マネジメント」ソフトウェアと呼ばれるものを使って、あなたの履歴書をスキャンし、キーワードでインデックスづけしている。人間の目で読むなんてことはしないのだ。あなたの履歴書とカバー・レターに相手の指定したキーワードが含まれていない時点で、あなたはタレント・データベースに存在しないも同然なのだ。ふたつ目は、ネット上の職務記述書が正確であるという誤解。これもたいていは正しくない。職務記述書はせいぜいその仕事で成功するのに必要なスキルを要約したもので、必ずしも採用担当者自身が書いているわけではない。最後の三つ目は、履歴書は必ず審査されるという誤解。ネットの求人には、何千人という適格な候補者が集まるので、雇い主のほうが圧倒的に有利だ。たいていは、募集開始から数時間（アップルやアマゾンなら数分間）で、何百枚という適格な履歴書が集まるので、あとから届いた残りの履歴書を見る必要なんてない。最初の数時間で届いた履歴書のなかに、有力な候補者がたくさんいるからだ。この履歴書の山のなかから、あなたが見つけてもらえる確率なんてゼロに等しいのだ。

隠れた求人市場に忍びこもう

アメリカの場合、全仕事の二〇パーセントしかネットなどに公開されない。大半の求人市場では、仕事の八割が仕事探しの標準モデルでは見つからないわけだ。そして、この公開されていない仕事は、楽しい仕事、クリエイティブな仕事、獲得を争う価値のある仕事が大半を占める。

では、この隠れた求人市場に忍びこむには？　実は、不可能ではないがかなり難しい。隠れた求人市場は、すでにその職業の人間関係のネットワークに属しているひとびとにしか開かれていないからだ。だからこそ、外部で仕事探しをはじめる前に、いまの仕事の人脈を活かすことを強く勧めているのだ。いまの会社のなかで新しい仕事を探す場合、あなたはすでにインサイダーの立場なので、隠れた求人市場にアクセスできる。つまり、自然と優位に立てるのだ。

外部で仕事探しをはじめる場合、あなたは無名の求職者なので、そうしたネットワークの内部に入りこむのは難しい。しかし、「好奇心をもつ」「物語を求める」という本書の斬新な視点を活かせば、そうしたネットワークに忍びこむことができる。仕事を探していない純粋に好奇心旺盛な人間としてなら、物語を引きだすことで築いた人脈を通じて、インサイダーになることができる。そして、その〝仕事のコミュニティ〟の会話に参加すれば（「おもしろがっているひとはおもしろい」という格言を思い出そう）、奇妙な化学反応が起こりはじめる。あなたが物語を引きだしてきたコミュニティの〝原住民〟たちが、それまで隠れていた仕事の機会へとあなたを導いてくれるのだ。

これが成功の秘訣だ。

そして、逆の方法ではうまくいかない（成功率は五パーセント以下）。

カートはどうやって仕事をつかんだのか？

仕事探しの標準モデルで仕事が得られず、すっかり落胆したカートは、いまこそデザイン思考を仕事探しに応用すべきだと決意した。彼は求人に応募するのをやめ、好奇心をもってひとびとと話しはじめた。そう、会話のプロトタイプを築きはじめたのだ。人脈づくりが得意だった彼は、その後の数カ月間で、心から会いたいと思ったひとびとと五六回もの会話を重ねた結果、七つのすばらしい仕事のオファーをもらい、現実的な意味での夢の仕事を手に入れた。最終的に、彼は環境的に持続可能なデザインの分野で、柔軟な勤務時間、短時間通勤、なかなかの給料、やりがいのある業務内容、という四拍子の揃った最高の仕事を得た。そして、彼がこの七つのオファーをもらったのは、仕事を求めたからではなく、「人生談を聞かせてほしい」と五六回頼んだからなのだ。

「物語を引きだす」ために相手のところへ行っている段階では、あなたはおもしろそうな分野でおもしろい仕事をしているおもしろいひとびとの話を聞いている、単なる好奇心旺盛な人間にすぎない。あなたが相手にとってこれほど話しやすい人間なのは、（いまのところはまだ）求職者ではないからだ。こうした会話をするうえで重要なのは、仕事を求めるのではなく、ひたすら物語だけを求めることだ。実は裏で仕事を探していることをちょっとでも〝匂わせて〟しまえば、あなたの本性がばれ、このプロセスは一瞬で頓挫してしまう。だから、純粋な好奇心をもって会話にのぞもう（履歴書をもっていくなんてもってのほかだ）。

「ちょっと待って。確かカートは五六回の会話で七つの仕事のオファーをもらったはずでは？　いったいどうやって？　どうして話を聞いているだけで仕事がもらえるのか？」

いい質問だ。

そして、その答えは驚くほどシンプルだ。

「話を聞く」だけで「仕事がもらえる」わけ

ほとんどの場合、あなたを現在地から目的地まで運んでくれるのは、あなたがずっと会話をつづけている相手だ。「話を聞く」だけで「仕事がもらえる」のだ。

「カート、うちの仕事にかなり興味があるようだね。きみのいままでの話を聞くかぎりでは、うちの戦力になってくれそうだ。どうだい、うちみたいな職場で働こうと思ったことはないかな？」

わたしたちがお勧めしているアプローチが仕事のオファーにつながるケースでは、半数以上が向こうからオファーを切りだしてくる。あなたはなにもしなくてよい。

なんらかの理由で、向こうから切りだしてくれなかったら？　あなたが七〜一〇回の会話のプロトタイプをくり返し、心から興味のある組織が見つかったら、会話を相手の物語からあなたのオファーへと切り替える質問をひとつだけしてみよう。

「御社の話を聞き、ここのひとたちと会うにつれて、どんどん興味がわいてきました。わたしのような人間がこの組織に入ろうと思ったら、どういうステップが必要なのでしょうか？」

それだけだ。「わたしのような人間がこの組織に入ろうと思ったら、どういうステップが必要なのでしょうか？」と質問されたとたん、相手はギアを切り替え、あなたを候補者としてとらえはじめる。

ただし、「うわあ、最高の職場ですね！　求人はありませんか？」などと言ってはいけない。ちょっと勇み足だ。そして、相手の答えはおそらくノーだろう。「どういうステップが必要なのでしょうか？」という質問は、イエスかノーかの質問ではないので、可能性ははるかに膨らむ。現在求人があるかどうかは関係ないのだ。そして、すでに関係を築き、一定の信頼を勝ちとった相手にこの質問をすることで、率直ながらも協力的な回答が期待できる。場合によっては、こんなふうに答えてくれるかもしれない。

「いや、うちではいまのところ求人はないが、パートナー企業のひとつに、きみにぴったりだと思う会社がある。『グリーン・スペース』という会社のだれかと会ったことは？　きっときみが気に入りそうな仕事だよ」

こういうことは起きる――しょっちゅう。

ちなみに、カートがオファーをもらった七社のうちの六社は、彼から求人について切りだしたわけではなかった。彼は相手から物語を引きだしただけ。そのうち向こうからオファーを切りだしてきたのだ。彼が受けとったオファーは、ひとつを除いてみな非公開の求人、つまり隠れた求人市場の一部だった。結局、彼はひとつだけ公開されていた仕事を引き受けたが、求人が公開されたのは、彼がCEOとの会話の予定を組んだあとだった。会話はあまりにも順調にいったので、求人が公開された時点では、彼がすでに最有力候補となっていた。

そうそう、それから、カートの仕事探しの最後のほうに、ひとつうれしい瞬間が待っていた。彼が最高の仕事を得た会社の最終面接は、五人の取締役が相手だった。相手の最初の質問はこうだった。

「あなたはこの地域の持続可能建築の業界で、パートナー関係の構築に貢献する自信はありますか？　ジョージア州に引っ越してきたばかりで、この地域のビジネス業界に知りあいがいないようですが……」

テーブルを見渡すと、うれしい驚きがあった。五人の取締役のうち三人は、すでにコーヒーを一緒に飲み、〝物語〟を聞きだした相手だったのだ。彼はこう答えた。

「こうして、あなた方の三人ともう関係を築いています。同じことをこの組織の一員として継続していきたいと思います」

彼は面接に見事合格。その前に多くの会話をくり返していたおかげだった。

こうしてアトランタで数年を過ごしたのち、カートとサンディは幼い娘を連れて、こんどはインディアナポリス近くへとふたたび引っ越した。父親業に専念したかったので、今回はフルタイムの仕事を探すかわりに、ギグエコノミーの世界へと加わり、コンサルティングの仕事を試してみることにした。彼は第10章で紹介する考え方を使って、単身事業をおこし、大成功した。彼は好きな時間だけ働きつつも、斬新でおもしろいプロジェクトに次々と参加し、それなりのコンサルタント料を稼ぐことができた。

それから一年と少しで、ふたりはふたたび引っ越した。今回はシカゴだ。彼はシカゴに腰を下ろすと、いよいよまたフルタイムの仕事を探す覚悟を決める。そこで、お察しのとおり、彼はこんどもまたたくさんのひとと話をすることで、仕事探しをはじめた。そのころにはだいぶ仕事探しの要領をつかんでいたカートは、インディアナポリスにいるうちから、シカゴのひとびとと交流をはじめた。サンディは新しい大学の知りあいたちに、カートと話をして、シカゴ地域でおもしろい話が聞けそうなひとを紹介してくれないか、と頼んだ。サンディの新しい同僚たちは喜んで手を貸してくれた。カートに必要だったのは、シカゴの隠れた求人市場に忍びこむ足がかりを与えてくれる最初の数人とのつながりだったのだ。そして、カートの目標もまた変わっていた。アトランタでの仕事を通じて、環境的に持続可能な建築や都市開発には、多くの関係者どうしの共同作業が必要であることを教えられた。そして、さまざまな関係者どうしを結びつけ、「過激なコラボレーション」をおこなうことこそが、自分の得意分野だと気づいたのだ。コンサルタントとして働いていた期間、起業家精神に富む多くの企業（助けを必要としていたが、彼をフルタイムで雇うまでの余裕はない企業）との仕事を通じて、起業家たちの創造力に心から感心するようになった。それなら、そのふたつの新しい興味をくみあわせたらどうだろう？　シカゴでの数々のインタビューを通じて、彼は社会事業に携わる未来の起業家のためのインターンシップ・プログラムを運営するグループを知った。その社会事業の多くは、彼が心から共感するようなクールなデザインと環境面で先進的な理想を追求するものだった。そのグループに必要なのは、次の能力をあわせもった人間だ、と彼は提案した。若者に教育、刺激、モチベーションを与える。いろいろな物事の細部や活動を管理する。未来の社会起業家たちと過激なコラボレーションをおこなう。そんな変わり者がいるのか？　カートの頭に思い浮かんだ人物はただひとり、彼自身だけだった。

約三カ月後（インディアナポリスから最初のメールを送信してから五カ月後）、カートは地元シカゴの投資グループがスポンサーを務める起業家インターンシップ・プログラムの業務責任者の職を打診された。参加者を集め、パートナー組織との関係を管理し、教育をおこない、多くのイベントを管理する仕事だ。それは過激なコラボレーションやデザインに満ちた仕事だった。おもしろいのは、三、四年前の駆けだしのころなら、彼は絶対にこういう仕事を探さなかっただろう、という点だ。しかし、いまとなっては、彼の特徴的な強み（教育、連携、仲裁、マーケティングなど）をくみあわせたこの仕事は、まさしく彼にぴったりで、ゾクゾクする毎日が待っていた。

そして、この旅の道中で、カートは自分が思うより強力なひとつのスキルを磨いていった。

それは、物語を語るスキルだ。

好奇心を携え、実世界に飛びだそう

カートの物語を、あなたの物語にできない理由なんてきっとない。だれの物語にだってなりうるのだ。だから、実世界に飛びだし、あなた自身をデザインし、最高の新しい仕事を手に入れてほしい。好奇心をもち、ひとびとと話をし、なにかをやってみて、あなた自身の物語を会うひと全員に語ろう。

ただし、次の仕事が定職でないなら話は別だ。

あなたのキャリアの旅の次なる章が、定職につくことではなく、フリーになることだとしたら、ぜひ次の章を読んでほしい。

やってみよう

・準備として、長い休みをとって大好きなことをし、仕事探しのまったく新しいシーズンを開幕させるためのエネルギーを充電する。このプロジェクトに最低三カ月、最長で六～九カ月かけることを念頭に置き、じっくりとしたペースで進もう。短距離走と考えないこと。

・現在の仕事で手に入れた資産をすべてリストアップする。学習したこと、最高の体験、試練、人脈、関係性、人間としての成長、実績、明確な将来の目標、信頼など、あらゆるタイプの物事をもれなくリストアップしよう。

・あなたの地域や関心のある仕事の分野について、文献を読んだり情報を検索したりする。その分野でなにが起きているか？　業界をリードする企業は？　だれがどんな活動をしているだろうか？

・知りあいに連絡をとり、話が聞けるひとを紹介してもらい、あなたにとって心から興味のある業界の最新事情について会話する。ＳＮＳを検索して、一緒にコーヒーを飲みたい相手を探すのもいいだろう。自分に興味をもたれていると知ったら、相手はびっくりするだろう。ただし、仕事を求めないこと！

・会話を楽しむ！　学ぶこと自体を目的や報酬と考えよう。
・これこそと思える新しい仕事が見つかるまで、以上のプロセスをくり返す。
・そして、仕事を探しているあいだも、いまの仕事を全力でつづける。幸先のよい再スタートを切るためにも、有終の美を飾ろう。

第10章 フリーになる

行きづまり思考↓キャリアを築く方法はただひとつ。会社に就職し、我慢して仕事をつづけるだけ。
こう考えなおそう↓自律性のある最高のキャリアを築く方法がある。大好きな仕事を自分でつくればいい！

デザイナーの考え方を身につければ、柔軟で、機敏で、いつでも変化に対応する準備ができるようになる。

いまこそ、その準備のときだ。

時代は変わりつつある。

地元の大学に通う学生のトーマスは、最近、ライドシェア・サービスの運転手のアルバイトをはじめた。学生生活の足しにするため、ちょっとしたお小遣いを稼ぎたいと思っている。

中堅のマーケティング幹部であるシャロンは、起業を考えている友人にマーケティングのアドバイスを提供しはじめた。専門のスキルを活かしたこの種のコンサルティング活動は楽しくてしょうがなかった。そこで、彼女は副業でほかにも何人かにコンサルティングを提供することにした。人助けは楽しいし、おまけに副収入も入るので一挙両得だ。

電気技師のジョージは、「規模の適正化」の名のもと、勤続一七年の会社から解雇された（なにが〝適正〟なのかはひとつもわからなかったが）。彼のような経験豊富なエンジニア向けの仕事はいくらでもあるのだが、おもしろそうな仕事がなかなか見つからない。ところが、大手テクノロジー企業で受けたとある面接で、人事責任者からこんなことを訊かれた。急ぎのプロジェクトがあるのだが、コンサルタントとして参加してくれないか？　彼はその問題の技術的な側面に興味をもち、気づけば深く考えずに「はい」と即答していた。彼は大急ぎでネットを検索し、職務著作に関するコンサルティング契約書を入手し、そのプロジェクトのための提案書を書き上げた。すると、会社はゴーサインを出した。彼はいつの間にかコンサルタントのバッジをつけ、新しい仕事をこなすため、その大手テクノロジー企業に月曜日から金曜日まで顔を出していた。

トーマス、シャロン、ジョージは三人とも、自由な働き方をし、自分自身のキャリアを自分でコントロールするため、パートタイムやフルタイムのフリーランサーとして働いているひとびとの例だ。自分自身のボスとなり、自分で勤務時間を決め、働きたいときに働いている。本章では、こうした新しい働き方について探っていく。そして、自分で開業し、ビジネスをいとなみ、さらには大好きな仕事をつくりだすためのアイデアやデザイン・ツールを紹介したいと思う。

まずは、こうした仕事、副業、コンサルティング契約を、「お金を稼ぐためのプロトタイピング」としてとらえなおしてみよう。そして、空き時間とやりがいのある仕事をする自由を増やしながらも、あなたの収入を最大化するのに役立つシンプルなビジネスプランのつくり方も提案したい。わたしたちの目標は、プロジェクト単位で、あなたが最高に輝けるワークライフをデザインする手助けをすることだ。

わたしたちは、テクノロジー専門家でアップルの元フェローであるアラン・ケイのこんな名言を強く信じている。

「未来を予測する最善の方法は、未来を発明すること」

本章で紹介するのは、そんな方法だ。

行きづまり思考↓こんなのは本物の仕事じゃない。臨時雇いのフリーランスにすぎない。こんなキャリアを目指すつもりなんてなかった。

こう考えなおそう↓臨時雇いの仕事をしているわけじゃない。別の働き方、お金の稼ぎ方のプロトタイプをつくっているのだ。プロトタイピングは、好奇心をもち、なにかをやってみて、自分自身のワークライフをコントロールする安全な方法のひとつだ。

お金を稼ぐためのプロトタイプをつくろう

ライフデザイナーは、目の前でくり広げられている現実をありのままに受け入れるだけでなく、前進の道を築く。

確かに、経済は変化していっているし、仕事の消滅や自動化も進んでいる。外部委託される仕事や、フルタイムからプロジェクト単位へと変わりつつある仕事もあるだろう。それは現実に起きている出来事であり、だれにも止められない。そう、重力問題なのだ。

しかし、あなたは決してこの新しい経済の被害者ではない。

前にも言ったとおり、デザイナーの考え方を身につければ、柔軟で機敏な人間になれる。どんな重力問題であれ、まずは現実を「受け入れる」。職場の断片化という新たな現実を受け止め、目の前の現実へとデザイン戦略を適応させていくのだ。

このシナリオにはプラスの側面もある。仕事を頻繁に変え、定職の九時五時という一般的な制約にとらわれずに働くことがいま以上に受け入れられる時代は、これまでなかった。この急速に変化する新しい経済のなかで成功する鍵は？　あなたの好きな仕事、ＡＩや自動化の波をしのげる仕事のレパートリーを増やしていくことだ。そうすれば、新しい働き方がもたらす自由やメリットをすべて享受しつつ、充実した楽しい人生を築いていける。

これまで本書では、あなたの身動きをはばんでいる仕事の考え方、名づけて「行きづまり思考」を、別の視点からとらえなおすよう提案してきた。こうした視点の転換こそ、行きづまりから抜けだして、もういちど正しい方向へと歩みだす第一歩だと、わたしたちは考えている。

こんなふうに、視点を切り替えてみよう。

硬直マインドセット→しなやかマインドセット

やる気のない労働者→人生やキャリアのデザイナー
安定のない臨時雇いの労働者→長期的な人生プランをもったフリーランサー

硬直マインドセットをしなやかマインドセットに切り替えれば、人生や仕事にはあなたが思っていたよりも多くの可能性があることに気づく。仕事に幻滅し、やる気を失っている六九パーセント（ギャラップ推定）の労働者から、人生やキャリアのデザイナーへと変われば、多くの場合、状況を変える力があなた自身の手のなかにあることに気づく。

臨時雇いの仕事（ギグエコノミーともいう）という概念にデザイン思考を応用すれば、従来の定職と呼ばれる仕事よりずっとすばらしいライフスタイルをつくりだせるかもしれない。あなた自身の仕事、キャリア、人生を設計する起業家のように考え、行動できるようになるのだ。そうすればきっと、やりがいのあるおもしろい仕事、最高の自由や自律性、家族や友人と過ごす時間、あなたが最高に輝ける人生が手に入るだろう。

一歩ずつ、自分の未来にそっと近づいてみる

「あなた自身が発明した未来を生きる」のはどんな気分なのか？　コンサルタントになったり、自分でビジネスをはじめたりして、あなたの仕事の運命を自分の手でコントロールするのは？

それを確かめたいなら、わたしたちからのアドバイスはシンプルだ。

あなたが望む「変化」のプロトタイプをつくればいい！

ずっと言いつづけていることだが、デザイナーの六つのマインドセットのなかの「行動主義」と「プロトタイピング」は、あなた自身の未来へとそっと近づき、ソファから起き上がって、なにかをやってみる、ライフデザインの重要な道具だ。コンサルタントになるのはどんな気分なのか？　そのシンプルで手軽なプロトタイプをつくってみよう。たまたまマーケティング・コンサルタントを務めることになったシャロンのように、副業でそれをおこない、いまの仕事で安定した収入を確保しつつ、いろいろな選択肢を探る時間を稼ぐという手もあるだろう。あるいは、あなたがジョージと同じように、必要に迫られて突然コンサルタントになったのならどうだろう。その場合もわたしたちのプロトタイピング戦略は使えるが、それほどのんびりはしていられない状況なので、コンサルティング・ビジネスをいち早く拡大することが必要になるだろう。そうなると、確実にお金が稼げるプロトタイプをいくつか築くためのデザイン戦略が、いっそう重要になる。だが、未来はすでにここにある。世の中には、あなたがしたいコンサルティングの仕事をすでにしているひとがいるはずだ。だから、好奇心をもち、話を聞きに行こう。

コンサルティングの仕事の最初のプロトタイプをつくるプロセスはこうだ。まず、プロトタイプとは、興味深い疑問について調べるために、手軽につくれる「試作品」だということを忘れないでほしい。最初のプロトタイプでは、「コンサルタントになるのはどんな気分？」という疑問について調べることになる。その答えを手軽に得るため、すでにあるセールスおよびマーケティング・プラットフォームを使い、あなたにとって最初のコンサルティング・プロジェクトを見つけていこう。

・好奇心をもつ。あなたが検討しているのはどういう仕事？　あなたが世の中に提供できるスキルは？　コンサルティングをはじめるのに必要な条件は？　あなたがノウハウをもつ物事、〝コンサルティング可能〟な物事をリストアップしよう。

・好奇心をもって次のステップ「会話のプロトタイプづくり」へと進む。あなたと状況の似たコンサルタントと会話し、話を聞こう。自身の提供するサービスをどこに掲載しているか？　クライアントを見つけるコツは？　報酬の受けとり方は？　無償で引き受けた仕事はあったか？　コンサルティングの仕事について感じることや、仕事のメリット、デメリットについてたずねてみよう。ほとんどのひとは、自分自身や仕事について喜んで話してくれるだろうが、あなたが求めているのは仕事の体験談だけだ、ということをはっきりさせよう。顧客の紹介を求めていると思われてはいけない。そんなことをすれば、商売敵《がたき》と認定されるのは確実だ。相手が好む話題、つまり相手自身について会話することだけを心がけてほしい。

・先ほど考えた〝コンサルティング可能なスキル〟の選択肢を絞りこむ。あなた自身の〝コンサルティング・シナリオ〟をひとつ選ぼう。あなたが相手に〝オファー〟できるサービスは？　あなたと働くことが特別で魅力的なのはなぜか？　それを簡潔に（六〇〇字以内で）書きだし、魅力的な物語へと変え、友人やコンサルタント仲間に話そう。あなたの物語は相手に理解してもらえるか？　あなたのサービスや、提供を約束している内容はわかりやすいか？　あなたがコンサルタントとして提供するサービスがパッと伝わるようになるまで、その物語にくり返し磨きをかけていこう。

・コンサルティング・サービスのマーケティングとセールスにはかなりの労力が必要なので、その点は次のプロトタイプまで先送りしよう。最初のプロトタイプでは、単純に、クライアントがプロジェクトを投稿できるデジタル・プラットフォームを利用することにする。そうしたプラットフォームにはクライアントがいっせいに集まってくるので、売りこみ電話やサービスの宣伝はいまのところ必要ない。クライアントが投稿したプロジェクトに目を通し、あなたが力になれるプロジェクトがないか調べればいい（あらゆるカテゴリーの全般的なコンサルティング・プロジェクトはFreelancer.comやUpwork.comを、ソフトウェア・プロジェクトは「Toptal.comを、さまざまな規模のプロジェクトはあなたの地域のクレイグスリスト〔個人間で物品やサービスの売り買いができる地域ベースのコミュニティ・サイト。日本版もある〕を試してみるといいだろう）。こうしたサイトを使えば、手軽に仕事をはじめ、すばやく評判を築いていける。あなたのプロトタイプを一気に加速させてくれるのだ。いずれかのサイトでアイデンティティを築き、あなたのサービスに関する物語を投稿して、仕事をはじめよう。

・まずはひとつ、シンプルで小さめのプロジェクトに入札する。あなたがすでにノウハウを知っていること、本当に得意なことを試してみよう。これはあなたにとって最初のコンサルティング・プロジェクトであり、レビューがまだ一件もついていない状態なので、選んでもらえるまでに何回か入札が必要かもしれない。

・コンサルティング・プロジェクトを獲得したら、いつも以上にじっくりと時間をかけ、確実に成功へと導く。今回のプロトタイプの目的は、お金儲けではなく、仕事について学び、プロとしての評判を築くことだ。コンサルティングの世界は評判がすべてなので、記念すべき最初のプロジェクトでは期待以上の結果を出し、ひとり目のクライアントから好意的なレビューをもらえるようにしよう。プロジェクトが完了し、レビューが入ったら、今回の体験を振り返ろう。

このプロトタイプの目的は、「コンサルタントになるのはどんな気分？」という疑問に答えることだ。一歩下がって、「実際どうだったか？」と自問しよう。今回の体験を振り返り、クライアントのレビューやあなたのサービスへの評価を読んで、あなた自身の仕事ぶりについて考察してみてほしい。このプロジェクトで満足した点は？　満足できなかった点は？　クライアントのフィードバックに納得したか？　次回、時間あたりの単価を増やせるよう、プロジェクトをもっとうまく、スピーディーに、少ない労力で完了させるには、どうすればよかったか？

今回の体験に満足したら、少なくとも不満ではなかったなら、もういちど試してみよう。練習のため、ふたたび簡単なプロジェクトを選ぶのもいいだろう。または、もう少し大きく複雑なプロジェクトを選び、何段階にも分かれた巨大プロジェクトを通してクライアントとやりとりを重ねるのは楽しいか、確かめてみるのもいいだろう。プロのコンサルタントの名に恥じない高品質の仕事をし、期待以上の成果を上げるようにしよう。

何人かのクライアントから、いくつか高評価を得たら、いよいよ次のステップへと進む番だ。こうした巨大なアグリゲーション・サイトで依頼されるプロジェクトは、比較的とりくみやすいが、高額の報酬を得るのは難しい。サイトの性質上、低価格のコンサルティング・サービスを求めているクライアントが多いし、プロジェクトをめぐる競争は激しいからだ。あなたのサービスを差別化し、もっとお金を稼げるよう、いつかは自分でマーケティングやセールス活動を手がける必要が出てくるだろう。そのコツは次のとおりだ。

・プロジェクトを何度か経験したところで、あなたの物語に磨きをかけ、あなたの仕事、あなたのサービスや製品の特長を伝える、いっそうよい方法を考える。今回も、六〇〇字以内で、シンプルかつ説得力のある物語をつくろう。

・フェイスブック・ページやリンクトイン・ページのプロトタイプ（あなた自身のシンプルなオリジナル・サイトならなおよい）をつくり、あなたの新しい物語をデジタルで伝える。数百ドル程度かけて、あなたを雇ってくれそうな具体的な顧客層に対してあなたのサービス内容を説明する、ターゲット広告を出そう。あなたのページやサイトへの訪問者数と、メールアドレスや連絡先情報を登録してくれた訪問者数を確かめよう。すべての問いあわせを追跡し、そのうち提案書へと変えられる割合を調べ、実際のコンサルティングの仕事につながった提案書の数を測定しよう。これらは重要な指標だ。ただし、このいわゆる〝セールス・ファネル〟（潜在顧客が商品やサービスを認知してから、購入にいたるまでのプロセスを示した図式。下に行くほど人数が少なくなっていくので、じょうご〔ファネル〕の最終段階までたどり着き、実際のコンサルティング・プロジェクトへと結びつくケースが少なくても、がっかりしてはいけない。おおむね、一件の問いあわせを得るには一〇〝インプレッション〟（あなたのターゲット広告が閲覧された回数のこと）が必要だし、一件の提案書へと結びつくには一〇件の問いあわせが必要だといわれている。その提案書のうち、実際の仕事へと結びつくのはおそらく半数ほどだ。だからこそ、広告のターゲティングはこれほど強力なのだ。しかし、こうしたコンサルティング収入を得るには、そうとう本格的なセールス活動が必要になる。コンサルティング・プロジェクトを集約したサイトがこれほど成功しているのはそのためだ。あなたのかわりに事前のセールス活動を肩がわりしてくれるわけだから。そのぶん、入札価格の一定割合を手数料として支払う必要があるので、こうしたサイトで高報酬のコンサルタントになるのは不可能だ。主に初心者向けだろう。

・あなたの物語（いわゆる〝マーケティング・メッセージ〟）とサービス内容（あなたがクライアントのためにする仕事）のプロトタイプをもう一、二回つくる。A／Bテストをおこない（まったく異なるマーケティング・メッセージを二種類選び）、どちらのメッセージのほうがあなたのページやサイトへの訪問者数が多いか、提案書へのコンバージョン率が高いかを調べよう。

・プロジェクトを獲得するたび、あなたは時給やプロジェクト単価の新たな基準を定めたことになる。つまり、適切なクライアントがあなたのサービスに一定額の報酬を支払うという、具体的な証拠を得たことになる。あなたの目標は、提案書を作成するたびに単価を引き上げていけるくらい、多くのプロジェクトを獲得することだ。そうすれば、新しい仕事を獲得するたびに、それまでの仕事より価値が高まっていくはずだ。

・数カ月後、もういくつかのプロジェクトを成功させたら、いったん立ち止まり、それまでのプロセスや成果を振り返って、同じことを継続したいか自問する。

ここで出番を迎えるのが、デザイナーのもうひとつのマインドセット「認識」だ。これまでのコンサルティング体験を楽しみ、プロトタイプから前向きなデータが集まったなら、次はいよいよフリーランスの世界へともう少し深く足を踏み入れる番だ。そこで、フリーランス・ビジネスの〝ワークフロー〟へと目を向けてみよう。この新しい働き方で成功したいなら、どのようなビジネスプランを描くのが堅実なのか？

成功に必要なワークフローのつくり方

フリーでコンサルティング業務をいとなみたいなら、プランが必要になる。
そう、ビジネスプランだ。
こんな反論が聞こえてきそうだ。

「ビジネスプランを作成するなんて、たいへんすぎる」

「ビジネススクールに通ったことがない！」

「そんなお金はない」

「やり方がわからない」

「なにそれ？」


最初のビジネスプランは、複雑すぎる必要はない。以下に、だれでもマスターできる超シンプルなビジネスプランの書き方を紹介しよう。必要なステップはたったの六つだ。

①あなたの得意なこと（あなた自身に共感する）と、世の中が必要としていること（潜在的なクライアントに共感する）を明らかにし、こう自問する。「クライアントのニーズとわたしのスキルの交わる部分はないか？　あるとしたら、わたしのコンサルティング・サービスでそのニーズを満たせないか？」

②あなたの仕事の差別化要因を明らかにする。それは仕事の速さなのか、正確さなのか、信頼性なのか、創造力なのか？　あなたの製品やサービスを残りのコンサルタントたちと区別する要因を明らかにしよう。

③三二二ページの図にならって、くり返しがきき、拡大可能で、測定可能（仕事が上達しているかどうかを知るため）なワークフローを定める。

④あなたのサービスを高値で売るには、セールスやマーケティングの能力を磨く必要がある、という事実を受け止める。そうしてこそ、持続可能なビジネスが築ける。あなたのサービスを効果的に提供できるよう、残りのワークフローの最適化に励もう。

⑤コンサルティングのワークフローに慣れ、安定したリピート客を獲得し、多くの好意的なレビューや紹介を得たら、単価を徐々に引き上げはじめる。

⑥仕事が回りはじめたら、あなたのワークフローの一部を、より単価の安い〝ギグワーカー〟に外部委託できないかを考える。単純作業の部分をアウトソーシングし、サービスの単価を引き上げ（通常は一〇～三〇パーセント）、そのコストを次の提案書にくみこもう。そうすることで、より多くの仕事を引き受け、あなた自身の時給を高めて、収入を増やすことができる。

コンサルティング業には、共通のワークフローがある。基本的なワークフローは、次の七つのステップからなる（仕事をつづける場合は、八つ目のステップ「問題点を洗いだす」がある）。このサイクルは、ライドシェアから、パーソナル・コーチング、フリーランス・デザイン・サービスまで、すべてのコンサルタントの仕事に共通するワークフローだ。そして、このサイクルは、コンサルタントとしてやっていくには、サービスや製品を提供する能力だけでは足りない、ということを示している。何種類もの帽子をかぶり分ける必要があるのだ。たとえば、うまくク

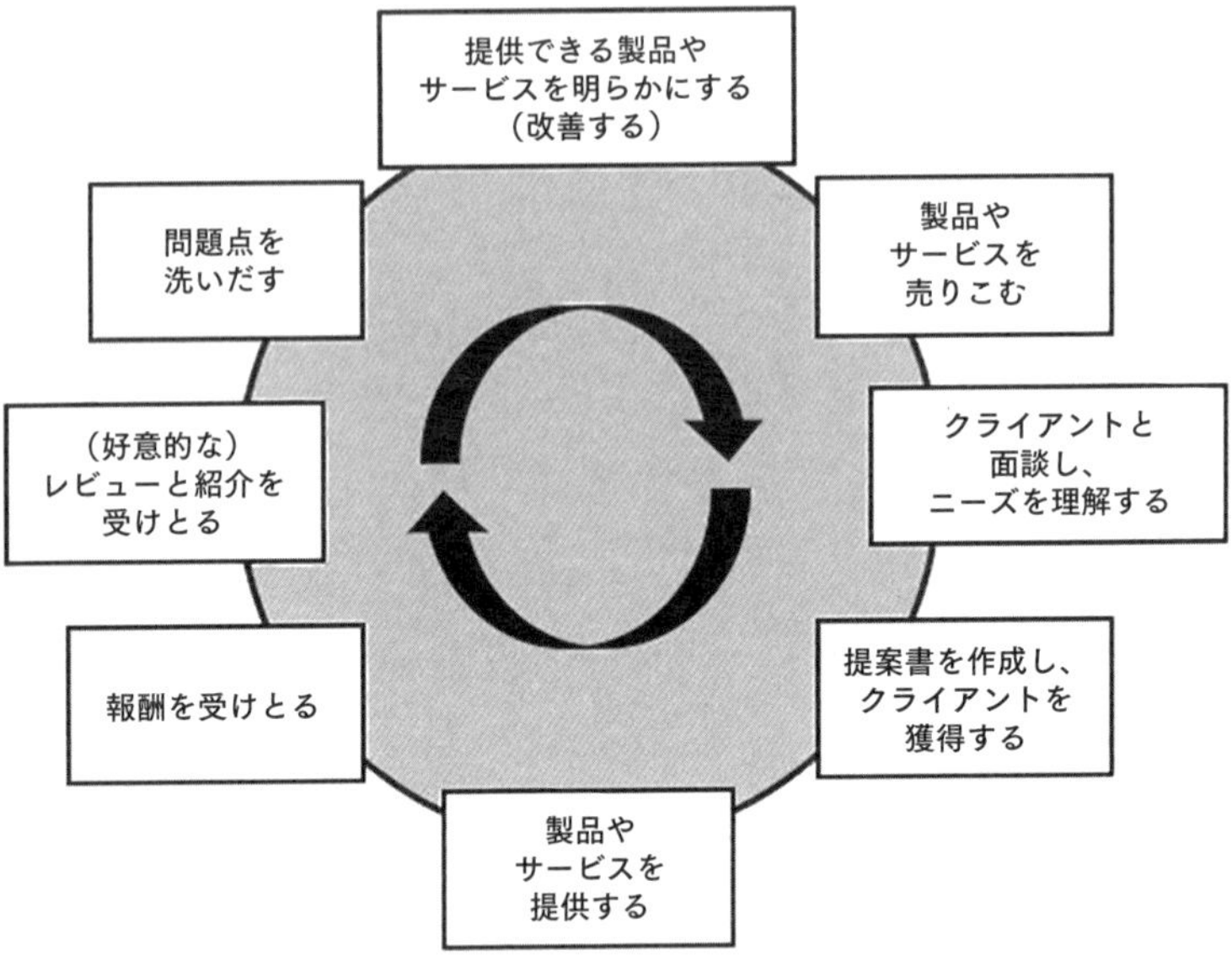

ライアントを獲得する必要があるし（マーケティングの帽子）、クライアントのニーズをきちんと理解する必要もある（デザイン調査員《リサーチャー》の帽子）。お金を過不足なく徴収する必要もあるし（最高財務責任者の帽子）、レビューや紹介を獲得するのが上手でなければならない（カスタマー・サービス担当者の帽子）。これらの作業を、あなた特有の製品やサービスを提供するのと並行しておこなわなければならないのだ。

ひとつの例を使って、このワークフローについて説明してみよう。たとえば、あなたが新たにライフ・コーチングの仕事をはじめる決意をしたとしよう。最初は副業としてだが、なるべく早くフルタイムで仕事をしたいと思っている。そのためには、初期投資が必要だろう。名のある機関からライフ・コーチとしての認定を受けるため、数千ドルの資金と数カ月間のトレーニングが必要になるかもしれない。しかし、きちんとしたトレーニングと認定を受ければ、あなたのコーチング・セッションに高い料金をつけられる。一般的には、電話または対面式の五〇分間のコーチング・セッションで、五〇〜一五〇ドルといったところだ。ときには、認定機関があなたの最初のクライアントを探す手助けをしてくれることもあるだろう。最初は、あなたの名前をライフ・コーチング名簿（一定の売上手数料をとってクライアントと結びつけてくれるサイト）に登録する必要があるかもしれないが、ゆくゆくは、あなた自身のマーケティング活動や、できれば紹介から、クライアントの大半を獲得することになるだろう。

そのためには、たとえばフェイスブックやリンクトインなどのSNSを通じて、独力でマーケティングや宣伝活動を数多くこなす必要が出てくる。見込み客と会ったら、あなたのサービスに価値があると説得するために、無償で一定の時間をさく必要もあるだろう。そこから、クライアントのニーズを理解して、相手にぴったりのコーチング・プログラムをデザインする、というプロセスがはじまる。数週間や数カ月は一緒に過ごすことになるかもしれないが、いつかの時点で、相手の問題が〝解決〟し（または、時間やお金が尽き）、相手は元クライアントという立場になるはずだ。そのあいだ、あなたは請求書を作成し、さりげなく支払いを催促する。うまくいけば、イェルプに好意的なレビューがつく。あなたの懸命な努力が紹介や新規のクライアントに結びついたら万々歳だ。

ライフ・コーチ（または、インテリア・デザイン・コンサルタント、景観設計家《ランドスケープ・アーキテクト》、エンジニア、個人秘書など）は、実際には起業家そのものといってもいい仕事だ。あなた自身の行動力が成功の鍵を握っている。あなたのマーケティングの手腕、クライアントへの共感力、現在のクライアントから紹介を引きだす力が、成功を左右するのだ。ボスはあなた自身だし、仕事のスケジュールを決めるのもあなただ。なにより、仕事を抜群にこなすにはスキルやトレーニングが必要なので、そのぶん労働の対価も大きくなる。あなたのサービスを差別化すればするほど、多くの紹介を得られるし、単価も高まる。一回あたり五〇ドルと三〇〇ドルでは大ちがいだ。仕事する場所もひとつの要因とはいえ（当然、都市によって料金に差がある）、いちばん大きな時給の差を生むのは、あなたの評判や仕事の紹介のネットワークなのだ。

では、単価をなるべく高めるためには？　大事なのは、物語を語ることだ。

フリーになったばかりのひとが、共通して犯すまちがいがある。「仕事をきちんとこなす」ことがすべてだと考えてしまうのだ。

それはちがう。大事なのは、物語をくり返し語ることなのだ。ひたすら、マーケティング、マーケティング、マーケティング。そして、次の仕事、その次の仕事、そのまた次の仕事を得ることだ。物語を語ること（要するにマーケティング）が、〝ボス〟として成功する条件のひとつなのだ、という事実を受け入れよう。

最高の顧客体験をデザインし、飛び抜けたフリーランサーになる

平均的なフリーランサーは平均的な額を稼ぐ。

でも、平均を目指すひとなんてどこにいるだろう？

どんな仕事も同じだ。

データによると、平均的な自営業者の稼ぎは、フルタイムで仕事をするよりも少ない。副業でちょっとしたコンサルティングをする目的が、副収入を得ることであって、稼ぎを最大にすることが重要でないなら、平均的な稼ぎでも問題ないかもしれない。あるいは、独創性を発揮して、差別化された製品やサービスをデザインすることに時間をかけたくないなら、平均的な対価でも満足かもしれない。

あなたが、自分には才能があると思っていて（実際ある）、ほかのひとたちより少し高めの対価を受けとる資格があると考えているなら（まちがいなくそうだ）、その方法をデザインすることが必要だ。クライアントに共感し、マインドマッピング（ひとりの場合）やブレインストーミング（協力的なチームの場合）を通じて新しいアイデアを練り、数多くのプロトタイプをつくって、なにがクライアントにとって最適かを確かめる必要があるだろう。[1] そうすることならだれだってできるし、どんな仕事にもクリエイティブなデザインを念頭に置いてのぞむことができるのだ。

現実はこうだ。最高のオファーができるひとびとには、最高のクライアントが集まる。もういちど言わせてほしい。最高のオファーができるひとびとには、最高のクライアントが集まる。

そして、あなたが最高で楽しい顧客体験をデザインすれば、あなたとぜひ一緒に仕事がしたいと思うひとが自然と集まってくる。

いくつか実例を紹介しよう。

ライドシェアの運転手のアフマドは、乗客の人物像に応じた五種類の独自の音楽プレイリストを用意した。たとえば、インド映画のサウンドトラックを使い、乗客を自分の大好きな音楽へといざなったりしている。彼は仕事を通じて、乗客たちへの鋭い共感を養ってきた。自身のプレイリストと乗客の性格をぴったり結びつけられたときは、爽快な気分だ。すると、車内で仮想のダンス・パーティーがはじまる。彼はただ乗客を自動車で目的地まで送り届けるだけでなく、無料のミネラルウォーター、故郷ムンバイのスパイシーなキャンディー、とびっきりの笑顔まで提供している。そうそう、それから、あえて怪しげな雰囲気を演出するため、昔ながらの運転手帽をかぶり、ダッシュボードには首ふり人形をずらっと並べている。

結果は？　最高のレビュー、高額のチップ、たび重なる正規雇用のオファー。彼は地元の運転手たちの稼ぎ頭のひとりだ。

シンディーは、トレーニング機器をすべて持参してくれる訪問パーソナル・トレーナーをしている。彼女はいつだって、あなたがその日のひとり目のクライアントだといわんばかりに爽やかで、準備万端の状態でやってくる。あなたのトレーニング・フォームの詳細な写真を撮り、ワークアウトごとに比較して、進捗を最適化してくれる。また、あなたの運動のあらゆる面について入念な記録をとり、独自のウェブサイトのマイページ上に、あなたの体型や筋力の追跡データを表示してくれる。さらに、彼女は、レッスン間のモチベーションを保てるよう、無料でお試しできるビタミン・ウォーター、新型のウェアラブル・デバイスや歩数計をつねにもち歩いている。

トムは、アートセンター・カレッジ・オブ・デザイン卒業後、フリーの芸術写真家として働いている。まだ無名ながら、美しい写真をとりつづけ、合間に写真やカメラについて教えるのを楽しんでいる。少し前、彼は多くのひとが高額で多機能なデジタル一眼レフカメラを買いながら、うまく使いこなせていないことに気づいた。多くのひとがなにも考えずに全自動モードで撮影し、高度なテクノロジーが提供する創造性をみすみす発揮しそこねていた。そこで、彼はフォトトレーナーという名前で一眼レフ・スクールをはじめた。そして、一眼レフを使いこなす方法、そしてなにより、カメラを創造力の延長としてとらえる方法を教える、一連のクラスを開いた。彼は気さくで辛抱強い教師として、クラスでは各生徒の秘める創造力を引きだすよう注意している。初心者クラスに、写真の構図を学ぶ中級クラス、そして美しいポートレートを撮影するための上級クラス。いずれも生徒たちの要望に応じて構成したものだ。さらに、個人レッスンでは、彼が「写真の視覚的語彙《ごい》」と呼ぶものを見つけだす手助けをしている。彼の提供するサービスはユニークだが、彼は写真家であってＨＴＭＬの専門家ではないので、ウェブ・デザインの専門家を雇い、マーケティング活動の拠点となるオリジナル・サイトの開発と更新をおこなっている。彼はまだ芸術写真家としては無名だが、じゅうぶんに生計を立て、生徒たちに自分の創造力への自信をつけてもらうことをおおいに楽しんでいる。

この三人のフリーランサーたちの共通点とはなんだろう？　それは、自分のサービスを楽しいものにする方法をよくわかっている、ということだ。シンディーは、ただのパーソナル・トレーナーではない。ワークアウトの効率を最大化するデータ科学者であり、最先端のフィットネス技術に精通する専門家でもある。トムは、ただカメラの使い方を教えるだけではなく、自分自身の内なる芸術家や視覚的な創造力を再発見する手助けをしている。三人とも、口コミによる紹介を通じて、対応しきれないほどのクライアントを抱えている。おかげで、新しいクライアントとの契約のたび、単価を引き上げ、時間あたりの収入を最大化することができる。いったんそうなると、そのぶんだけ自由も増す。毎月第一、第三金曜日をオフにする自由。〝最高〟のクライアントとだけ仕事をし、すべてのひとの幸せを最大化する自由。いっそう魅力的なサービスを生みだす自由（無料のアップル・ウォッチはいかが？）。

カスタマー・ジャーニー・マップを描こう

アップルやスナップチャット（画像や動画の共有アプリ）といった会社のデザイナーは、顧客を喜ばせ、ハッピーにする最高のサービスを、いったいどうやって思いつくのだろう？　そして、どうすればアフマド、シンディー、トムのように、見込み客にとってすばらしい体験をデザインできるのだろう？　どうすれば忠実な顧客を生みだし、最高のレビューや紹介が得られるサービスをデザインできるのか？　そこでいよいよ、顧客の関係性を深め、あなたのサービスを輝かしいものにする方法を明らかにするのに役立つデザイン・ツールを紹介しよう。それは「ジャーニー・マップ」と呼ばれるツールだ。

ジャーニー・マップとは、ある製品やサービスを見つけ、体験するプロセス全体を表現したものなので、いわば顧客のたどる旅《ジャーニー》の地図《マップ》を時系列順に描きだしたものだ。ジャーニー・マップを使えば、計画的にとり除くことができる障壁を特定することができる。加えて、優れたジャーニー・マップは、顧客の心をわしづかみにする「魔法の瞬間」を特定するのにも役立つ。こうして楽しくデザインされた旅は、満足したリピート客を生みだし、関係するすべてのひとにとってプ

クライアント	前	最中	あと
活動			
感情			
魔法の瞬間			

ラスに働く。

ジャーニー・マップは、千差万別でふたつとして同じものはないが、形式にかかわらず、特定の製品やサービスを見つけ、利用するという顧客の体験を表わしている、というのが共通点だ。この話題について詳しくは「ジャーニー・マップ」で検索するか、ユーザー・エクスペリエンス（UX）デザイン・サイトのUXMastery.comで詳細や例を調べてみてほしい。[2] しかし、手っとり早く試したい方は、わたしたちの考案したシンプルなカスタマー・ジャーニー・マップを使ってみてほしい（上図）。

わたしたちのシンプルなジャーニー・マップは、顧客のたどる旅を、三つの列に分けて時系列順に描きだしたものだ。「前」列は、クライアントがあなたのことを探しだす時点。「最中」列は、クライアントがあなたの製品やサービスを体験している時点。「あと」列は、クライアントから依頼された仕事が完了したあと、あなたがサービスやサポートを提供する時点を表わしている。

加えて、このシンプルなジャーニー・マップには、三つの行がある。最上段の「活動」行は、あなたが提供するサービスや体験の前、最中、あとにおこなわれる活動を表わす。中段の「感情」行は、クライアントの感情の起伏を表わす。「共感」行とも呼ばれ、クライアントが製品やサービスを体験している最中の感情を描いたものだ。最下段の「魔法の瞬間」行には、あなたが顧客体験へとくみこんだ喜びの瞬間のスケッチや絵が含まれる。その瞬間を魔法の瞬間へと変えれば、一生涯の顧客を獲得できるというわけだ。

たとえば、パーソナル・トレーナーのシンディーは、女性向けコンサルティング・サービスのデザインについて検討していたとき、初期の顧客であるデボラのために、次ページのようなジャーニー・マップを描いた。

シンディーがデボラとのやりとり全体をジャーニー・マップにどう描いたのか、見てみよう。クライアントがインスタグラムで彼女の広告を見て、問いあわせの電話をかけてくる。重要な初回測定の予約があり、毎週のフィットネス・セッション、写真測定へと進む。最後に、新しい運動習慣を身につけ、自信を得たクライアントが、契約を終了する。彼女はクライアントの目標についての具体的なメモをマップ上に記している。また、彼女とのトレーニングを楽しく、価値のあるものにする「魔法の瞬間」のデザインにも余念がない。たとえば、新規のクライアントは必ず、初回のセッションで一二本のバラを受けとり、最初の中間目標を達成したらスパのクーポンをもらえる。また、彼女は運動の継続が難しい習慣だということもよくわかっている。クライアントは必ず、彼女のいう「絶望の谷」を経験する。運動が苦痛になり、少し背中を押すことが必

顧客メモ
40代半ばのテクノロジー企業の幹部。子どもは3人。フルタイムの仕事。大学時代はスポーツ選手だったが、ここ10年間は定期的な運動はしていない。少し体重を落とし、スリムな体型に戻ることを希望。有酸素運動の能力と柔軟性も鍛えたい。重点部位は、お腹回りとヒップ。レッスン可能な時間帯は、朝一または火曜・木曜の仕事終わり。

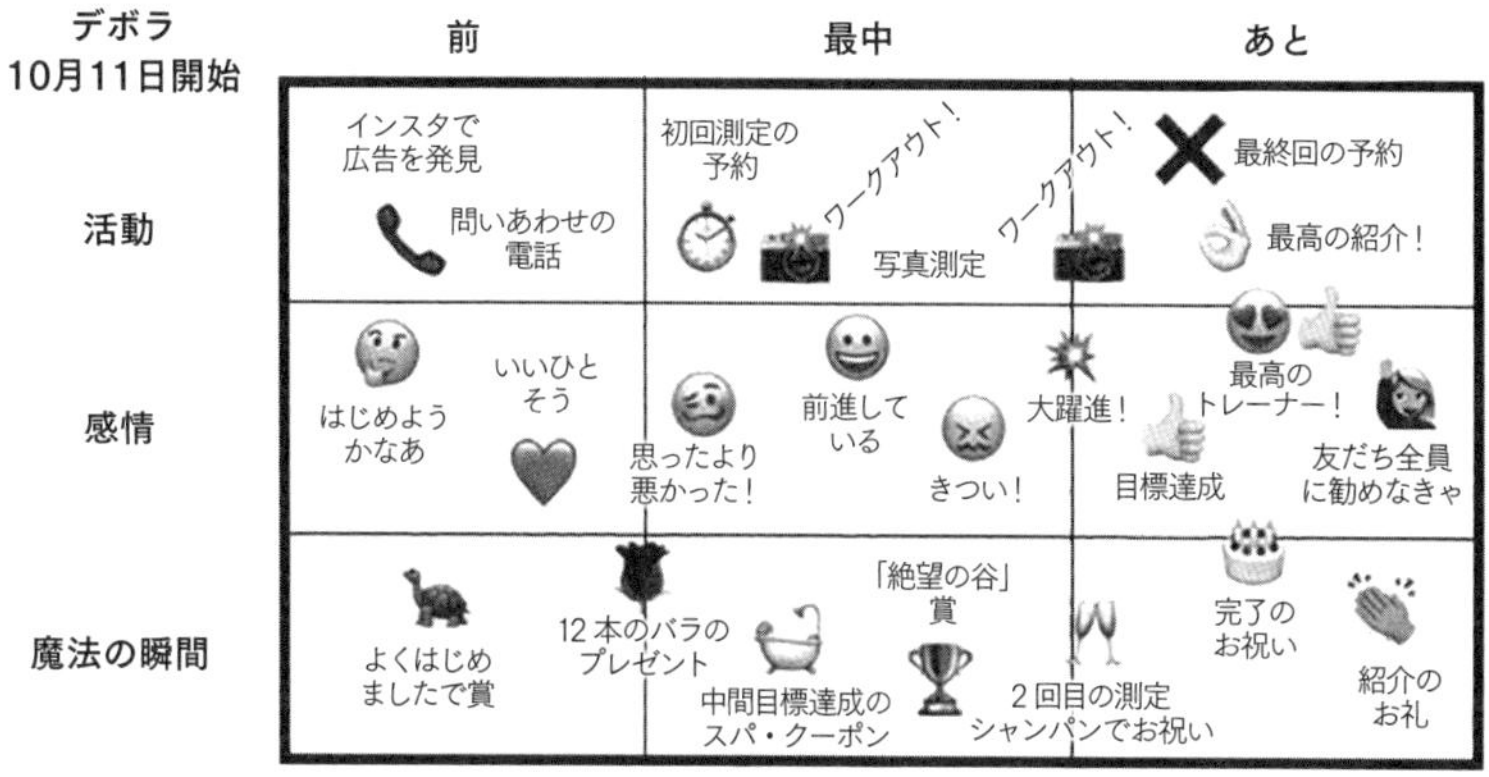

要な段階だ。そこで、彼女はそのことを正直に認める瞬間をデザインした。そして最後に、目標を達成して運動の習慣を築き上げたら、クライアントは去っていく。でも、問題ない。彼女はロウソクを立てたミニケーキを持参して、ふたりで達成のお祝いをするのだ。これなら、最高のレビューと何件かの紹介はもう約束されたようなものだ。

ジャーニー・マップのしくみはわかっただろうか？　クライアントがあなたのサービスを体験するときにたどる旅をデザインしたら、次はあなたがマップにくみこんだ「魔法の瞬間」のプロトタイプをつくりはじめる番だ。それぞれの瞬間において、クライアントにアンケートをとり、あなたのサービスへの満足度を測定しよう。あなたが高めようとしているのは、クライアントの成約率、満足度、紹介率だ。そのためには、クライアントの体験を深く理解するのがいちばんだろう。

クライアントを喜ばせるのは、永遠に終わりのないデザイン・プロセスだが、それは楽しい作業でもある。そして、クライアントを深く理解するにつれて、新しい製品やサービスのアイデアへとつながる新たなニーズが生まれるだろう。これは、あなたの仕事が時代遅れになるのを防ぐ、クリエイティブで、うまくすればお金になるサイクルだ。クリエイティブなプロトタイプをつくり、あなたが好きで心から尊敬できるひとびとと一緒に働きながら生きていく――それこそが最高の仕事のデザイン、そして充実した楽しい人生の青写真なのだ。

デザイナーは機械では置き換えられない

有名なビジネス・コンサルティング会社のマッキンゼーは、仕事の未来に関する調査をおこなった。そのなかで、同社は、自動化、人工知能、ソフトウェア化の波が多くの仕事を飲みこむ、という仮説を立て、大きな破壊的変化を予測している。ところが、デザイナーのように、クリエイティブな考え方を仕事に活かすひとの仕事は、減るどころかむしろ増えるのだという。明らかに、こうした〝クリエイティブな仕事〟を自動化するのは、不可能ではないにせよ難しい。

創造性や感情の読みとりといった能力は、人間の体験の中核をなすもので、自動化するのは難しい。［われわれの］調査によると、やりがいのある仕事をいっそう生みだす余地はある。単純作業や反復作業が自動化され、従業員たちが創造性や感情を活かした作業により専念するようになれば、そうした流れが起こる可能性がある。たとえば、フィナンシャル・アドバイザーは、クライアントの財務状況の分析よりも、クライアントのニーズの理解やクリエイティブな選択肢の説明に多くの時間をさくようになるかもしれない。インテリア・デザイナーは、測定、イラストの作成、素材の発注よりも、クライアントの要望に基づく革新的なデザイン・コンセプトの作成に時間をかけるようになるかもしれない。[3]

マッキンゼーの調査の結論はこうだ。将来的には、共感や創造性といった、人間を人間らしくしている中核的な要素がいっそう大きな価値をもつようになる。新しい創造経済の根幹をなすのは、創造性や社会的・感情的な対人能力であり、こうしたソフト・スキルを身につけたコンサルタントや起業家こそが成功を遂げるだろう。

つまり、マッキンゼーの調査に耳を傾けるなら（多くのCEOがそうしているように）、デザイナーのマインドセットを実践することこそが、未来の経済で成功する条件なのだ。突きつめれば、わたしたち全員を救うのは人間の創造性なのだから。

いまほど、ボブ・ディランの言葉が正しい時代はない。

「時代は変わる」

だから、現実を受け入れ、そんなひとびとの一団に加わろう。そして、全員にとってすばらしい未来、だれもがハッピーになれるワークライフを想像し、構築できるライフデザイナーの考え方と行動をとり入れ、こうした変化の原動力を味方につけるのだ。

やってみよう

以下のテンプレート（www.hayakawa-online.co.jp/designingyournewworklife/ からダウンロードしてもいいし、以下のフォーマットをコピーしてもいい）を使って、あなたがクライアントのためにデザインしたい体験のジャーニー・マップをつくってみよう。「活動」「感情」「魔法の瞬間」の三つの行すべてを埋めてほしい。ジャーニー・マップは長くなる傾向があるので、以下のテンプレートを横向きの紙や大きめの紙にめいっぱい印刷するといいかもしれない。なるべく詳しく記入し、サービスや体験の「前」「最中」「あと」の三つの列を必ず埋めるようにしてほしい。それから、あなたの製品やサービスを突出したものにする「魔法の瞬間」を探すこともお忘れなく！

クライアント

	前	最中	あと
活動			
感情			
魔法の瞬間			

第11章　破壊的変化を乗りきる

ダニーは、サンフランシスコのミッション地区で暮らす若きシングルマザーだ。双子の息子を育てる彼女は、ひとりで家族を養うため、必死で働いている。そんな苦労に追いうちをかけるように、パンデミックで地元の小学校が休校となり、息子たちが家に二四時間いるようになった。おかげで、学校のオンライン授業のために家族で一台のラップトップをとりあうはめになったし、インターネットはスムーズにつながる日もあれば、つながらない日もある。大手保険代理店の保険査定人の仕事を、自宅のキッチン・テーブルからこなすだけならわけもないが、いまではそれに加えて、パートタイムの四年生の教師、パートタイムのITマネジャーまでこなすはめになった。一日じゅう、てんてこまいだ。

デレックは、スタンフォード大学の四年生だ。若き黒人の彼は、勉学で帰りが遅くなったとき、「黒人が運転している」という理由だけで警察の職務質問を受けるのはどんな気分なのか、身にしみて知っている。彼の祖父母は一九六〇年代にマーティン・ルーサー・キング・ジュニアと一緒に行進した経験があり、両親は彼を誇り高き黒人男性として育てたので、彼は一年生のとき、キャンパス内の黒人寮「ウジャマー」（スワヒリ語で「親戚」）に住みたいと申しでた。しかし、ジョージ・フロイド（二〇二〇年、逮捕される際に警官によって首を執拗に押さえつけられて死亡した黒人男性。世界的なブラック・ライヴズ・マター〔黒人の命は大切〕運動に発展した）の殺害動画を観たとき、彼のなかでなにかがはじけた。死ぬまでフロイドの首を膝で押さえつける冷徹な警官の態度に、もう耐えきれなくなったのだ。その夜、デレックは友人たちと一緒に、キャンパス内の全学生グループによるオンライン・ミーティングを開き、全員で行動を起こすと決めた。彼らはすぐさま、「ブラック・ライヴズ・マター」運動のスタンフォード大学支部を結成し、インスタグラムで全国レベルのリーダーたちとつながった。しかし、それ以上のことがしたかった。かつては、抗議運動を組織して、たとえば学長室を占拠するのは簡単だったし、実際にそうしたこともあった。しかし、学生が文字どおり世界じゅうに分散するいまとなっては、いったいどうやって声を上げればいいだろう？　その夜、彼が父親に電話をかけると、父親も憤慨していた。ふたりとも途方に暮れ、無力を感じていた。アメリカの警察による黒人の殺害を食い止めるため、寝室からできることは？

レジナは、世界自然保護基金（ＷＷＦ）で働く若き気候変動活動家だ。それは彼女にとってやりがいのある仕事、いわば天職だ。パンデミックの最中も、彼女は目的意識をもってオンライン会議をつづけてきた。しかし、最近では、恐怖はつのる一方だ。破滅的な異常気象が地球全体で驚くべきスピードで起きている。オーストラリア内陸部で起きた森林火災は前例のない規模だし、カリフォルニア州の北部や南部で起きた破滅的で記録破りの山火事もそうだ。二〇二〇年のカリブ海では、世界気象機関（ＷＭＯ）が命名に困るほど多くの熱帯低気圧やハリケーンが発生した。しかも、嵐はどんどん巨大になっている。インドや中国では、一〇〇年にいちどといわれる洪水が起きたかと思えば、翌シーズンにもっと大きな洪水が起こる始末だ。皮肉にも、世界じゅうで空前の干ばつも起きている。そのすべてがデマであるという気候変動否定論者の主張を読むと、彼女の恐怖はいっそう強くなる。彼女は野生生物や地球のために前向きな変化を起こそうと、世界自然保護基金で懸命に働いているが、焼け石に水だと思うと不安で夜も眠れない。ずっと重圧に押しつぶされ、憂うつを感じつづけているのだ。

ベンは、若き補佐官として、カリフォルニア州のリベラルな地区選出の民主党議員のもとで働いている。同世代の多くのひとびとと同じく、彼もまた一部の問題についてはリベラルだし、別の一部の問題については保守的だが、ほとんどの件については、正直なところ共和党と民主党にたいした差を見出せずにいる。それでも、彼はなんとか影響を及ぼそうとがんばっているし、そう高くない報酬で、内部からシステムを変えようと励んでいる。そして、大規模な投票の前、民主党の集会の控え室にいるのは最高の気分だ。文字どおり、彼は舞台裏で民主主義が機能するさまを観察しているのだ。彼は聞く耳をもつひとならだれとでも政治の話をするのが大好きだ。ただ、最近では議論がすぐに暴走してしまうことに気づいた。非常に保守的な共和党支持者であるおじのスティーヴは、その典型例だ。政治の話になると必ず怒鳴りあいへと発展してしまう。そこがベンの不満の種だ。国があまりにも二極化していて、ひとびとが自分の情報のバブルに閉じこめられるあまり、だれとも礼儀正しい会話ができなくなっている。「事実についてさえ合意ができないなら、アメリカの問題をどう解決していけばよいのか？　毎回、最終的に会話が破綻してしまうなら、高校の公民で教わったように、重要な問題についてどう議論すればいいというのか？」

こうした破壊的変化や戸惑いはそこらじゅうにあふれている。だれもが当事者だ。

ＣＯＶＩＤ－19ウイルスによってもたらされた地球規模のパンデミックは、世界を揺るがしたが、破壊的変化はそれだけではない。

二〇二〇年という年は、普遍的な公民権の実現に関して、未完の努力が数多く残っているという認識を広めた。ブラック・ライヴズ・マター運動は、そうした危機へのひとつの反応にすぎない。

気候は世界じゅうでどんどん不安定になっていっている。洪水や巨大な嵐は一部の地域に激しく襲いかかる。干上がった大地、渇水、それにともなう農業の崩壊、そしてその後の飢饉は、大きな問題のひとつだ。わずか一五歳の気候変動活動家、グレタ・トゥーンベリが、世界の及び腰のリーダーたちよりも説得力のあるスポークスパーソンになると、問題があることをだれもが知った。

二極化した政治、インターネット・バブル、エコー・チェンバー（ＳＮＳで同じ意見のひとばかりが交流することで、特定の意見や信念ばかりがエコーのように増幅されていく現象）が、厄介な問題について本質的で冷静な会話をする妨げになっている。全員にとって有効な解決策を一緒に見つけだすのは、不可能にさえ思えてくる。

こうした破壊的変化を挙げ連ねるだけでも、圧倒され、ぐったりとしてくるくらいだ。

おまけに、前例もない。

昨今、「前例のない」という言葉を聞く機会がやけに多くないだろうか。前例のないロックダウン、前例のない都市の情勢不安、前例のない嵐や山火事、前例のない政治的課題……。どれも、確かに前例がないように感じる。しかし、多くの面で、そう特別なことではないようにも感じる。二〇二〇年という年は、未来学者の言葉を借りるなら、さまざまな危機のティッピング・ポイント（小さな変化が急激な変化へと変わる転換点）を招いたといってまちがいない。あまりにも多くの自然や人工のシステムに限界を超える負荷がかかり、まるでドミノ倒しのようにひとつの危機が次の危機へとつながっていった。はて、次はなにが起こるだろう？　炎の竜巻？　カリフォルニアで起きた。バッタの大群？　二〇二〇年、アフリカで二〇〇三年以来最悪のバッタの大量発生が起きた。殺人スズメバチ？　すでにいる。宇宙の大爆発？　もしかすると。アドバンストＬＩＧＯ重力波検出器が、時空を広がる重力波を放出するふたつのブラックホールの巨大衝突を発見したというし。

急速な破壊的変化の時期では、じっくりと計画を立て、それに従ったところでなんの意味もない。パンデミックはそのことをまざまざと証明してみせた。二〇二〇年の六月に教会で大規模な結婚式を挙げる予定？　残念ながら、叶わぬ約束だ。七月に社外販売会？　中止だ。例の予約のとりづらい名店での食事？　屋内席から屋外席へと変更され、気づけば閉店だ。

破壊的変化はどこにでもあるし、いつだって個人に牙を剝く。だからこそ、本書の最後の数章では、個人にスポットライトをあてようと思う。つまり、あなた、母親、父親、労働者、上司、といったごくふつうのひとびとだ。あなたがギグワーカーであれ、オフィスワーカーであれ、在宅で子どもに教育を受けさせる親であれ、管理者であれ、もはや存在しないも同然の最高〇〇責任者であれ、本書でとり上げる変化の尺度は「あなた」だ。

わたしたちは、企業再編、組織の再設計、出社と在宅をくみあわせたハイブリッドな労働者向けの報酬制度など、全体論的な問題に着目するつもりはない。そうした話題は、ビジネス・コンサルタントや、終身在職権をもつ経済学部の教授陣に任せよう。それはわたしたちではなく彼女らの専門分野だ。わたしたちは人間中心の視点をもつデザイナーなので、昨今の変化が人間という要素、つまり「あなた」に及ぼしている（そして及ぼそうとしている）影響に着目してみたい。

実際、喪失感や苦しみのなかにいるひとはあまりにも多い。破壊的変化は厳しく、喪失はリアルだ。だれもが苦しみ、犠牲を払っていることは疑いようがない。あなたがパンデミックで愛するひとを失ったのなら、その喪失感や悲しみは同情にたえない。あまりにも多くのひとがこの病気で大切なものを失った。それは耐えがたい苦痛だし、どんな言葉すらなぐさめにならない。

また、二〇二〇年と二〇二一年の変化が、人それぞれの影響を及ぼしていることも確かだ。その影響を一般化することなんてできない。ホテルや観光、飲食といった業界で働いているなら、あるいはあなた自身で飲食店を経営しているなら、おそらく仕事やビジネスを失ったことだろう。COVID－19に関係なく、出勤してシフトをこなさなければならない工場や食品加工の労働者たちは、仕事に行くだけで命懸けだっただろう。

一方、ネットフリックスやズームなどのストリーミング・サービス、アップルやフェイスブックなどの大手テクノロジー企業で働くひとにとっては、飛躍の年だったにちがいない。自宅のデバイス上で動画をストリーミング視聴し、コメントを書き、「いいね！」を押すひとが増えれば増えるほど、視聴者数や視聴時間は増え、新しいモニターを購入するひとが増える。

データによると、今回のパンデミックで最大の影響を受けたのは、低所得世帯と高齢者だという。スーパーの店員や、地方の巨大鶏肉加工工場で鶏肉を切り分ける労働者たちは、エッセンシャル・ワーカーと認定され、気づけば危機の最前線に立っていた。

厄介なのは、世界が急速に変化したことだけではない。かつての日常が二度と戻らないくらいまで変化してしまった、という点だ。

これは変化とはいえない。破壊だ。

かつての日常は二度と戻らない

破壊的変化《ディスラプション》とは、大きな変化のことだ。どんな変化にも一定の適応は必要だが、必ずしもあなたの人生が一変するわけではない。子どもがあなたと一緒に車に乗るようになったので、とうとう車をマニュアルからオートマに変えたというのは、ごくふつうの変化だ。人生はそれまでどおりつづく。子どもができ、もう夫婦ふたりきりでなくなったというのは、破壊的変化だ。人生が元に戻ることはない。

二極化した政治にうんざりし、どの党にも嫌気が差して無党派として登録しなおすのは、大きな変化だが、あなたという人間は変わらない（あなたがプロの政治家で、地元の有権者から嫌がらせの郵便が届くようになった、というなら話は別だが）。自分の母国に愛想が尽き、文化や言語の異なる海外の国に永住すると決意するのは、破壊的変化だ。

気管支炎をこじらせてしまい、高齢のおばに感染させないよう、親戚一同が集まるクリスマス・ディナーを欠席するのは、確かに変化だが、二カ月後の誕生日祝いに顔を出せば、そんな出来事はすっかりなかったことになるだろう。しかし、一年以上、近しい家族以外にはハグできず、とくに屋内の公共スペースではいつもマスクを着けていなければならないのは、破壊的変化だ。

自分がいままでとはまったく別人になってしまった、まったく別の世界に住んでいる、と感じるなら、それは破壊的変化だ。破壊的変化には、個人的、地域的、世界的なレベルがあるが、筆者のデイヴは二〇二〇年にその三種類すべてを経験した。三月、妻のクラウディアが末期がんの診断を受けた。その診断は、一二月に妻が亡くなるまでの九カ月間のふたりの生き方を一変させ、そしてデイヴの人生を永久に様変わりさせた。八月、北カリフォルニアを襲った大規模な山火事は、彼の家の一、二キロメートル先まで迫った。彼の家は難を逃れたものの、親友たちは家を失い、山火事難民となり、何人かは土地を放棄して、二度と戻ることはなかった。そして、世界じゅうのひとびとと同じく、彼もまた予想だにしないコロナウイルス・パンデミックに巻きこまれた。つまり、個人的にも、地域的にも、世界的にも、二〇二〇年以降、彼の人生は永久に形を変えたのだ。

こうした破壊的変化への対応は、状況によって異なる。コミュニティが重要な役割を果たすからだ。その変化を体験しているのは、あなたひとりなのか？　あなたの家族だけなのか？　町のみんななのか？　あるいは、地球上の全員なのか？　それによって体験は大きく変わってくるけれど、かつての日常が二度と戻らない、という認識だけは共通している。

この文章を読むだれもが、現在や過去に破壊的変化を体験していると思う。それ以降、人生が二度と元へは戻らなくなってしまったような変化を。だが、本書ではこのあと、そんな体験を乗り越える方法をデザインするためのツールを紹介していく。すべての答えを提供できる、とはいわない。そんなことができるひとなんていないだろう。破壊的変化というのは、画一的な対応で乗り越えるには巨大すぎるし、いくら共通の体験とはいえ、その影響は一人ひとり異なるからだ。それでも、わたしたちはこの場を借りて、多くのひとにとって実際に効果のあった考え方を、ぜひみなさんと共有したいと思っている。きっと、あなたにとっても役立つと思うから。

わたしたちは、二〇二〇年の出来事とそれによる破壊的変化を経験して、こう結論づけた。今回の破壊的変化は新しい正常《ニュー・ノーマル》へと変わっただけでなく、もはや破壊的変化の発生自体が日常となりつつある。世界が縮小し、資源がいまだかつてなく逼迫《ひっぱく》するにつれて、多くのシステムに過剰な負荷がかかっている。気候変動、所得格差、人種差別、人工知能、世界規模のポピュリズムやナショナリズム、きれいな水の不足、化石燃料から再生可能エネルギーへの転換。そのすべてが、巨大な変化、破壊的変化の発生頻度が加速度的に上昇していることを物語っている。昔のひとなら、地域的・世界的な破壊的変化をいちども体験しないまま、一生を終えることもあった。その安定性こそが、愛するひとびとの誕生や死といった、避けられない個人的な破壊的変化と向きあうエネルギーになっていた。しかし、そんな古きよき日々はもう過ぎ去った。現代の世界では、人生を一変させるような破壊的変化は、だれにだって例外なく起こるし、その数は増えている。そうした破壊的変化の規模は大きくなる一方で、変化が起きてから状況が落ち着くまでの平均的な時間はどんどん長くなっていっている。だからこそ、破壊的変化をうまく乗りきるための特別なデザイン・ツールが必要なのだ。

名づけて、「破壊的変化のデザイン（ディスラプション・デザイン）」だ。

今日《こんにち》の現実のなかで、充実した楽しい人生を築き、職場で最高に輝きたいなら、破壊的変化に気づき、それを乗りきる方法をデザインする能力が必要になる。

破壊的変化のデザインは、現代生活の中核をなす新しい能力なのだ。

悪い知らせとよい知らせ

ただし、ここで悪い知らせがある（破壊的変化がどんどん増えるという予測だけでも、じゅうぶんに悪い知らせかもしれないが）。「破壊的変化のデザイン」は、どんな状況にも使える画一的なツールではないのだ。破壊的変化にふたつとして同じものなんてないからだ。二〇二〇年のパンデミック後の人生をデザインするには、たとえば、世界全体できれいな水が急に不足したときとは別の対応が必要だ。

その反面、よい知らせもある。破壊的変化の種類にかかわらず、「破壊的変化のデザイン」に必要なマインドセットは変わらない、ということだ（人間中心の視点をもつ優れたデザイナーのマインドセットと同じだ。ただし、巨大で、だれもが望まない、困難な変化を受け入れるいっそう広い心が必要になる）。そして、破壊的変化のデザインのプロセス全体は、真の破壊的変化すべてに共通している。

そのプロセスの第一歩は、わたしたちの現在地を知ること。そこは、わたしたちが「待合室」と呼んでいるものすごく厄介な場所だ。

第12章　わたしたちの現在地は？

待合室にいるとき、真っ先にしなければならないのは、戦略的な視点の転換だ。

二〇二〇年中盤、わたしたちはＣＯＶＩＤ－19パンデミックへの対応に苦労するひとびとの話を聞くうち、たびたびくり返される言葉に気づきはじめた。

新型コロナの終息が待ちきれない。早く元の日常に戻りたい！　もう我慢の限界！　いつになったら元の暮らしを再開できるの⁉

多くのひとは、パンデミックのせいでぴたりと時計が止まって、わたしたちの生活が保留中となり、全員で「待合室」に投げこまれたような気分になった。いわば、世界がふたたび息を吹き返しはじめるまで、パンデミックをやり過ごすための部屋だ。

待合室は、非常事態が起きたときに行く自然な場所だ。緊急車両のサイレンが聞こえてきたら、車を脇に寄せ、状況が落ち着くまで待つ。少しして、安全確認がとれたら、車を路上へと戻し、また走りだす。なんの問題もない、少々予定が遅れるだけだ。

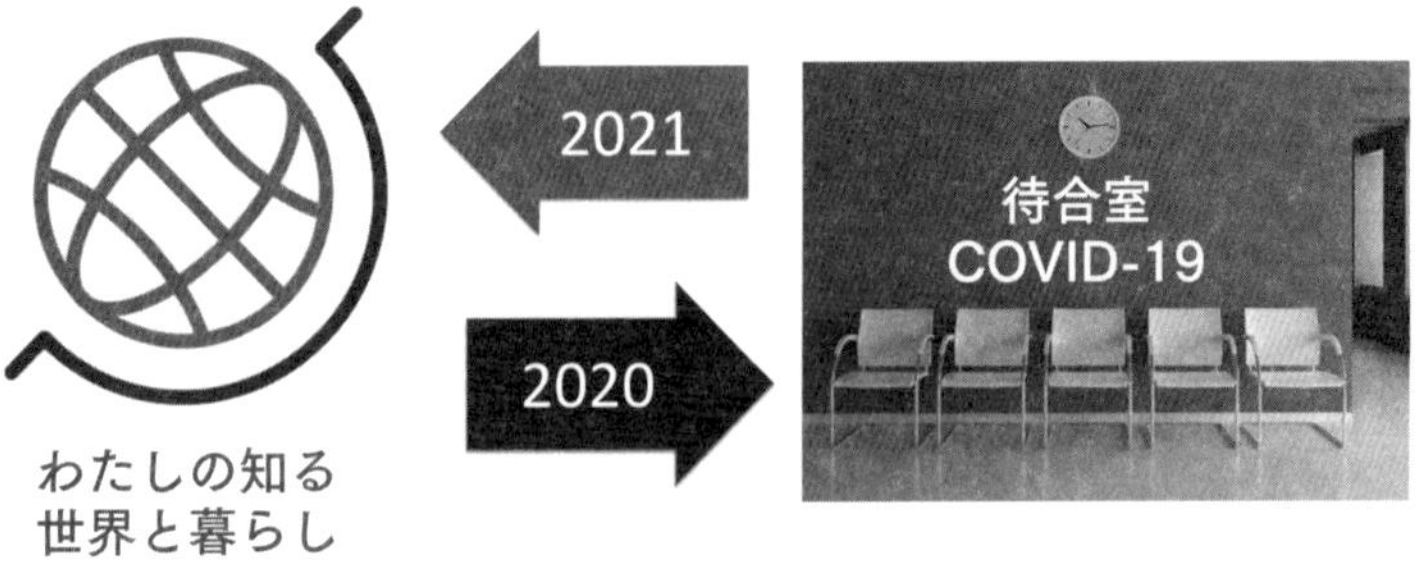

待合室で起こることはたったひとつ――待つこと。変化もなければ、状況を見なおすことも、計画を調整することもない。古くさい考えや行きづまり思考を捨て去ることもなければ、成長することもない。ただただ時が過ぎ、正常な状態が戻るのを待つだけだ（上図）。

人生には、待合室にいるのが最善の場面がたくさんある。しかし、破壊的変化の最中には、待合室で待ちつづけるのは最悪の行動だといっていい。

わたしたちの破壊的変化の定義を思い出してほしい。二度と元どおりにならないとわかっている変化だ。「古い世界」は保留中なわけではない。過ぎ去ったのだ。わたしたちが向かっている次の場所は、「新しい世界」だ。当然ながら、巨大な変化が到来したときに必要なのは、なるべく早く、そして最小限の痛みで、古い世界から新しい世界へと移住することだ。早く、その境界をまたぐ必要があるのだ。

ただし、ひとつだけ問題がある。実際には、そんなに単純な話ではないのだ。古い世界のすぐ次に新しい世界が来る、という二ステップのプロセスではない。実際は三ステップからなり、古い世界と新しい世界とのあいだに中間地帯がある。わたしたちが注目したいのは、その中間地帯だ（次ページ図）。

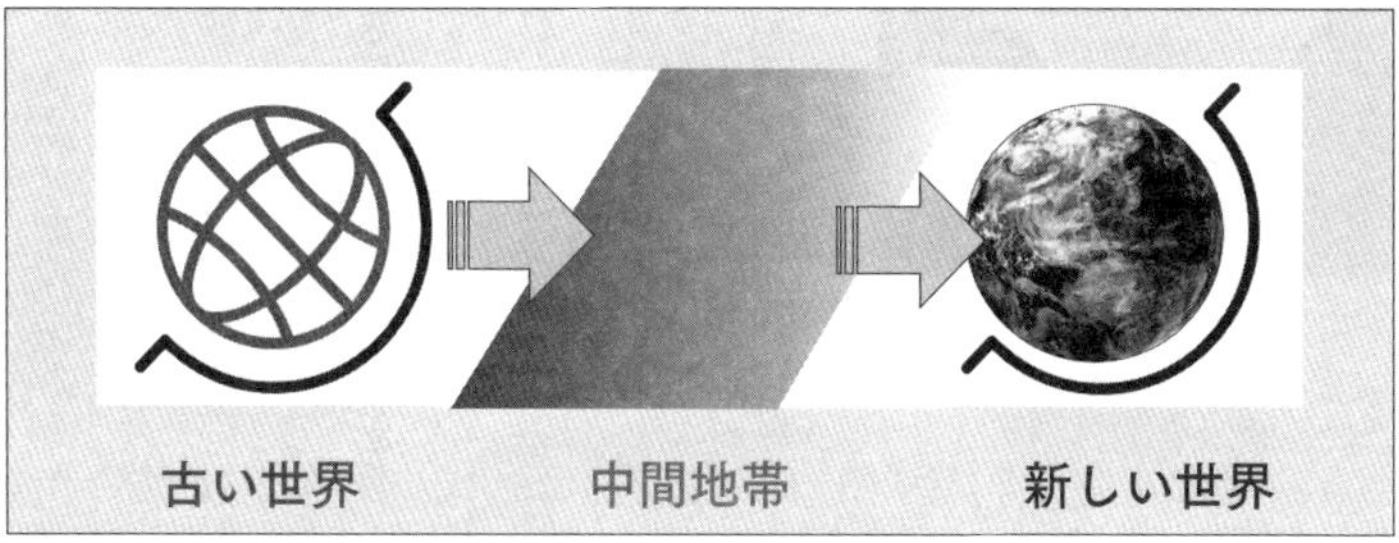

わたしたちはデザイナーとして、問題を正しくフレーミングすることの重要性を知っている。解決すべき問題に狙いを定め、その問題を現実的かつ対処可能な形でとらえることが必要だ。したがって、本章の冒頭の「わたしたちの現在地は？」という疑問に正しく答えることがすごく重要になる。では、わたしたちが破壊的変化のさなかに置かれているこの悩ましい中間地帯について、どう考えるのが最善なのか？その洞察をどこに探せばいいだろう？

迷いが生じたとき、デザイナーは「デザイン思考」に目を向ける。そして、デザイン思考の中心には、ひとつの絶対的な信条がある。「人間であれ」。デザイン思考の本来の専門的名称は、「人間中心のデザイン」という。人間的なアプローチを用いて、人間が有効に利用できるものをつくる、という意味だ。
この人間的な部分をうまくやれば、まちがえようがない、というのが根本的な真理だ。「人間であれ」というデザイン思考の信条は、人間が大昔から破壊的変化に対処してきたという事実を思い出させてくれる。破壊的変化は決して新しいものではない。新しいと感じるかもしれないが、最古の人類が洞窟を出たときから、人間は必死で破壊的変化に対処するすべを学んできた。巨大な変化が降りかかってきたとき、人生とどう向きあっていけばいいのか？ 今以上に、古来の知恵と現代の理論の両方を活かすのにふさわしい時代はない。

人間が大きな変化に見舞われたときに体験する三段階のプロセスには、実にいろいろなモデルがある。多くの古代の文化や伝統的な知恵には、生、死、再生からなる、なんらかの形の段階的な成長のサイクルが見られる。発達心理学では、大人になる過程において、依存、分離、自立（または児童期、青年期、成年期）といった話が出る。

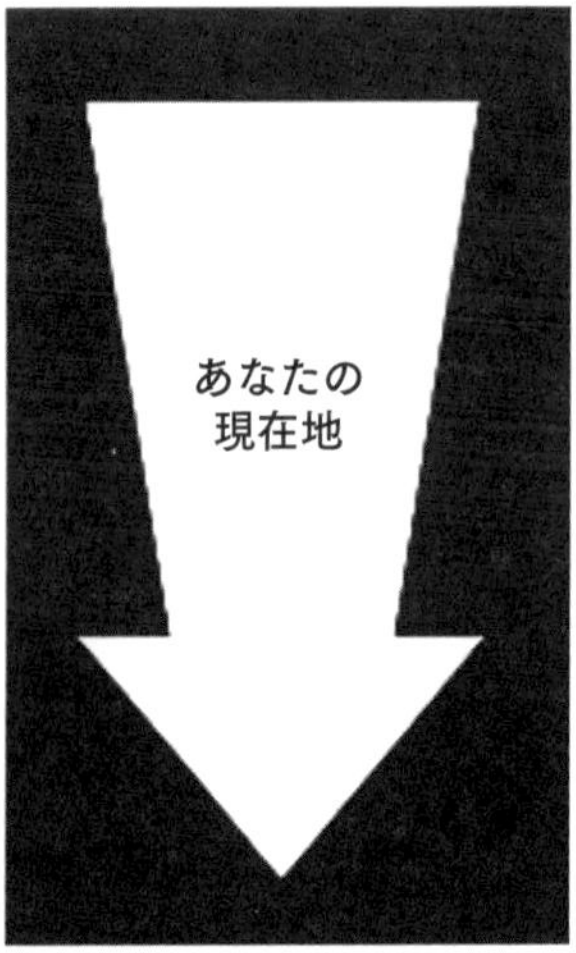

破壊的変化をデザインするうえでの考え方はこうだ。デザインはつねに「現在地」からはじまる。この点はあまりに重要なので、一冊目の著書では上のようなイラストを紹介した。

そして、先ほど話したとおり、パンデミックによる破壊を受けて、ほとんどのひとがいまいると感じている「現在地」は、待合室だ。そう思うのは自然な反応だろう。そこはすべてのひとにとっての出発

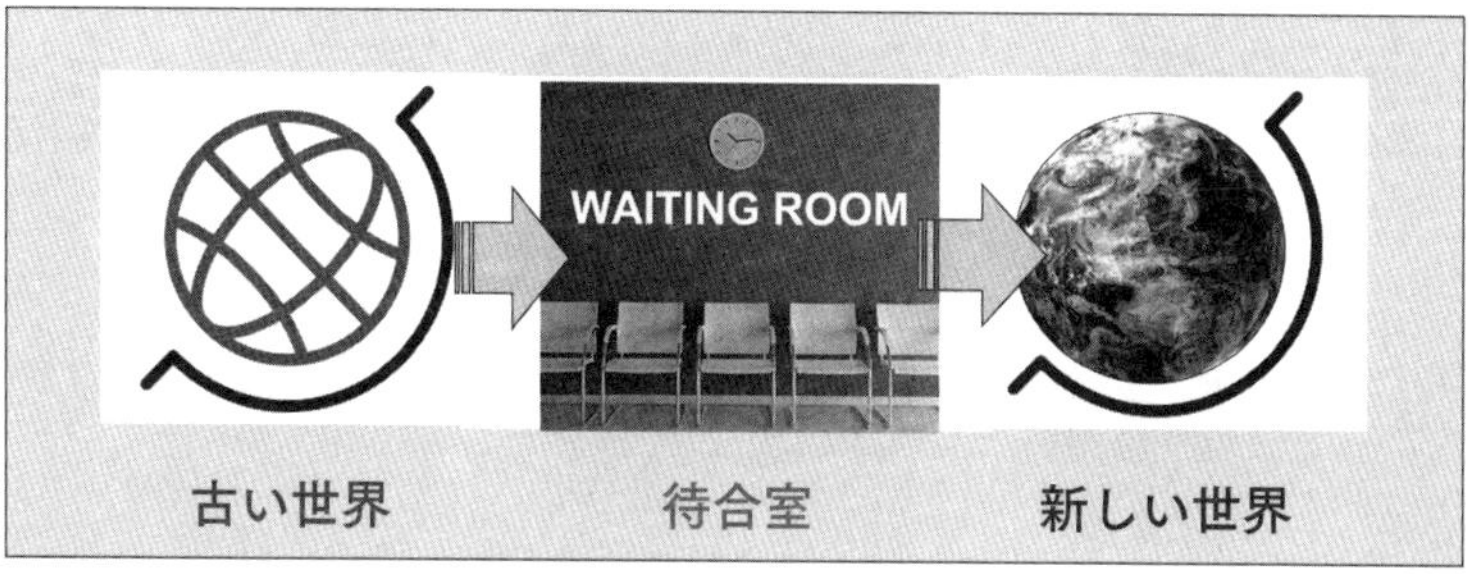

地だからだ。

　この待合室は、すべてのひとにとっての出発地なのだが、いつまでも居座るべき場所でもないし、まちがいなくデザイナーにとってよい居場所とはいえない。そこが悪い場所だとはいわない。待合室で待っていれば、未来が約束されている気分になる。なにか新しい出来事がこっちに向かってやってくる、という気分になる。それはよいことだ。しかし、正直なところ、待つのが好きなひとなんていない。待合室は、姿を現わしはじめた未来への移住には不向きな場所だ。期待はくるい、偏った見方は硬直化して、新しい世界へと足を踏み入れるのはどんどん難しくなる。

　破壊的変化のデザインの第一歩は、「待合室」を抜けだして、現実を受け入れるための空間へと入ることだ。その空間を、「受容地帯《アクセプタンス・ゾーン》」と呼ぶことにしよう（前ページ図）。

受容地帯は、待合室とは風景がかなり異なる。自分から頼んでいさせてもらうような場所ではないかもしれないが、自分が破壊的変化のさなかにいて、かつての日常が二度と戻らないことを認めれば、受容地帯に入りたくなる。そこが、行動を起こし、対岸に見える新しい世界へと無事に着岸するための戦略をデザインできる唯一の場所だからだ。

この視点の転換は、破壊的変化をデザインするための重要な戦略的一歩だ。しかも、必要なのはマインドセットを切り替えることだけ。そう複雑ではない。大きな変化が進行中で、あなたの古い世界が終わりを迎えつつあり、新しい世界がこれから到来する、という事実を受け入れさえすればいい。

受容地帯では、いまなにが起きているのかもよくわからないし、かつてのパラダイムにどんな変化が起きたのかもわからない。そして、いまの状況が新しい正常《ニュー・ノーマル》へと変わる時期やプロセスもわからない。それでも、いまの居場所を受け入れる。おもしろいのは、この受容地帯が、まだよく見えない新たな現実の原材料や期待感で満ちている、という点だ。まるで、時そのものがつま先立ちをして、新しい世界の到来を待っているかのようだ。

受容地帯は、破壊的変化のデザイナーにとって、ホーム・グラウンドのような場所だ。そこから抜けだす方法をデザインするには、まずそこに足を踏み入れなければならない。このことは一般論としてとらえてほしい。あなた個人とは関係ないし、あなたがそこに来るきっかけとなった破壊的変化の性質とも関係ない。重要なのは、あなたのパートナーが亡くなったとか、近所一帯が山火事で焼失してしまったとか、コロナウイルスのせいで仕事の世界が一変してしまったとか、そういう点ではない。未来への旅で、必ず最初に立ち寄らなければならない中継地、それが受容地帯なのだ。あなたは人間なのだから。

しかし、わたしたちはその場所が大きらいだ。できればいたくない。怖いし、そこへ行くには勇気がいる。多くのひとびとがずっと待合室に残ろうとするのも不思議はない。

変わるのは難しい。慣れ親しんだものをみすみす手放すのは、とくにそれが自分の選択でないなら、すごくたいへんだ。でも、その変化がどのみち避けようのないものなら、せめてなるべく早く新しい世界へと移って、いまよりも幸せな人生を築くほうがよくないだろうか。未来がどうなるのかわからないまま、またはどんな未来にたどり着きたいのかさえわからないまま、混沌とした受容地帯をさまよい歩きたいひとなんて、どこにいるだろう？

自分が二度と元どおりにならない巨大な破壊的変化のなかにいる、という事実を受け止めたなら、だれもがいちばん避けたいと思うのは、古い世界と新しい世界のあいだにある不毛地帯にとり残されることだ。「さあ、行こう！」と叫びたくなる。全速力でここを抜けだそう、と。

しかし、それはムリなのだ。たとえ、受容地帯をすっ飛ばして、すぐさま新しい世界に飛び移れる、と自分に言い聞かせたとしても、十中八九、そんな無茶は失敗するだろう。そしてこんどは、乗り越えなければならない喪失感をずっと多く背負ったまま、いっそう厳しい出発地から出なおすはめになる。

わたしたちのやり方はちがう。まずは、（1）自分が破壊的変化のさなかにいること、（2）その破壊的変化のせいで待合室へと追いやられたこと、（3）待合室にいつまでも居座りつづける必要はないこと、を受け入れる。そうすれば、自分自身の状況を新しい視点からとらえなおし、受容地帯へと入り、破壊的変化のデザインを使って変化を乗りきることができる。その視点の転換を成し遂げるには、正しい種類の「受容」が必要だ。

その種の受容を、わたしたちは「建設的な受容」と呼んでいる。

破壊的変化のデザイン目標①——建設的な受容を実践する

現実を受け入れること（＝受容）は、シンプルな行為なのだが、必ずしも簡単ではない。受容には三つの種類がある。

- 攻撃的な受容（oppressive acceptance）
- 抑圧的な受容（suppressive acceptance）
- 建設的な受容（generative acceptance）

この三つのなかで、わたしたちが実践したいのは「建設的な受容」なので、まずは残りの二種類の受容を見分けられるようにしておこう。ふたつともよくある受容の形ではあるが、あまり効果的とはいえない。

攻撃的な受容とは、不運な被害者がやりがちな行為だ。「なんてこった！　世界の終わりだ！　信じられない。どうしていつもわたしばかりがこんな目に？　最悪だ。どうしよう？」。わたしたちは破壊的変化に押しつぶされやすい。いままでの理解が成り立たなくなりつつあることに気づくと、わたしたちは直感的に現状を理解しようとする。しかし、その答えはまだないので、すぐに途方に暮れてしまう。わたしたちは物事を理解している状態、状況をコントロールしている感覚に慣れきっている。ところが、いざその状態が崩れると、海上を漂流している気分になる。こうした被害者の恐怖は理解できなくもないが、問題を過大評価し、自分自身を無力ととらえると、とたんに行きづまってしまう。

抑圧的な受容とは、ストイックな英雄たちがやることだ。「巨大な嵐が来そうだ。だが、心配いらない。なんとかなる。耐え抜けばいいんだろう？　幸い、それくらいのタフさはある」

このアプローチは、先ほどの被害者とはちょうど真逆だ。問題を過小評価することで、臆病者たちが恐れる場所へと突き進み、目の前の状況に押しつぶされないにしても、たちまち返り討ちにあってしまう。失敗した英雄は、ひどく行きづまると、たいていは困惑し、腹を立てる。それは前進の道をデザインする妨げになるだろう。

被害者も英雄も、現実をゆがめて理解することで、現実から目を背けている点にちがいはない。建設的な受容こそ、破壊的変化のデザイナーが目指すべきことだ。物事をありのままにとらえるデザイナーは、前進の道をデザインするすべを知っている。

「うわあ、本当に巨大な変化だ。いろんな物事が破壊されるにちがいない。この先、どこに行き着くのかはわからないけれど、状況が落ち着くまでしっかりとアンテナを張り、柔軟に適応していこう。果たして、なにがいちばん大きな影響を受けるだろう？　どんなふうに？」

破壊的変化のデザイナーのマインドセットは、まず受容からはじまり、すぐさま好奇心へと移っていく。受容地帯にいるときにいちばん大事なのは、疑問をもつこと。好奇心があれば、つねに物事に関心をもち、隠れている物事を探せる。つねに動きつづけながらも、焦ってなにかを解決しようとしなくてすむ。そして、物事に関心をもち、動きつづけることこそ、受容地帯で必要とされる行動なのだ。わたしたちの第一目標は、（現実を受け入れることによって）受容地帯へと足を踏み入れ、（積極的な好奇心を通じて関心を保つことによって）受容地帯を渡りきることだ。受容地帯を、未来がつまった場所、未来に備える時間を与えてくれる場所としてとらえなおすのは、大きな視点の転換だ。それが破壊的変化のデザインの第一目標なのだ。

悲痛が成長に変わる場所

破壊的変化は、最終的に喪失（多くの場合、大きな喪失）をともなう。つまり、最後に悲痛が待ち受けている、ということだ。エリザベス・キューブラー・ロスの研究は、悲痛のプロセスを理解するうえでの標準となった。悲痛のプロセスは、順不同で次の五段階の体験を経るといわれる。それは、否認、怒り、取引、抑うつ、受容だ。[1]

ライフデザインのプロセスは、次ページに示す六ステップからなる。ステップ0が受容だ。必ずデザインの出発点となるのが受容だ。自分が受け入れたくない問題は解決しようがないからだ。昔ながらの製品デザイン・プロセスは、ステップ1の共感からはじまり、受容はもともとあることが前提とされている。しかし、ライフデザインの場合、あまりにも厄介なステップである受容は、省略されることが多いからこそ、わたしたちは受容を明確にステップ0と定めている。

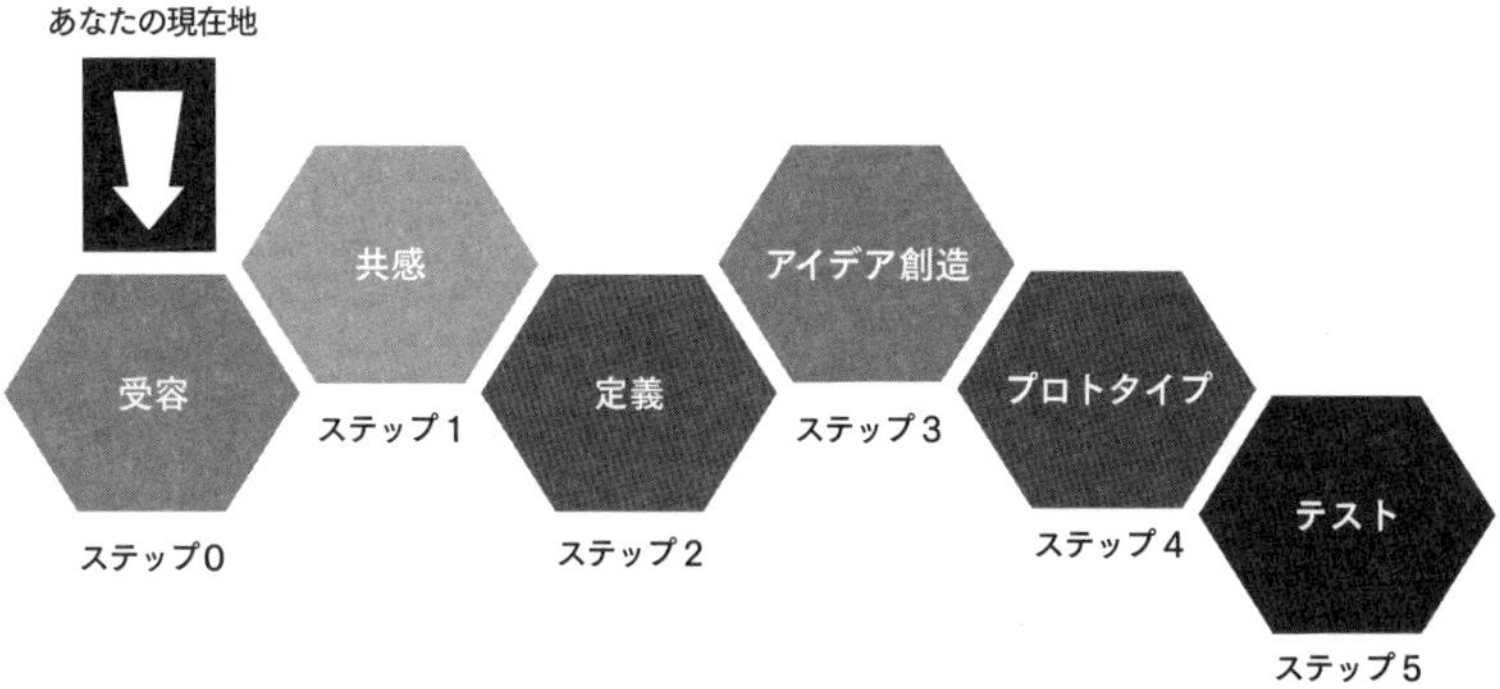

すべては受容からはじまるのだ。

ぜひ覚えておいてほしいことがある。悲痛は受容によって終わり、デザインは受容からはじまる。

破壊的変化には悲痛がつきものだ。二〇二〇年のパンデミックでは、全世界が多くのひとびと、関係性、場所、伝統、仕事、キャリアの喪失を嘆いた。その喪失はあまりに巨大で、喪失から立ちなおり、前へと進むには、悲痛を乗り越えることが避けられない。

しかし、悲痛が終わりを迎えたとき、わたしたちはどこに向かうのだろう？　いや、ひとはどうやって悲痛に片をつけるのだろう？　デイヴの妻は、本章の最初の原稿が完成するわずか八週間前に亡くなった。当時、彼は妻の死を忘れられる日なんて永遠に来ないと確信していたが、きっと妻の死を乗り越え、もういちど生き生きとした自分に戻れる、という希望（もっといえば自信）はなくさなかった。

喪失を完全に忘れるとまではいわなくても、乗り越える大きなきっかけになるのは、幸せで楽しい新たな人生へと向かう道を築きはじめることだ。悲痛をデザインの原動力にする。そして、デザインの力で悲痛を乗り越えていくのだ。

エリザベス・キューブラー・ロスの長年の共同研究者であるデイヴィッド・ケスラーは、エリザベスの死後、ふたりの研究を更新し、悲痛の六段階目として「意味の発見」を加えた。[2] ケスラーは、受容に至ることは必要だが、それだけではじゅうぶんでない、と気づいた。着実に前へと歩んでいくためには、喪失に意味を見出す必要があった。そうして見出された意味は、通常、前に進む方法という形で表われる。喪失から得られた教訓が、未来の自己へと統合されるわけだ。

二〇二一年一月、ケスラーは報道番組「PBSニュースアワー」のインタビューを受けた。それは、バイデン大統領が前年COVID‐19で亡くなった当時四〇万人のアメリカ人と全世界の二〇〇万人の市民たちをしのぶ追悼式典に出席した直後のことだった。ケスラーは、復興の難しさと、世界じゅうのひとびとが体験している悲痛の大きさについて語った。前に進み、新しい意味を見出すにはどうすればいいのか？　彼は、パンデミックがまちがいなく心的外傷性ストレスの大きな一因になることを認めた。パンデミックが終息するにつれ、だれもがPTSDのような症状をある程度経験することになるだろう、と。では、どう対処すればいいのか？　彼は、悲痛にできるかぎり建設的に対処すれば、受容のその先へと進み、新しい人生を見出し、心的外傷後成長を体験できるということを忘れないでほしい、と訴えた。そんな選択をしやすくする考え方や道具を紹介することこそ、本書の大きな目標のひとつだ。

あなたが本章をパンデミックの末期に読んでいるのであれ、あなた自身や世界の新たな破壊的変化の数年後に読んでいるのであれ、あなたが悲痛のプロセスを乗り越え、建設的な受容の段階に入り、有意義で新しい人生体験へと向かう道をデザインできることを心から願っている。パンデミックに教えられたことがひとつあるとすれば、それはわたしたちが同じ船の仲間であり、お互いを必要としている、ということだと思う。

受容地帯は、ハードルを低く設定してクリアするのに打ってつけの場所でもある。やる気がわいてくるようなちょっとしたデザイン活動を通じて、そのハードルをクリアし、前進と成長をつづけよう。きっともう、いつまでも待合室で行きづまることなんてなくなるはずだから。

破壊的変化のデザイン目標②——未来への道探しの達人になる

一般的に、現在地から目的地までたどり着くための戦略は二通りある。ナビゲーションと道探《ウェイファインディング》しだ。このふたつはまったく別物なので、あなたの状況にふさわしい戦略を選ぶことがなにより大事だ。

ナビゲーションとは、現在地（地点A）と目的地（地点B）、その道中に関する正確な情報に基づいて、最適なルートを決めるプロセスのことだ。この情報が手に入れば最高だ！　携帯電話が人工衛星からのGPS情報や巨大なインターネット・データベースからの地図データを使っておこなっているのがナビゲーションだ。わたしたちはあらゆる状況でナビゲーションを用いている。新しいレストランに行くとき。大型トラック免許の取得訓練の計画を練るとき。今日では、どこへでもナビゲーションで行けるのが当たり前だ。だから、わたしたちはどこへ行くにも真っ先にナビゲーションを使おうとする。

しかし、現在地と目的地がはっきりとせず、道中についてのデータがまったくないときには、ナビゲーションは役立たない。人生の多くはそうだし、破壊的変化はまちがいなくそうだ。あなたが変化や移り変わりを受け入れる「受容地帯」にいて、「新しい世界」（パンデミック後の〝次なる正常《ネクスト・ノーマル》〟）がまだやってきていないなら、ナビゲーションは使えないのだ。たとえば、あなたの会社が完全に在宅勤務になったので、生活費を抑えるため、中西部に引っ越すことになったとしても、あなたの家族のライフスタイルや友人のネットワークをつくりなおす最善の四ステップ、なんてものは存在しない。子どもに一日四時間オンライン授業を受けさせるかわりに、仕事を辞めて自宅で子どもに勉強を教えることにしたとしても（アメリカやカナダでは子どもを学校に通わせず自宅で学習させる「ホームスクーリング」が制度として認められている）、どういう教育方法があなたと子どもの両方にとって最適なのかを判断する近道なんてない。受容地帯にいるあなたが人生のGPSをオンにしようとしても、電波は圏外だろうし、マップは得られないだろう。

そういうときは、「道探し」こそが最善策どころか唯一の策といえる。

道探しの原理とはこうだ。まず、最善の予測に基づいて試す方角（目指す目的地、ではなく）を決め、ちょっとだけ進んでみる。そうしたら、いったん立ち止まり、現在地やそこから見える風景を観察する。先ほどの子どもの教育の例でいえば、三年生向けの学習教材を六種類ダウンロードし、それぞれからひとつずつレッスンを選んで、試してみる。次に、そのなかでいちばん効果的だったと思うものをひとつ選び、あなたの子ども特有のニーズに合わせて微調整してみる。そうしたら、適切な目的地までたどり着くか（自宅教育はうまくいっている！）、残りの道に迷わなくてすむだけの情報が集まるまで（学習教材の会社が紹介してくれた地元の助言者が、明確な成功プランについて助言をくれるかもしれない）、同じことを何度もくり返すのだ。

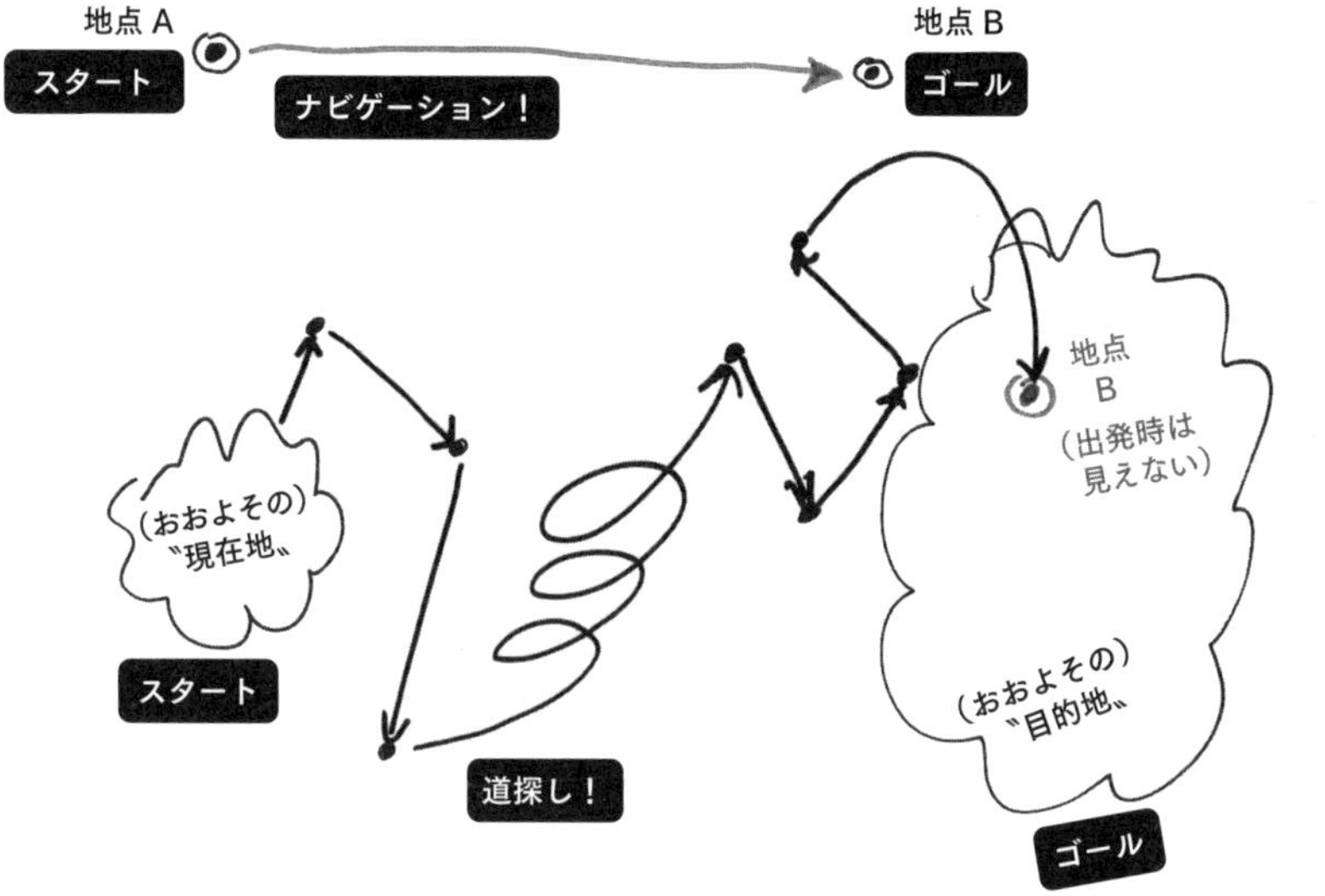

ふつう、デザイナーは道探しのほうを用いる。前人未踏のなにかを生みだそうとするのがデザイナーだからだ。じゅうぶんな情報に基づいた解決策や道筋なんて存在しない。だから、デザイナーが効率至上主義の餌食になることは決してないのだ。

効率至上主義とは、後戻りや回り道は時間や労力のムダであり、完全な失敗である、という考え方のことだ。この考え方は、最適な経路とは効率的な経路であり、いちばん効率的な経路とはもちろん直線である、という誤った前提に基づいている。

これは重要な気づきだ。あなた自身が未知の領域（上図の〝現在地〟と書かれている付近）にいて、未知の行き先（〝目的地〟と書かれている付近）に向かっているとしたら、上図のような道探しのルートこそが、実際にはこの旅のスタート地点とゴール地点を結ぶ最短経路だ。ウソじゃない！　この曲がりくねった長い道のりこそが、道探しにおける最短経路なのだ。それは、距離の単位ではなく、発見やプロトタイプの数といった単位で測った最短経路だ。

道探しの場合、いちどに一ステップずつ進んでいく必要がある。一ステップ進み終えるたび、それまで知りえなかった発見がある。そして、その一歩ずつの体験や発見こそが、前に進みつづけるうえでまぎれもなく重要な意味をもつ。当然、あとから見れば、少なくとも直線的に進むのと比べて、非効率的な道のりをたどったように見えるだろう。だが、そんなことは関係ない。前ページの図の道探しの旅に、直線的な経路がもともと存在するとすれば、それはただひとつ、あなたの脳内の誤ったイメージのなかだけだからだ。実際には、この図に示した回り道や後戻りも含めた八ステップのプロセスこそが、効率的で効果的なアプローチなのだ。小さなステップを重ねるたび、最終的に目的地へと近づいていっているのがわかる。

重要なのは、道探しがふさわしい場面で、ナビゲーションに頼ろうとしないことだ。たとえば、先ほどの自宅教育の旅に出たデザイナーが、一回のジャンプで目的地にたどり着けると思いこみ、一歩目と同じ軌道を進みつづけたら（つまり、〝賞を受賞した〟とかいう最初の学習教材を使いつづけたら）、どうなってしまうだろう？　自分の子どもに合っているかどうかなんておかまいなしに、たった一回の大ジャンプで「自宅教育を受ける幸せな子ども」という目的地までたどり着くと期待して、毎回同じ教材を使いつづけたとしたら？　そんなことをすれば、大きく道をはずれ、目的地にたどり着くのは恐ろしく困難になっていただろう。一歩を踏みだしたら（ひとつのレッスンを試したら）、いったん立ち止まり、すぐさま教訓を活かして、進路を調整する（もしかすると、自分の子どもには読み書きの勉強よりも実践演習のほうが必要だとわかるかもしれない）。そうすれば、最短の時間で目的地にたどり着けるだろう。

状況が許すかぎり、道探しを使おう。そして、道探しにぴったりの場所があるとすれば、それは受容地帯なのだ！

仕事の新しい未来に備えよう

受容地帯からでは、新しい世界がまだぼんやりとしか見えていないのに、どうやって道探しをすればいいのだろう？　次への一歩を踏みだすには？　古い世界の終わりを好奇心の源に変え（「うーん、これからの新人研修はどうおこなうのがいいだろう？」）、第7章で詳述した、「好奇心をもつ」「ひとびとと話す」「やってみる」「物語を語る」というシンプルな四ステップのプロセスを使って、前進の道を築いていけばいい。

ただし、受容地帯では、このプロセスの目的が異なる。目的は、あなた自身の未来のワークライフの新たなアイデアをデザインすることではない。受容地帯を渡りきることだ。そして、新しい世界が姿を現わしはじめたとき、未来に即対応できるようにすることなのだ。

パンデミックが広がるにつれ、ほとんどのひとの仕事が大きな影響を受けることは明白になった。仕事を失うひとが数多く現われ、すべてのひとの仕事がたいていは劇的な形で変化した。多くのひとが在宅勤務となり、出社するにしても仕事の場所やプロセスはすっかり形を変えた。会話の場所は部屋のなかからネット上へと変わり、共同作業や社会生活の形は一変した。一方で、だれもがそれまで興味のなかった疫学、病気の伝染、衛生について学ぶようになった。こうした変化はどれも、世界が落ち着きをとり戻すまでのあいだ、つまりわたしたちが受容地帯を渡りきるまでのあいだ、どういう道探しが必要なのかを示唆している。

こうした変化は、いわば好奇心をもつことへの「招き」なのだ。オンライン・コミュニティの形成方法について理解を深めることもできるし、リモートでのいろいろな仕事のしかたを試すこともできる。あなたが仕事を失ったなら、働いている友人たちのリモート・ワークをこっそり観察して、友人たちの仕事や世界の様子を調べることもできる。COVID－19について深く学ぶさまざまな方法を試し、どの方法が学習に有効で、どの方法が有効でないのかを確かめ、ほかのひとびとの体験と比べることもできる。情報はどう広まるのか？　ひとびとの学習の手助けをするのがうまいのはだれなのか？　新しいことをしているひとは？　していないひとは？　あるいは、あなたの雇い主が仕事のプロセスをどう調整しているかにじっくりと注目し、上司の考え方や優先事項の変化を探りだすこともできるだろう。

受容地帯では、最終的に状況がどう変わるのかはわからないとしても、どの部分が変わりそうなのかはわかる。自分が破壊的変化のなかにいて、かつての日常が二度と戻らないという事実を受け入れれば、その元どおりにならない物事の多くはすでにわかっているはずだ。そこが出発点になる。まずは、変化しつつある物事に対して好奇心をもつのだ。そうした物事はいわば未来を指し示すシグナルなので、デザイナーの好奇心をもって追いかけてみよう。そのプロセスをくり返していれば、あなたは未来に対してだれより準備万端な人間になれるだろう。受容地帯の終わりが近づいていること、そして対岸にあるものに、いち早く気づけるのだ。

わたしたち筆者が二〇二〇年の大半の時期を通しておこなったのは、まさしくその作業だ。二〇二一年を迎えるころには、パンデミック後の世界がいったいどう機能するのか、仕事のデザインに関するどんなアイデアがとくに役立つのかが、おぼろげながらに見えてきた。

以降の数章は、その活動の集大成といっていい。このあとの章では、二〇二一年以降の世界の新たな制約や機会を最大限に活かすためのデザインのアイデアやツールを紹介していく。それらはただの過渡的なツールではない。これから長くつづいていく未来（新しい正常《ニュー・ノーマル》）にとっての新たな中心的ツールなのだ。本書の最初の一〇章で説明したツールはどれも、それらが対処する職場の問題や課題が新しい世界でも継続するかぎり、引きつづき使えるので、どうか安心してほしい。これから紹介するのは、新しい正常《ニュー・ノーマル》が定着し、やがて単なる「正常」へと変わっていくなかで、あなた自身が成功し、成長していけるワークライフを築くのに使える追加ツールだ。

少なくとも、次なる破壊的変化が訪れるまでは。

第13章　破壊的変化をデザインする

わたしたちはいま、世界的なパンデミックがもたらした変化が、あなた自身、あなたの仕事、家族、ライフスタイルに及ぼす影響を、確実に予測することができない世界にいる。前にも述べたとおり、わたしたちは高い不確実性やあいまいさのなかにいるが、そのこと自体は問題ない。あいまいさに対処するすべを知っているのがデザイナーだから。そもそも、デザイナーはつねに未知の未来に向けてデザインをおこない、世界にとって新しい製品やサービスを生みだしている。だから、わたしたちが訴えるマインドセットや、本章でお教えするツールは、パンデミックの時期にも通用するし、どんな急激で予測不能な変化の時期にも等しく役立つのだ。

ほとんどのひとは、パンデミックにかぎらず、自分の仕事にいつ変化が起きてもおかしくない、ということを理解している。グローバル化によって仕事の再分配が急速に進んでいる昨今では、そうした変化にいやおうなく対処させられることも多い。ＡＩや機械学習の分野では、一〇年前にはほとんど存在すらしなかった新しい仕事が生まれ、一部のひとびとに機会を生みだす一方、ほかのひとびとの仕事を奪っている。人件費の高騰。絶えず生産性を向上させなければならないというプレッシャー。それらはあらゆる業界で変化を突き動かす容赦ない原動力となっている。

前々章と前章で、破壊的変化をデザインするには、待合室にいるという見方をやめて、クリエイティブでオープンなマインドセットをとり入れることが大事だと話した。COVID－19による破壊的変化に一筋の希望があるとすれば、それはわたしたちが受容地帯にいるあいだ、新しい働き方、新しい共同作業のしかた、新しいプロジェクト・チームや社風の築き方をいやがおうでも学ばされた、ということだ。これらはパンデミック後の未来へと進むうえできっと役立つはずだ。

本書では、「ハードルを低く設定し、クリアしよう」というアドバイスを呪文のようにくり返してきた。成功の鍵となるのは、あなたが望む変化に向かって、積極的に小さな一歩を踏みだすことだと思う。新しいマインドセットは、一夜にして身につくものではない。好奇心や行動主義といった新しいマインドセットをとり入れるまでには、何度も山と谷がある。本章で紹介する新たな時間管理ツールのように、ツールをしばらく使ってみては、だんだん使わなくなる、ということがあるだろう。重要なのは、なにかを変えるという強い意志、忍耐力、やり抜く力なのだ。

多くの変化が怒濤のごとく押し寄せてくるストレスフルな時代では、活動に優先順位をつけることが必要になる。すべての物事に対等なエネルギーで対応することなんて不可能なので、解決する問題を慎重に選び抜こう。このアドバイスもまた、世界規模の破壊的変化の最中だけでなく、子どもの誕生、解雇、愛するひとの死など、巨大な変化の最中ならいつでも成り立つ。あなたのコントロールできない物事が、あなたの世界を不可逆的な形で大きく変えようとしているときなら、いつでも使えるのだ。だれもが、次なる変化に備えるための危機管理ツールを必要としている。

だからこそ、真の問題を選ぶことがいっそう重要になるのだ。問題発見はデザイン思考の最初のステップであり、最良の問題（もっとも切羽つまった問題や重要な問題）を見分けることが、暴走しているようにしか見えない世界ではいっそう重要になる。いまこそ、第3章で紹介した視《り》点の転換《フレーミング》の技法を身につけ、あなたの世界で対処可能な最小限の問題（MAP）や実行可能な最善の選択肢（BDO）を見つけるべきだ。

いますぐ、ハードルを低く設定し、あなたの問題を対処可能な形、現時点でいちばんシンプルな形へと置き換え、その解決に最善の努力を捧げよう。不要なとり越し苦労をしたいひとなんていない。だから、あなたの問題や対応に優先順位をつけることは、現在や未来の現実に対処する最適な方法なのだ。

新時代で重要になる五つの行動

わたしたちは、仕事の未来や、そのことがひとびとのライフスタイルに及ぼす影響について調べた結果、あなたが検討するべきなのは次の五つの行動だと予測している。

・**ハイブリッドな働き方に移行する。**在宅ワークを導入することのよい面と悪い面に対処しよう。
・**信頼社会への大きな転換を受け入れる。**信頼は説明責任をともなうことを理解しよう。
・**コミュニケーション・スキルを磨く。**あなたの仕事の貢献を認めてもらえるよう、伝える力を身につけよう。
・**仕事を再構築する。**仕事の場所と方法、その両方をつくり替えよう。

・**あなたのデザイン・チームを築く。**いままで以上にチームの必要性が増している。参加者、サポーター、身近なひとびととの共同作業は、「過激なコラボレーション」の建設的で楽しい形のひとつだ。

もう察しがついているかもしれないが、本章では、この五つの問題すべてに対処する見方やツールを紹介しよう。

オフィスで働く時代はほぼ終わった

CEO（最高経営責任者）やCOO（最高執行責任者）、大小さまざまな企業の経営者たちに話を聞くと、みな一様に、近い将来〝通常〟のオフィスワークに戻るつもりはない、と口を揃える。あなたがパーテーション・デスク、ロビー、休憩室、大きな窓つきの副社長室などが揃った伝統的なオフィスで働いているなら、労働者を一カ所に集める働き方は、終わったに等しいといっていいだろう。二〇二〇年のパンデミック以前でさえ、ほとんどの会社が週に数日、またはときどき、一部の知識労働者《ナレッジ・ワーカー》の在宅勤務を認めていたくらいだ。

それどころか、今後は戻るべきオフィス（少なくとも、いままでのような規模のオフィス）自体が存在しなくなるかもしれない。ある世界的なオフィス家具およびパーテーション・デスク・メーカーのデザインおよびイノベーション担当責任者と話をしてわかったことがある。オフィスの内装は、非常に高額なものも含めて、オフィスのコスト全体の五パーセントしか占めておらず、残りの九五パーセントは賃料が占めるのだという。近い将来、この高額な賃料を出費する企業は、それだけのコストをかける価値を株主に対して合理的に説明する必要が生じるだろう。大組織の経理担当者たちは、全員が在宅勤務し、オフィスを閉めて賃貸契約を解除すれば、とんでもない額の経費が浮く、と気づきはじめている。一部の大手テクノロジー企業は、本社から一定距離離れて暮らす労働者に金銭的なインセンティブを提供することで、この新たな未来に備えている。

航空会社が搭乗券を印刷していた時代を覚えているだろうか？ ある日、航空会社は、顧客に自分の紙とインクで搭乗券を印刷してもらえば、多額（業界全体で一〇億ドルとの試算もある）[1]の節約になると気づいた。現代のオフィスにも、同じことが起こるだろう。

あなたが雇い主のためにオフィスを自前で用意する日が来るのだ。

実際、二〇一九年に上場したネット系新興企業《スタートアップ》のピンタレストは、九〇〇〇万ドルの違約金を支払ってまで、サンフランシスコの真新しい世界本社の賃貸契約を解除した。将来的に、そこまでのスペースが必要になるとは思えない、というのがその理由だ。[2] これは、そう遠くない未来のトレンドのほんのはじまりにすぎない。あなたの会社がフルタイムのオフィスワークに戻りたくなったとしても、他社との競争という財務的な現実によって、おそらく断念するはめになるだろう。CEOが巨大な役員室を設け、ふたたび全従業員をパーテーション・デスクに座らせて仕事を監視したい、と言いだしたとしても、そんな日常が戻ってくる可能性は低い。市場アナリストたちはそんな会社の株式の格づけを引き下げるだろうから。

おそらく、オフィスワーカーが大半を占める会社は、旧来のオフィスワークの形に戻ることはないだろう。むしろ、オフィス・スペースを大幅に縮小し、週一、二回の出社に関する契約手続きを定め、新たに信頼を獲得した従業員たちに、好きなだけ在宅勤務をさせる可能性が高い。わたしたちが話を聞いた会社の多くは、在宅と出社の割合を三対二、さらには四対一にする予定だそうだ。これは全員にとってよりよい働き方といえるのではないだろうか。だから、こうした働き方に慣れ、自宅の仕事場を最適化していくほうがいいと思う。この話題については、すぐあとで。

また、これは知識労働者だけの話で、現場で仕事をしている自分は今後も〝オフィス〟への通勤がつづく、と思っているなら、考えなおしてほしい。なにかをつくるために人間が物理的に出社しなければならない製品メーカーは、今回のパンデミックを口実に、工場の完全ロボット化を加速させている。その流れはもともとあったので、パンデミックは変化をスピードアップさせているにすぎない。ロボットは病気にならないし（おまけに、健康保険も不要だし、労働組合も結成しないし、ストライキもおこなわない。ただ、それは別の話だ）、パンデミックの最中も休みなく働いてくれる。この波があなたの業界に訪れたら、明らかに工場で働くあなたにとっては、大きな破壊的変化になる。これもまた、あなたの仕事やスキルをデザインしなおすことについてクリエイティブに考えはじめる有力な動機になるだろう。

職場そのものの概念を見なおす

最近、世の中では大規模なインターネット・ディアスポラ（集団移住）と呼ばれる現象が起きている。その極端な形のひとつが、好きな場所で働くというトレンドだ。一部のひとびと、とくにまだ住宅ローンや子どもの通学について心配しなくてよい若い労働者たちが、リモート・ワークを現実的なライフスタイルのひとつとして選択している。ハワイやバリに移住してサーフィンやシュノーケリングを楽しんだり、夏はヨセミテ国立公園、冬はカナダのお気に入りのスキー・リゾートで過ごしたりするのだ。バルバドス、バミューダ、エストニアなどの国々は、リモート・ワークについていることを証明できれば、好きなだけ国内に滞在できる労働ビザを提供しているそうだ。[3]

あなたがその層にあてはまるなら、人生をまるごとデザインしなおしたいという衝動はかなり強いだろう（前著『スタンフォード式　人生デザイン講座』に登場した過激な冒険プランのように）。あなたは楽園のような場所にある超クールな〝オフィス〟で働けるし、あなたの会社は高額なオフィス・スペースや家具が必要なくなるし、エストニアはテクノロジー企業の手厚い給料の一部を地元のスーパーに落としてもらえる。全員の勝利だ。シリコンバレーの新興企業《スタートアップ》「キボ」は、「スプリンター」というモデルのキャンピングカーを購入し、デジタル・ノマドたちの完全な移動式コミュニティをサポートしはじめた。ノマド・ワーカーたちは、車で地方を走り回り、キボ・クラブハウスと呼ばれる高速インターネットや共用キッチンを完備した施設にときどきチェックインする。まさにキャンプグラウンズ・オブ・アメリカ（ＫＯＡ）（全米およびカナダ全土にネットが使える数百カ所のキャンプ場を所有する会社）の現代版であり、好きな場所で働くというトレンドと、どこでも使えるグローバルな高速インターネットが実現した働き方といえる。

次のトレンドは？　アメリカ領海の外に浮かぶ人工島で、ラップトップを叩きながらパーティーに明け暮れる、ギグワーカーたちの〝デジタル海賊〟コミュニティなんていかが？　次なる起業のビッグ・アイデアになるかもしれない。よければ、ぜひ盗んでほしい。

キャンピングカーで暮らしたくないなら、または住宅ローンや子どもの学校のことがあるので在宅勤務を希望するなら、あなたはある意味、二〇世紀初頭の村の暮らしに戻ろうとしている。パン屋や靴屋の主人が店の二階で暮らしていた時代だ。産業革命前、ひとびとが産業の中心地へと移住して工場で働くようになる前は、〝在宅〟勤務がむしろ当たり前だった。パンデミック後、その生活が未来へと戻ってきた。多くのひとがまた〝店の二階で暮らす〟生活を送っているのだ。これは多くのひとびとに前向きな結果をもたらしている一方で、大きな副作用もある。

メリットは、通勤がなくなれば、より少ない時間で同量の仕事をこなせるし、満員電車の車内で過ごさずにすんだ余分な時間を、いっそう生産的に使えるということに、みんなが気づきはじめている、という点だ。また、平均的な労働者が、仕事に費やす時間をいままでとはちがう形で管理できるようにもなる。週に何日か、仕事の開始を遅らせて、子どもに朝食をつくる必要があるとしても、なんとかなる。昼間に買い物へ出かけたいなら、カメラを切って席を立てばいい。荷物を日中に配達してもらいたい？　問題ない。どうせ一日じゅう家にいるのだから。いまや従業員としての信頼を勝ちとったあなたは、スケジュールをくみ換える許可を求める必要なんてない。あなたの一日をデザインし、ライフスタイルに合わせて時間を管理する自由は、学校や託児所が正常に機能しているならなおさらありがたい。

デメリットは、この好きな場所で働くライフスタイルが、新しい種類のオーバーワークにつながっているという点だ。わたしたちはそれを〝無境界〟型のオーバーワークと呼んでいる。仕事が廊下のすぐ先の空き部屋やワンルーム・アパートのキッチン・テーブルにあるなら、仕事と私生活の物理的・心理的な境界はなくなってしまう。いままで、わたしたちは場所を移動し、気分を切り替えることで、一日のさまざまな時間帯を区切っていた。それがすべてなくなったのだ。当然、物事の終わりとはじまりを区別するのは難しくなる。

パンデミックの前、ビルには素敵な日課があった。サンフランシスコのドッグパッチ（地名の由来は不明だが）という地区に住んでいる彼は、毎朝、妻にキスをして出かけ、四ブロック歩いて地元のカフェ「ラ・スタツィオーネ」でラテとマフィンをとり、駅まで歩いていた。四〇分後、スタンフォード大学のキャンパスに着き、オフィスまで歩いて、一日をはじめる。

ビルにとって、職場にいる時間と自宅にいる時間の区別は完全に明確だった。準備の時間、通勤の時間、リラックスの時間が、一日のリズムのなかに自然とくみこまれていたのだ。ところが、パンデミックの最中、彼だけでなくすべてのひとにとって、こうした時間的な区切りや物理的な区切りがなくなり、仕事と私生活の移り変わりが消えてしまった。これが時間と空間のあいまい化や、不健康な運動不足の生活へとつながった。

このことがうつや重圧感の増加につながるという証拠がある。[4] これはまちがいなく健康的でない。このハイブリッドな働き方は、おそらく新しい正常《ニュー・ノーマル》へと変わるので、自分自身の心や体の健康を管理しようと思うなら、より高い意識が必要になるのだ。

日常体験をデザインしなおそう

医師や心理学者たちは、仕事の一日を運動、さまざまな種類の認知的作業、社会的交流に分けることが、健康にとって重要だと口を揃える。ハイブリッドな働き方をするなら、あなた自身の責任で、日々この三つの活動をバランスよく配分しなければならない。この自律的な働き方を成功させたいなら、意識して時間を管理する必要があるのだ。デザイナーはつねに体験をデザインしている（ディズニーランドの行列だってそうだ）。そして、この境界のない新しい生活では、きちんとした体験のデザインが必要になる。

紙でもオンラインでもかまわないので、あなたの日々のスケジュールを分析して、「開始と終了の瞬間」「集中した仕事の時間」「社会的交流の時間」「体を動かす時間」の四種類の体験に振り分けてみよう。

次ページに紹介するのは、ビルのスケジュールの実例だ。スタンフォード大学春学期の典型的な一週間のスケジュールを、先ほどの分類に従ってマーキングしてみた。

お気づきのとおり、ビルは毎日、朝食を妻のシンシア（シンディ）と一緒にとっている。また、「帰宅」という項目も必ずある。これらが「開始と終了の瞬間」にあたる。さらに、彼は「出勤」にまつわるちょっとした社会的・物理的な儀式もデザインした。妻に「じゃあ、行ってくるね」と言ってキスをし、階段を下りて予備の寝室兼オフィスに入り、ドアを閉める。これで〝職場〟に到着だ。また、「帰宅」にまつわる習慣もデザインした。マックのラップトップを閉じ、寝室のドアを閉め、オフィスから階段をのぼって、妻に「ただいま」と言ってキスをし、快適なTシャツとパンツに着替える。この体験のデザインで彼が心がけているのは、一日に「開始と終了の瞬間」をきちんとくみこむことだ。彼は「仕事」を、妻へのキスという社会的な儀式と、階段ののぼり下りや着替えという物理的な儀式でサンドイッチした。こうした瞬間が、彼の一日の

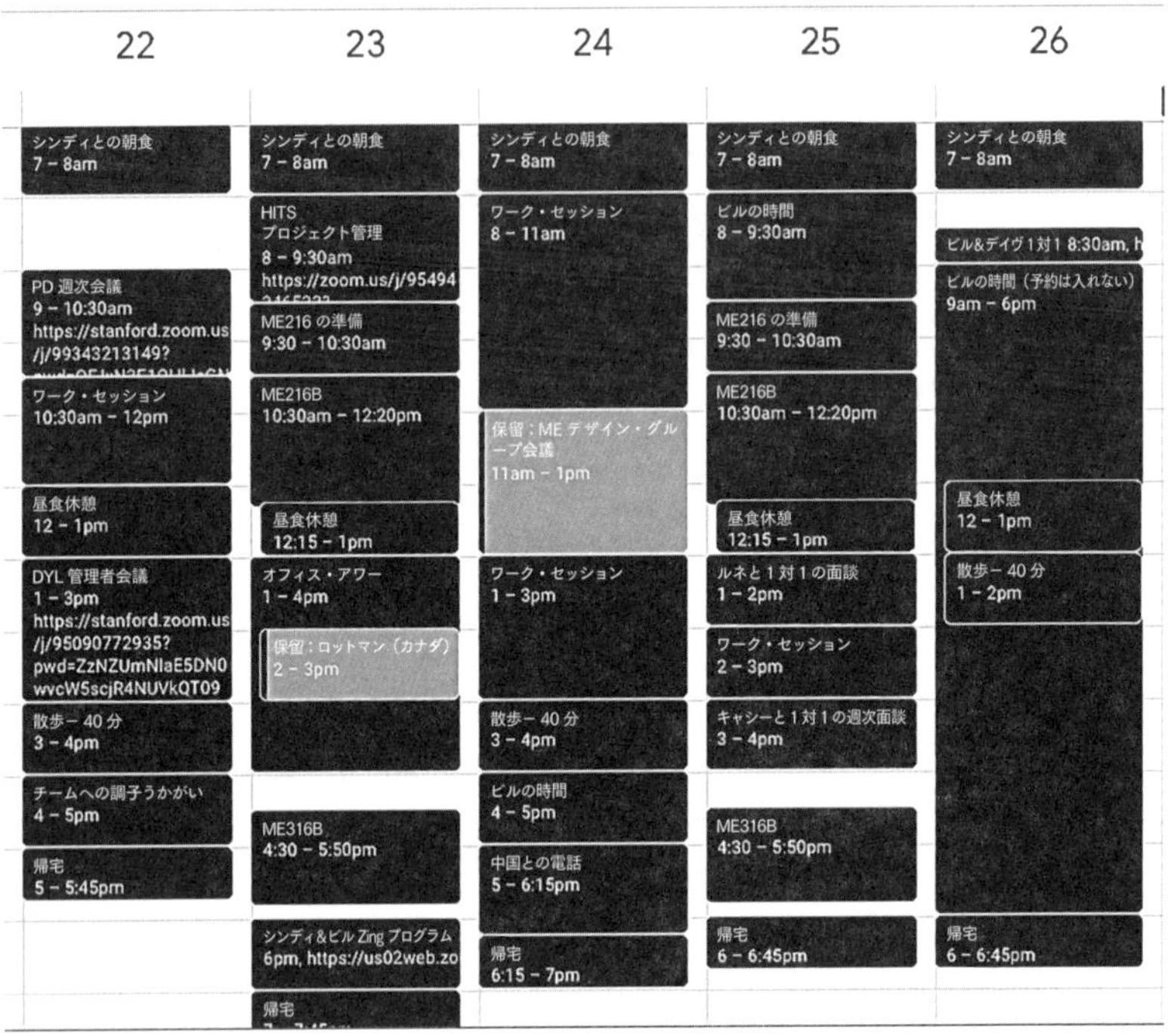

開始点と終了点を刻んでいるのだ。

　こうした小芝居は、初めて試した週は少しくだらなく感じたが、いまではむしろふたりとも楽しみにしている。そして、シンシアが仕事の一日を開始したり終了したりするのにも役立っている。

　このようにしてデザインされた瞬間は、ビルの一日に意図的な形で境界を定めた。同じことは、彼の日々のスケジュールについてもいえる。彼はどんなに短くても昼食休憩をとるようにしているし、兄弟姉妹の時間が空いているときには、ちょっとした調子うかがいと交流のため、食事中にときどきテレビ電話を

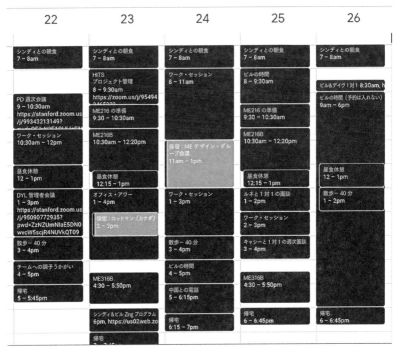

している。また、毎日、サンフランシスコの有名な丘をのぼる四〇分間の早足での散歩もしている。iPhoneで追跡しているペースを守れば、四〇分間で五〇〇〇歩は歩ける。彼は会議つづきの午前を終えたあとに元気をとり戻すため、昼間にこの散歩をくみこんでいる。彼の優秀なアシスタントのルネもまた、自身のスケジュールに「ビルの時間」なるものをくみこんでいる。彼が実際に書きものをしたり、課題を採点したり、新しい講義を練ったりする時間帯だ。この時間をくみこむことは絶対に欠かせない。はやりの言葉を使うなら「ディープ・ワーク」の時間だが、要するに、だれにも邪魔されずに仕事に深く集中できる時間のことだ。こういう工夫をしなければ、だれにも邪魔されない時間は、〝仕事〟を終えたあとの夜間だけになってしまうだろう。

あなたの一日のリズムに注目するのを忘れないでほしい。前著で、あなた自身のエネルギーを追跡するツールを紹介した。[5] 在宅勤務の自由を楽しみつつ成功したいなら、必ず一日の開始と終了の瞬間に特別な注目を払うようにしよう。

子どもがいるひとでも仕事をデザインしなおせる

多くの研究によると、アメリカにおいてパンデミックが健康に及ぼす影響は、労働者階級、女性、有色人種で不釣りあいに大きいという。パンデミックは、収入や医療の格差にスポットライトをあて、だれもが人生のデザインという点で等しい特権をもつわけではない、という現実をさらけだした。このことは、配偶者や近隣の家族のサポートを受けることなく、子育てと仕事を両立している若い母親や父親にとりわけよくあてはまる。

前に登場したダニーは、そんな若い母親のひとりだ。彼女にとっては、先ほど紹介したような時間管理ツールがすべてだ。一日、ましてや一週間を乗りきろうと思ったら、分刻みで時間を管理することが欠かせない。幸い、彼女は高報酬のリモート・ワークについており、お給料の心配はない。彼女のような、子どもの世話をするひとにとって、いまは計画的なオーバーワークの時期といっていい。「ハードルを低く設定する」手法を念頭に置き、遅れをとりすぎないことだけを目標にしよう。大事な物事を最優先にして、残りはすべてあと回しにすればいいのだ。子どもが学校に戻れば、状況はきっとよくなる。それまでは、子どもとの時間や社会的な時間をなるべく多くスケジュールにくみこみ、主体性や主導権を働かせよう。研究によると、たとえ資源がかぎられていても、自分で選択できるという感覚、自分の責任で資源を配分できるという感覚が、大きなちがいにつながることがわかっている。厳しい制約のもとで適切な選択をする——それこそが、わたしたちの考える主導権の定義だ。

それと、子どもが寝入ったあとのワインさえあれば、いまのところはそれでじゅうぶんだ。

信頼社会への大きな転換を受け入れよう

率直に言おう。二〇二〇年以前、在宅勤務が一部の管理職だけにかぎられていたひとつの理由は、上司や管理者たちが従業員を〝監督〟しなければ、と感じていたからだ。いわば、自分が監視できるオフィスへと、従業員を閉じこめておきたかったのだ。すべては信頼の欠如の問題だった。「はじめに」で書いたように、アメリカの労働者の六九パーセント、世界の労働者の八五パーセントが、仕事にやる気を失っているか、仕事を積極的にきらっている、と報告している。その一因は、信頼の欠如にあるのではないだろうか。相手から信頼できないといわんばかりの扱いを受ければ、だれだってやる気を失って当然だ。

ところが、パンデミック以降、上司たちは従業員を監督するのをやめ、従業員が仕事をしてくれると信頼するよりなくなった。その結果、生産性がむしろ全面的に向上したという。[6] ほとんどのひとは、在宅勤務が自分にぴったりだと気づいた。こうして新たに力を得た生産性の高い従業員たちは、将来的に、信頼されることを当然のものとして要求するようになる。そして、ハイブリッドな働き方にともなう柔軟性を求めるようになるだろう。わたしたちが話を聞いた、自分に合う在宅勤務の方法を見つけたひとびとは、毎週、週五日出社する毎日になんて戻りたくない、と口を揃える。いままで以上の信頼と、日々をデザインする柔軟性を求めているのだ。そして、この破壊的変化のあとには、それを権利として要求するようにさえなるだろう。

あなたが救急隊員、スーパーの店員、工場の組立工、現場の医療従事者なら、こうした変化の影響はあまり受けないだろう。しかし、こうしたハイブリッドな働き方に関する予測が一部でも実現すれば、物理的に出社しなくても仕事ができる労働者のほとんどは、週の何日かをリモート・ワークにあてられるようになるだろう。つまり、わたしたちは、（半強制的な）信頼の時代に突入しつつある、ということだ。この信頼社会では、一日のスケジュールに対する主体性や主導権は必然的に高まる。そして、この新しい現実に合わせて仕事をデザインしなおすプロセスは、決していちどでおしまいというわけにはいかない。そのプロセスは動的で、あなたの日々のスケジュールが進化するにしたがって変わっていくだろう。

このハイブリッドな働き方には、説明責任がともなう。あなたにどんな仕事をしてほしいかを決めるのは、相変わらず上司かもしれないが、その仕事をどうするかを決めるのはあなただ。これは充実した楽しいワークライフをデザインする新たなチャンスであり、実はいいことずくめだ！　上司の監督の目から逃れて、在宅勤務という道を歩みはじめれば、あなたはより自律的な働き手になれる。そして、自律性は、あなたのキャリアの前向きな要素（自律性、関係性、有能感）のうちのひとつだ。一方で、上司に必要なのはあなたを信頼するすべを学ぶこと。そうするよりほかに選択肢のない社会がやってくるのだ。その信頼に応え、説明責任を果たして初めて、あなたにぴったりな働き方をデザインする自由が手に入る、と考えよう。

未来の仕事は監督モデルから説明責任モデルへ

これまでの監督モデル（マイクロマネジメント・モデルとも呼ばれる）から、説明責任モデルへと移行すれば、一人ひとりの自律性が高まる。それはすばらしいことだが、この変化が及ぼす影響に備えておくことが必要になる。

世の中のシステムが説明責任モデルへと変化するにつれて、あなたの仕事の成果をいま以上に明確化する必要が生じるだろう。また、プロジェクトの納期を明確にし（それは上司ではなくあなたの責任になる）、一〇〇パーセント納期を守れるよう、効率的に時間を管理することが不可欠になる。そして、なにか問題が起き、納期や中間目標を守れなくなったら、納期がやってくる前に、早めに報告することも必要だ。

実は、ほとんどの納期というのは、正当な理由があれば交渉しなおす余地がある。重要なのは、相手を失望させる前に対処することだ。真正面から誠実に、問題に対処することが必要なのだ。また、いままで以上にコミュニケーションをとり、チームの全員にあなたがきちんと仕事をしていると知ってもらうことが必要になる。なにより、予測不能なひとだと思われないことが大事だ。突然の問題勃発でチームや上司を驚かせてはいけない。それが説明責任の意味なのだ。

新時代のハイブリッドな働き方では、すべてのことを意図的におこなわなければならない。それはおそらくいいことだろう。リモート・ワークでは、期待の内容をより明確化し、双方向のコミュニケーションやフィードバックをよりはっきりと形にしなければならなくなるだろう。

これは歓迎すべき変化だ。それに、労働者は単に上司と〝顔を合わせる時間〟ではなく、成果に基づいて報酬を得られるようになる。それどころか、なんの成果もない無意味なビデオ会議は、〝ビデオ会議疲れ〟や効果的な時間の管理がいっそう重要視されるにつれて、どんどん隅に追いやられていくだろう。あなたの仕事を見張るひとがまわりにいなければ、どうするかではなくなにをするかがずっと大事になる。

つまり、リーダーは、部下の管理（もともとたいして効果はなかった）から、プロジェクトを成功に導く結果、アウトプット、成果物の管理へと目を移すことになるだろう。ちなみに、有能なリーダーたちはずっと前からそういう管理のしかたをしてきた。今後は、すべての管理者やリーダーがその例にならうにちがいない。状況がそれを求めるからだ。

新しい説明責任の世界で重要なのは成果物であり、成果物はふたつの形で表われる。ひとつは主にメールや状況報告書といった「文書」で、もうひとつは「プレゼンテーション」だ。

相手に一目置かれる成果物をデザインする

効果的なコミュニケーションをとるには、文章力を磨く必要がある。

仕事の成果の大半はメールや状況報告書という形で文書化される。短く簡潔なメールを書く能力をもつひとは数少ないので、そのスキルを磨けばきっと目にとめてもらえるだろう。わかりやすいメールや明快な件名のメモを書けば、忙しいひとびとはどの文書をすぐに開くべきなのか、あと回しにしてもいいのかを判断しやすい。明確な結論や行動要請が入っている、短く簡潔なメールを書くことは重要だし、受信トレイがメールであふれかえっているひと（つまり、全員）にとってありがたい。あなたのグループが、スラックやマイクロソフト・チームズ（または、あなたの会社が先週導入したばかりの新しい共同作業のプラットフォーム）のような現代のデジタル・チーム管理ソフトウェアを使っているなら、上級ユーザーになるために時間を投資しよう。きっと、上司に一目置いてもらえるはずだ。

文法や句読点の使い方に自信がないなら、すぐに書店へ行き（地元の好きな店でかまわない）、ウィリアム・ストランク・ジュニアとE・B・ホワイトの共著『英語文章ルールブック』（荒竹出版）を買ってこよう。一九三五年に初めて完全な形で出版されたこの本は、書くひとのための文法ガイドだ。読んで、丸暗記してほしい。文章力が大幅に向上することまちがいなしだ。[7]

死ぬほど退屈なパワーポイントをつくらないためのコツ

日々のビジネス・コミュニケーションの大半はメールでおこなわれるが、大きな中間目標やプロジェクトに関する意思決定などの重要事項は、会議でおこなわれる。つまり、ふつうはだれかが〝スライド〟を使ったプレゼンテーションをおこなう、ということだ。ビジネス・プレゼンテーション・スキルの向上に投資する気さえあれば、その努力が報われる機会は何度となくやってくるだろう。[8]

「パワーポイントによる死」（退屈なプレゼンテーションのせいで聴衆が死ぬほど眠くなる現象）という言葉をご存じだろうか？　仕事の世界でこの言葉がしょっちゅう使われるのには、れっきとした理由がある。ほとんどのプレゼンテーションは聞けたものじゃない。長すぎる。ごちゃごちゃしている。デザインがお粗末。退屈。単純にみにくい。わたしたちが言うのだから、まちがいない。とくに、研究者たちのつくるスライド・プレゼンテーションは、最悪の部類に入る。技術的なカンファレンスに出席すると毎回、読みにくいフォント、醜悪なグラフィックス、文字数の多すぎるスライド、判読不能な図式の猛攻を受ける。そこに、単調なナレーションがおまけでくっついてくるのだから、たまったものじゃない。発表者がすべてのスライドの一言一句をあまりなく読み上げていくと、聴衆はつい眠気に負けてしまう。

そういうひとにはならないでほしい。

あなた自身やチームの仕事を発表するひとには、プレゼンテーションを理解可能で、興味深く、効果的なものにする義務がある。みんなの貴重な時間を一〇分でも使ってプレゼンテーションをおこなうなら、その時間に見あう価値を提供するべきだろう。クリエイターとしてなにかをデザインするときのように、配慮と注意をもってプレゼンテーションをデザインしよう。

ビルが学生たちに教えていることだが、プレゼンテーションとはつねにパフォーマンスの一種だ。発表者はいわば舞台俳優であり、その時間を印象的なものにする責任がある。一般的に、人間は聞いた内容ではなく見た内容を記憶するので、グラフィックスや身ぶりのほうが、言葉よりも重要だ。それから、人間はいちどに三つまでしか覚えられないといわれているので、もっとも重要な三つのキーポイントに沿って、プレゼンテーションを構成するといいだろう。

優れたプレゼンテーションには物語がある。フランスとスイスの国籍をもつ映画監督のジャン＝リュック・ゴダールは、「物語にははじまり、中間、終わりが必要だ。ただし、必ずしもその順番である必要はない」と言ったことで有名だ。[9] だから、聴衆の興味を引きつづけるには、順番をうまく入れ替えることも有力だろう。

クリストファー・ブッカーは、著書『七つの基本プロット――われわれが物語を語る理由（*The Seven Basic Plots: Why We Tell Stories*）』で、物語のプロットは次の七種類しかなく、これらが人間のすべての物語の骨組みである、と説いた。[10]

①怪物退治（『赤ずきん』『ジョーズ』）
②立身出世（『シンデレラ』『デイヴィッド・コパフィールド』『ロッキー』）
③冒険（『オデュッセイア』『スター・ウォーズ』『ロード・オブ・ザ・リング』）
④旅と帰還（『不思議の国のアリス』『ガリヴァー旅行記』）
⑤喜劇（シェイクスピアの喜劇、『ハングオーバー！』第一～三作）

⑥悲劇（『ハムレット』『ロミオとジュリエット』）
⑦再生（『クリスマス・キャロル』『恋はデジャ・ブ』）

ポイントは彼が正しいかどうかではない。この七種類のプロットは、最高のプレゼンテーションを生みだすのだ。

演習として、ビルは学生たちに自身の研究についてのシンプルなプレゼンテーションを作成してもらう。スライドはぜんぶで一二〜一五枚、パワーポイントのデフォルト・フォントを使い、グラフィックスや写真はなし。そうしたら、そのスライドを使って、クラス全体に生で五分間のプレゼンテーションをおこなってもらう。

予想どおり、退屈だ。

次に、先ほどの七種類の基本プロットのいずれかを使い、ひとつの物語を中心にプレゼンテーションをデザインしなおしてもらう。まず、スライドの数を三割、単語数を五割削減してもらう。この点は重要だ。聴衆をスライド上の文字ではなく、発表者のほうに注目させるためだ。また、学生はプレゼンテーションの三つのキーポイントを抜きだし、定義しなければならない。スライドのフォントやグラフィック・レイアウトを意識的に選び、物語がよく伝わるよう、文章のかわりに適宜わかりやすい図式や画像を使う。この点は、スライド内の単語数を半減させるうえで欠かせない。

また、学生には、自分の身ぶりや非言語的表現に集中しながら、鏡の前で五回、プレゼンテーションの練習をしてもらう。自分自身のプレゼンテーションを振り返り、評価できるよう、動画を撮影すればなおよい。

次に、学生は友人や仲間にプレゼンテーションをおこない、友人にプレゼンテーションで強調されていた三つのキーポイントを書きだしてもらう。友人が三つのキーポイントを挙げられなければ、学生はプレゼンテーションを練りなおし、もういちど発表しなければならない。

その後、クラス全体に対して生でプレゼンテーションをおこなってもらうと、予想どおり、雲泥の差が出る。

「見事、巨大で困難な技術的問題という〝怪物を退治〟し、プロジェクトは遅れをとり戻して着々と成功に向かっています」

「購入ボタンをデザインしなおすというシンプルなアイデアひとつで、買い物かごまで商品を入れる顧客が増えました。まさに〝立身出世〟のサクセス・ストーリーです」

「目的地はまだ先ですが、われわれのプロジェクトがたどっているすばらしい旅をご覧ください！　われわれはいろいろなことを試し、いろんな場所に行き、最高の〝冒険〟をくり返してきました。いつの日か、だれもが愛する解決策へとまちがいなくたどり着くでしょう。見所は次のとおりです……」

最近では、少なくとも自分の教え子たちからは、退屈なプレゼンテーションを見せられることはほとんどなくなった。ビルのプログラムを修了した学生たちは、自分の考えを効果的かつスタイリッシュに伝える準備ができている。プレゼンテーションをうまくデザインし、堂々とした身ぶりを使って伝え、自分がすばらしい研究をしていると聴衆（や上司）を納得させるすべを身につけているのだ。

新時代のワークライフでは、それが必須のスキルになるはずだ。

仕事を絶えず再構築していこう

破壊的変化が訪れて受容地帯にいるあいだだけでなく、破壊的変化のあと、新しい正常《ニュー・ノーマル》が定着しはじめた際にも、その機会を活かしてあなたの仕事を再構築しよう。これは、第7章で説明した仕事の再デザイン戦略②「再構築」にあたる。仕事の再構築には、外面的な変更（ソファのカバーを替える、新しい絵画を飾る、など）と、構造的な変更（裏庭に出やすいよう、家の裏手の窓をガラス戸に替える、など）のふたつがあったのを思い出してほしい。どちらにせよ、あなたに必要なのは、あなたの仕事やあなた自身に新たな命を吹きこむ変化を実現するための小さくて手軽な方法だ。できれば、上司の承認や新たな予算が不要なほうがいい（タダであるほうがつねに実行しやすいので）。

受容地帯にいるあいだでさえ、破壊的変化には、仕事を再構築する可能性が散らばっていることだろう。デイヴのパートタイムの仕事のひとつに、ニューヨークを拠点とする社会起業家の育成組織「プラクシス・ラボ（Praxis Labs）」との仕事があった。彼の主な役割は、「客員起業家」と呼ばれる、起業経験をもつ連続起業家たちの相談役となり、次なる目標の策定に力を貸すことだった。このプログラムの目玉は、すべての駐在起業家たちが二〜四日間にわたって一堂に会する、年三回の合宿だった。年四〜六回、妻のクラウディアと一緒にニューヨーク（ふたりのお気に入りの都市）へ行けることもあって、デイヴはこの仕事が大好きだった。ところが、パンデミックがこの仕事に大打撃を与えた。

移動は制限され、ニューヨークのオフィスはもぬけの殻になった。そこでプラクシスは、オンラインで実施できる新たなプログラムへと目を向けはじめた。その新たなプログラムは驚くほど急成長し、客員起業家プログラムは棚上げとなった。一見すると、デイヴは仕事を失ったようだったが、彼は好奇心を働かせ、仕事を再構築する機会ととらえなおしてみた。彼はプラクシスの上層部に、客員起業家プログラムの最良の部分、手放すのが惜しい部分とはなにか、とたずねた。客員起業家たちの資産は？　そのなかでみすみす手放したくないのは？　次に、彼は急成長中のオンライン・プログラムのチームリーダーたちと話をした。オンライン・プログラムの利用者は、そうした資産をうまく活用できないか？　似たようなニーズを抱えていないか？　案の定、そういうひとびとがいた。デイヴはみずから志願してそうした資産を手なおしし、そういうひとびと向けのオンライン講座のプロトタイプをつくった。そのうち、彼には一定の受講者がつき、社内での役割を維持することができた。彼がしたのは、新たなユーザー層に向けて方向性を変えることだけだ。彼は同じことをしつつも、別の方向を向いていたのだ。それはソファをリビングの反対側に設置しなおすくらい朝飯前な作業だった。おかげで、彼は仕事を失わずにすんだだけでなく、同社のコミュニティ全体とのつながりを保ち、彼の経験が価値をもつはじめて起業するひとたちとの交流機会もずっと増えた。

あなたも、いまの仕事を見渡し、変化に目を向けてみてほしい。そして、好奇心をもち、そうした変化を別の視点でとらえなおして、手軽に仕事を再構築できないか、探ってみよう。まちがいなく、あなたの生活の質は向上するし、受容地帯を渡りきったあと、準備万端で未来にのぞめる。それから、あなたの仕事を消滅から守れるかもしれない。

そして、ただ破壊的変化に対応して、ではなく、絶えず仕事を再構築することをお勧めする。といっても、デイヴがプラクシスでおこなったような、巨大で価値の高い再構築ではなく、ちょっとした（できればたくさんの）再構築だ。つまり、毎回、壁を壊す必要なんてない（それには手間もお金もかかる）。家具を並べなおし、クッションを交換して、空間全体を模様替えするようなイメージだ。

目標は、受容地帯をただ無事に渡りきるだけでなく、新たなはじまりに向けて万全の状態で渡りきることだ。受容地帯が厄介なのは、そのなかにいると無力感を抱きやすい、という点だ。いまなにが起きているのかもわからないし（大規模な破壊的変化の最中は、だれにもわからない）、次なる正常《ネクスト・ノーマル》がいつやってくるのかもわからない。とくに、その期間が長くつづくと、意欲をくじかれることもある。

だからこそ、「破壊的変化のデザイン」に参加することがいっそう重要なのだ。ひとびとと話をする。なにかをやってみる。あなた自身の物語を語る。そうして、好奇心を積極的に活用していく。それは、新しい世界の到来に備えるためだけではない。実体験を通じて、自分は無力ではなく、前進の道をデザインする力があるし、絶対にそうしてみせる、と自分に言い聞かせるためでもあるのだ。

本書の執筆に向けた調査の最中、わたしたちはひとびとが疲れ果ててきていることに何度となく気づいた。大きな変化が起こると、四～六週間くらいして、「もううんざりだ！」という声が聞こえてくる。あいまいさはいつだって厄介だ。あいまいさが延々とつづくのは、本当に疲れるものだし、疲れ果てた状態というのは、デザイナーにとって望ましいマインドセットとはいえない。実際には、あなたはつねに自分の状況をコントロールする一定の主体性をもっているし、いまよりほんのちょっとだけよい状況をデザインすることはできる。

絶えず仕事を再構築する、というのはそういう意味だ。小さな変化を、何度も何度も頻繁におこなっていくのだ。その際に大事なのは、あなた個人の主体性を働かせ、自分にはなにかを変える力がある、と自分自身に言い聞かせること。あなたが望むものや力がすべて手に入らなくても、あなたのもつ力を活かすことならできる。どれだけ小さな形であれ、絶えず仕事を再構築することは、やる気や生産性につながるものなのだ。

たとえば、別の時間帯で暮らすひとびとと生電話ができるよう、ある週はふだんより一時間半だけ早く仕事をはじめてみる。携帯電話のカレンダー・アプリを、高性能な「やることリスト」機能がついたものに変更してみる。瞑想アプリをダウンロードし、一日一〇分、心を集中させる時間をつくる。ウェブ会議の動画背景にいろいろな芸術作品を設定して、だれがどの作品にコメントをくれるかを確かめ、オンラインの芸術鑑賞仲間を見つける。こうした無数の小さな変化は、日々の仕事体験に前向きな影響を与えてくれるかもしれない。だから、ハードルをものすごく低く設定し、頻繁にクリアしていこう。

どんなに小さな変化でもかまわないから。

ひとたび試せば、小さな変化を起こすのは難しくないし、すごくクセになる、ということにたちまち気づくだろう。それはいいことだ。きっと、気分が向上し、自信が深まり、心が柔軟になり、変化に気づいてもらえる機会が増えるはずだ。そのすべてが、次なる正常《ネクスト・ノーマル》が訪れた際、あなたの仕事のパフォーマンスや将来的なチャンスを高める原動力になる。あなたが絶えず仕事を再構築することに熱中し、献身的な仕事のデザイナーとして、それを継続的な習慣に変えてくれることを願うばかりだ。

仕事場を（文字どおり）再構築する

あなたは今後、週の少なくとも何日かは在宅勤務をすることになるだろう。なので、仕事のスタイルを絶えず再構築するかたわら、仕事場のほうにもちょっとした投資をおこなうのがいいと思う。今回のパンデミックが数週間で収まると思っていたときに実行した応急策を、デザインしなおすことが必要だ。

たとえば、スタンフォード大学に初めてロックダウンの波が押し寄せ、自宅からオンラインで教えることを余儀なくされたとき、ビルはアイロン台にラップトップを載せていた。高さを調節するのにちょうどいいからだ（キーボードを通常のテーブルの高さより少し低めに設置して、前腕が自然な位置か少し低めの位置に来るようにすることが、腰や手根管を痛めないために重要らしい）。もちろん、これは恒久的な解決策とはいえなかった。キッチン・テーブルでの仕事もそうだ。アイランド・キッチンのまわりのスツールは、ずっと使うのには向かない。小さなテーブルがわりにしているダイニングの椅子もそうだ。

つまり、あなたはほかの新たな役割と並んで、自宅兼オフィスの〝施設管理者〟にも就任したわけだ。快適で、一定のプライバシーが確保されていて、体によいシンプルな仕事場をデザインするのはあなたの仕事だ。いちばん重要な投資は、快適なオフィスチェアだろう。ハーマンミラーのアーロンチェアのように、巧みにデザインされたオフィスチェアは、オンラインなら中古で見つかるし、カイロプラクティックにかけるお金に匹敵する価値がある（そして、オフィスの規模が縮小の一途をたどっていることを考えると、今後数年間は、大量の高品質な椅子が安く出回るはずだ）。

　交通量が多くなく、周囲の雑音が少ない場所を仕事場に選ぶのもいい考えだろう。周囲からの邪魔が入らない（そして、同居人に迷惑のかからない）場所のほうが、ビデオ通話がしやすいからだ。もちろん、来客用の寝室を半恒久的なオフィスに転用できればいっそうよい。人間工学（ウェブスター辞典によると、「人間とモノがなるべく効率的かつ安全に相互作用できるように、人間の使うモノを設計および配置することを目的とした応用科学」）を考慮することは、あなたの体と心の両方の健康にとって重要だ（座り心地の悪い椅子に一日八〜一〇時間も座って、腰を痛めてしまったら、あっという間に気持ちが滅入る）。ネット上には、健康的な仕事場のデザインに関する情報がたくさんある。じゅうぶんな下調べをして、あなたにぴったりの空間をデザインしよう。それから、ビデオ通話でプロフェッショナルな雰囲気を醸しだすため、見栄えのよい背景をデザインすれば言うことなしだ（リアルな背景でも仮想的な背景でもかまわない）。もちろん、ネコの登場はいつだって歓迎だ[11]！

　できることなら、高速インターネットに投資するのもいいだろう（これで、「ＩＴマネジャー」の肩書きも追加だ）。一般的に、電話回線やＤＳＬ回線よりは、ケーブル・システムのほうがネットは高速で、信頼性が高い。都市部に住んでいるなら、自宅に光回線を引きこめないか、調べたほうがいい。ビルは光回線を使っている。上下ともにギガビット単位の速度が出るし（光ファイバーは対称的だ）、接続が途切れることもない。このサービス向上のためのコストの一部負担を雇い主に求めるのは合理的だろう。そもそも、会社のためにより効率的にバリバリと働けるよう、サービスを向上させようとしているわけだから。ビデオ通話がフリーズしたり、接続が切れたりするのは、イライラするだけでなく、重要な会議の質に大きな影響を及ぼす可能性もある。あなたがたびたび顧客に応対する仕事をしているなら、あなたのネット接続の質が、会社のプロフェッショナル精神に反映される、ということを忘れないでほしい。ネット接続をアップグレードできるなら、それに越したことはないのだ。

仕事の巨大な再創造をやってのけるのに必要なこと

二〇二〇年のパンデミックは、（あまりにも）多くのひとびとのワークライフを変えたり、破壊したりしただけでなく、完全に消し去った。仕事どころか業界がまるごと吹き飛んだケースもある。外食、旅行、ホテル。おおぜいが一カ所に集まることで成り立つ業界のほとんどが、大打撃を受け、その一部は永久に破壊されてしまった。推定では、パンデミック中に店を閉めたニューヨーク市のレストランの三軒に一軒は、営業再開の見込みがないという。コメディー・クラブ、劇場、スポーツ大会、講演会など、あまりにも多くのライブ・エンターテインメント会場や関連する仕事が失われた。パフォーマー、スポーツ選手、講演家、そしてイベントを主催する会場やスタッフは、収入をこうしたイベントに大きく頼っている。

二〇二〇年以降に失われた仕事の多くは、二度と復活しない――それは厳然たる事実だ。二〇二〇年のパンデミックほどの規模の破壊的変化となると、さまざまな経済部門に恒久的な影響を及ぼし、ひどくすればまるまる消滅させてしまう。かつての日常が元どおりにならないどころか、存在すらしなくなるような状況にあなたが置かれているなら、あなたが体験しているのは仕事の「再創造」の巨大版といっていい。

再創造とは、第7章で紹介した再デザイン戦略④のことだ。これは四つの戦略（視点の転換&再出発、再構築、配置転換、再創造）のなかで、いちばん難しく、時間がかかり、大きな代償をともなう。しかし、そうせざるをえない状況においては、再創造だけが唯一の有効な戦略なのだ。仕事を再創造する場合、同じ業界のなかでそれをおこなうのがふつうだ。保険数理分析からソーシャル・メディア・マーケティングの分野へと転身するにしても、ふつうはビジネス上の人脈や信頼できる照会先がすでにある生命保険業界に残りながら転身しようとするだろう。経理からイベント管理の分野へと転身するにしても、ふつうはそれまで働いていた場所をだれもが知っている同じ大学部門のなかにしようとするだろう。ところが、あなたの仕事だけでなくひとつの経済部門全体を揺るがす破壊的変化によって、仕事の再創造を余儀なくされた場合、職務内容と業界の両面でその再創造をやってのけなければならないのだ。

アンナは、ある大手ホテルでハウスキーピング（客室の清掃、整備、管理）業務をとりしきっていた。彼女は一〇代のころから十数年にわたり、ホテル業界で働いてきた。大学に興味がなかった彼女は、高卒ですぐに働きはじめた。大学の学位こそもっていなかったが、人一倍やる気のあった彼女は、すぐに上司たちから、信頼でき、頼りになり、勉強家で、おまけに元気満々なひとして認められるようになった。一緒にいて楽しい優秀な働き手をきらうひとなんて、どこにいるだろう？　彼女はあっという間に、大学の学位をもつライバルたちと同じ役職へとかつぎ上げられた。順調に昇進していったわけではないが、あるときリーダーになる機会を与えられると、彼女は見事にチャンスをものにし、キャリアは順風満帆に進んだ。何十人という部下を抱え、大規模な業務をとりしきっていたとき、パンデミックがそのホテルを直撃した。ホテルは人員削減をおこない、なんとか嵐をやり過ごそうとした。彼女はどうにか首を切られずにすんだが、それも時間の問題だった。状況がひどくなると、彼女の部門の全員を含め、スタッフの九割が解雇された。彼女は人生で初めて失業手当を受けるはめになった。

さて、どうしよう？　たとえホテル業界がもちなおしても、アンナはリスクの高いこの仕事にもういちど戻る気なんてなかった。おまけに、数少ない求人をめぐる競争は熾烈をきわめるだろう。そんな場所でまた働きたいとは、どうしても思えなかった。だから、自分自身を再創造する必要があった。

アンナのなすべき仕事は、自分のスキルや過去の実績をまっさらな目で見なおし、ホテルやホスピタリティといった視点ではなく、一般的な視点でとらえなおすことだった。彼女は単に、二五人を超える清掃員たちの仕事のスケジュールを管理したのではない。フレックス制で働く大人数の労働者たちの資源配分をおこなったのだ。彼女は単に、英語の話せない新人清掃員たちのために、イラスト満載の研修マニュアルをつくったのではない。グラフィカル・ユーザー・インターフェース（ＧＵＩ）ベースのワークフロー・プロセスや新人研修システムを開発し、効果的に展開したのだ。

こうしてアンナは、自分が長年かけて磨いてきた本質的な仕事のプロセス、ツール、能力を明らかにした。そして、自分自身をホテルの従業員として定義することなく、だれにでも理解できる形で、そうしたプロセス、ツール、能力を表現する方法を見つけだした。残る仕事は、この磨きのかかった新しい物語に耳を傾けてくれる人物を探すことだけだった。

アンナはどうやってホテル業界から建設業界に転身できたのか？

まったく新しい部門に入りこむうえでとくに難しいのは、どの部門に狙いをつけるかを判断し、話を聞いてくれる相手を見つけることだ。なにかを試し、物語を語る機会を与えてくれそうなひととはだれなのか？　まったく頼るつてのない新しい部門で、新しい仕事を見つけるという目標へは、たったひとつのステップでは届かない。つまり、ひとつ目の目標は仕事を手に入れることではないのだ。

まずは、ハードルを低く設定しよう。

ひとつ目の目標は、興味のある部門を見つけ、あなた自身の新しい物語を練り上げること。ふたつ目の目標は、その部門へと入りこみ、あなたが築いた物語を活かして人脈を築き、新しい仕事を手に入れることだ。

- **ひとつ目の目標――興味のある新しい部門をひとつかふたつ見つける。ここで必要なのは、転身先としてふさわしい業界や経済部門を見つけることだ。まずは、あなたが一般的な表現で言**

い換えたスキルを活かせそうな、あらゆる種類の仕事や経済活動について考えよう。四～六つの分野をリストアップできれば理想的だ。そうしたら、あなたがおもしろそうだと思う上位ふたつにまで絞りこもう。

アンナはこう考えた。たくさんの時間給労働者たちのスケジュールを組み、新人たちに絶えず仕事の手順を教えてきた経験が活かせるのは、どの分野だろう？　彼女がつくったリストはこうだ。

・建設
・農業
・造園、景観の維持管理
・出前サービス（二〇二〇年以降に爆発的成長を遂げた業界）
・コールセンター
・在宅医療およびホスピス・サービス

このリストを見ていて、アンナがいちばん興味をもったのは、建設業界（おじが大工をしていて、おじの大工仲間たちがずっと大好きだった）と、在宅医療およびホスピス・サービス業界（これらの業界は成長していたし、祖母が亡くなったときにお世話になったホスピス・スタッフの仕事ぶりに心から感心したから）だった。

最初のステップとして、彼女は知りあい全員と積極的に連絡をとり、両方の業界で働くひとを個人的に紹介してもらった。これは第9章で紹介した前進の手法のとおりだが、唯一のちがいは、まだまったく仕事を探すつもりがなかった、という点だ。彼女はただ、これらの業界に興味をもち、もっと深く知りたいと思っていただけだった。彼女は接触したひと全員に、次に話を聞ける相手を紹介してもらい、こんな力強い質問でインタビューを締めくくった。

「本日はお時間をいただき本当にありがとうございました。最後に、ひとつだけ質問があるのですが、もしあなたがわたしの立場だったら、次にどうすると思いますか？」

このやり方で、アンナは建設業界で三回、在宅医療業界で三回、ホスピス業界で二回の合計八回の会話の機会を得た。会話を終えると、これらの業界の仕組みがずっと深く理解できた。こうして、じゅうぶんな情報を得た彼女は、これらの業界がどう成長しているか、どういう課題に直面しているか、自分に合っていそうな役割がどう変化していっているかについて、オンラインで下調べを重ねた。その下調べの結果と会話のメモから、自分がそれぞれの業界で果たせる役割がイメージできてきたと同時に、もっと多くの疑問が浮かんできた。

そこで、アンナは、前に会ったひとびとともういちど連絡をとり、各業界で興味のある具体的な話題について、さらに突っこんだ会話をした。彼女はコンクリート工事業者の代表者に接触し、屋内で装飾用コンクリートやカスタム・コンクリートの使用が増えていることや、それがビジネスに及ぼしている影響について話しあった。ホスピス・グループの業務責任者とふたたび連絡をとり、昨今の営利ホスピス業者の急増や、そうした進展が従来型の非営利組織に及ぼす影響について話しあった。的確で質の高い彼女の質問が、こうしたさらなる会話を呼びこみ、芋づる式で、さらなる人脈、さらなる会話へとつながっていった。そのあいだ、彼女が心がけたのは、仕事を探すのではなく、これらの業界や事業の種類について探ることだった。

こうして、アンナは、これらの組織に自分がどう貢献できるかを効果的に、しっかりと説明できるだけの情報を得た。そして、ホテルでの仕事の経験に基づいて、わかりやすくて信憑《しんぴょう》性のある具体的な例を練り上げることができた。途中で知りあったコンクリート会社の人物は、「アンナ、すばらしい考えだと思う。いつでも気兼ねなく連絡してほしい」と言ってくれた。また、彼女が話をしたホスピスの看護師はこう言った。「ちなみに、うちのスケジューリング・プロセスは本当にめちゃくちゃなの。全面的な見なおしが検討されているらしいから、この状況がいつまでつづくかはわからないけど……」

アンナはふたりに再度連絡をとった。彼女はコンクリート会社の人物にこう訊いた。社内に彼女のスキルを活かせる人物はいないか？　その人物を紹介してはくれないか？　また、ホスピスの従業員にはこう訊いた。スケジューリングの全面的な見なおしを率いている人物は？　その人物を紹介してはくれないか？　システムが新しくなると、新しい仕事が生まれ、斬新な考え方ややり方をもった新しい人材が受け入れられやすくなる、と知っていたからだ。

こうして、好奇心をもち、ひとびとと話し、なにかをやってみて、物語を語る、というプロセスの二巡目がはじまった。しかし、今回、彼女が求めていたのはずっと具体的な物語だった（仕事を得る最善の方法は、物語を引きだすことだ、という原則を思い出してほしい）。そして、彼女自身が物語を語る番が回ってきたときには、すでに最高の物語が用意できていた。自分がその役職についたら、会社にどんな貢献ができるのか？　このアプローチが功を奏し、最終的に彼女は建設会社と医療業界からひとつずつ、合計ふたつのオファーを受けとった。結局、彼女は建設会社のオファーを引き受けることにした。外回りの機会が多かったし、社員たちの人柄が気に入ったからだ。

つまり、アンナは「再創造」戦略の四つのステップ（好奇心をもち、ひとびとと話し、やってみて、物語を語る）を二回実行したわけだ。つねに物語に基づく人脈づくりのアプローチを使って前進し、新しいキャリアの幕開けにふさわしい新しい業界で、新しい仕事を獲得したのだ。新しい仕事を見つけるのに、ホテル業界に就職したときの一・五倍の時間がかかったが、彼女の忍耐力、粘り強さ、集中力、明るい好奇心はとうとう報われた。

アンナは見事に前進の道をデザインした。きっと、あなたにもできる。

デザイン・チーム――アイデア創造から負担の分担へ

前著で、あなたの仕事や人生の旅を支えてくれる「デザイン・チーム」を築くことの重要性について話した。「人生とはほかのひとびとと共同でデザインし、生きていくもの」という見方を提示して、三種類のチームメイト「参加者」「サポーター」「身近なひとびと」を紹介した。

参加者とは、あなたのライフデザイン・プロジェクト、とくに仕事をデザインしなおす継続的なプロジェクトやプロトタイピングに、積極的に参加してくれるひとびとのこと。今日の新しい仕事の現実では、こうしたひとたちもおそらくハイブリッド・ワーカーやリモート・ワーカーなので、相手を理解して信頼するのに特別な努力がいるだろう。

サポーターとは、つねにあなたの人生を気にかけてくれる頼りになる存在のこと。あなたにとってはかなり近い存在なので、励まされるとがんばれるし、よい意見交換の相手でもあり、質の高いフィードバックの貴重な源でもある。パンデミックの最中、そうした交流のほとんどはリモートでおこなわれただろうが、あなたが動き回る機会の多いキャリアを選ぶなら、今後もリモートでおこなうことになるだろう。だから、関係を維持するためには、あなたの側で一定の管理が必要になるはずだ。

身近なひとびととは、家族、親しい親戚、親友などのこと。あなたのライフデザインの変化からもっとも直接的な影響を受けるひとびとだ。あなたの人生にもっとも大きな影響を及ぼすひとでもあるので、頻繁にコミュニケーションをとるべきだろう。あなたの身近にいて、直接的なつながりのあるひとびとは、あなたの幸せにとっていっそう重要な意味をもつ。なので、そういうひとには親切にしよう。きっと相手も、ストレスや淋しさを感じているだろうから。

健全なチームは、あなたを含めて三〜六人だ。前著でお勧めしたとおり（そしていまも勧めるとおり）、特大のピザ一枚で全員のお腹がふくれるくらいのチームがちょうどよく、五人までが理想的だ。

デザイン・チームは、あなたがライフデザインの「アイデア創造」の段階にいるなら、絶対に欠かせない。あなたの人となりや物語をよく知るひとびとを集めて、手軽なブレインストーミング・セッションを開けるというのは、正真正銘の財産であり、ぜひ大切にしなければならない。しかし、ポストコロナの世界では、あなたのデザイン・チームは、あなたに手を貸し、負担を分担するという点でいっそう重要になってくる。人脈をつくり、関係を保ち、デザインの道を前進しつづけるのは、時間的な面でも、心理学者のいう「感情労働」の面でも、かなりの負担だ。その点、あなたのデザイン・チームは、必要な作業の一部を肩がわりして、その負担を少しだけ軽減してくれる。

たとえば、あなたがプロトタイプ・インタビューを申しこみたいと思っている相手がいるとしよう。あなたのチームメイトがその人物と知りあいなら、いきなり自分で連絡をとるよりも、あなたをその人物に紹介してもらうだけで、人脈づくりが少しだけスムーズになる。また、ハードルを低く設定し、クリアすることに全力を尽くす際にも、説明責任を果たすべき相手がチームにひとりいるだけで、目標を達成できる可能性は二倍になる。言わんとしていることはわかるだろう。頼れるデザイン・チームは、成功に必要なサポートを与えてくれる存在なのだ。必要な助けを求めるのを遠慮してはいけない。そのためのチームなのだから。そして、あなたに余力があるときはチームメイトに手を差し伸べ、自分の受けとった恩を別のだれかに送ろう。

定期的に調子をうかがうことが、チームを強くする

参加者やサポーター、心を開ける身近なひとびとからなるデザイン・チームがいることは、ストレスや変化の大きな時期には欠かせない。やむをえない状況のせいでチームメイトから孤立しているなら、それはいっそう重要になる。パンデミックはわたしたちの孤立を浮き彫りにしたが、わたしたちはもともと、新興企業《スタートアップ》に加わったときや、仕事を失ったとき、病気の家族の介護が突然必要になったときなどに、大きなストレスがかかる変化や孤立した状況を経験してきた。こう

いうときにこそ、チームはあなたの命綱になる。きっと、チームづくりに時間をかけてきてよかった、と心から思うことだろう。あなたの仕事（もっといえば人生）は、短距離走ではなくマラソンだ。走りきるにはクリエイティブなチームのサポートがどうしても不可欠なのだ。

ライフデザイン・ラボや、ビルとデイヴが所属する教育チームでは、どの会議も（たとえ一〇分間の短い立ち会議でさえ）、前回の会議以降に起きた個人的な出来事に関する「調子うかがい」からはじまる。月曜朝の会議は、話のネタがたっぷりとある週末をはさんでいるので、毎回少しだけ長くなる。グーグルの調査によれば、心理的安全性の高いチームほど効果的に機能するといわれる。心理的安全性とは、チームメイトが不安や恥を感じることなく、チームのなかでリスクを冒せると信じている状態のことだ。[12] では、心理的安全性を生みだすには、どうすればよいのか？　そのコツは、あなたという人間にとってなにが大事なのかを、善悪の評価や否定的な言葉なしでみんなと共有することだ。

わたしたち筆者は毎回、会話の糸口として、「調子うかがい」の質問をする。よい質問の一例はこうだ。

- 今日（昨日、週末）のいちばんのクライマックスは？
- 最近、学んだことをひとつ挙げると？
- 今日の気分を三つの単語で表わすと？

言いたいことはわかるだろう。質問は、具体的で、個人的すぎず、仕事と関係ないほうがいい。

コミュニティの見方を変える

前著で指摘したとおり、健全なコミュニティには必ずなんらかの目的がある。共通の関心や絆を中心として結びつくのがコミュニティなのだ。デイヴは、人生のどんな場面でも信仰を貫こうとするひとたちの強いコミュニティに属している。ビルが所属する男性グループは、お互いに協力してよりよき父親、より一人前の男性になるため、もう三〇年以上（うち、ビルは二七年間）集まりつづけているが、パンデミックの影響で、オンラインのビデオ・チャットへと移行した。すると、驚いたことに、すばらしい出来事が起きた。遠方に引っ越してしまったせいで以前グループから脱退した数人の男性が、また参加できるようになったのだ。懐かしい声が戻ってきたおかげで、グループははるかに豊かになった。ミーティングをはじめる前には、必ずお互いの「調子うかがい」をするのが習慣になっている。対面で会っていたときのような〝雑談タイム〟がなくなったからだ。それでも、目的を新たにしたコミュニティは、全体的に以前よりも絆が強まった。いまでは、半数のひとびとが参加できない対面式のミーティングに戻す意味なんてあるだろうか、とさえ思う。

あなたと同じように、ビルもデイヴもいろいろなコミュニティに属している。仮想空間でしか集まれないいまこそ、どのグループにも特別な注意や配慮が必要になる。ふたりは、コミュニティの定義を拡大し、新たなデジタル・コミュニティもそれに含めるよう見方を変えた。おかげで、デイヴはニューヨークの同僚と気軽に会えるようになったし、ビルは何年も前に卒業した学生たちのためにオープン・ドアの時間を設けている。

確かに、だれもがいろんな形でコミュニティから孤立したが、コミュニティの概念をとらえなおせば、前進の道をデザインできる。いちばん重要な形でわたしたちを結びつけてくれる仮想的なコミュニティが築けるのだ。

そして、コミュニティへの見方を変えることは、家族への見方を変えることでもある。

この混沌のなかに一筋の希望があるとすれば、それは世の中の家族が動画やグループ音声通話を使った新しいコミュニケーション方法を見つけ、いままで以上に交流をもつようになった、ということだ。ビルの成人した三人の子どもたちは、以前は（ごく）たまにしか電話をくれなかったけれど、いまでは家族で週に一回、調子うかがいのためのビデオ通話をおこなっていて、ほぼ毎回全員が参加する。デジタル・ツールが、より有意義な形で絆をとり戻すのに有効だということに、多くの家族が気づいたのだ。

では、仮想的なコミュニティや家族とのビデオ・チャットが、仕事の破壊的変化をデザインすることとどう関係しているというのだろう？　わたしたちはいままで以上に、仕事と人生が切り離せないものだと認識するようになった。精神的な支えやつながりをもち、頼れるコミュニティやチームを抱えているひとほど、効果的に仕事がこなせるからだ。

しかし、よきチームメイトになる前に、必要なことがある。それは、一人前の健全な人間になることだ。つまり、いままでは、あなたの人間性を仕事でまるまる発揮する必要があるのだ。

部屋のなかにいるひとりの人間として。

次章では、その意味について説明してみよう。

やってみよう

演習1――儀式をデザインする

カレンダーをとりだして、次のような修正や観察をおこなおう。

・まず、「出勤」と「帰宅」の儀式をカレンダーに書き入れ、一日の開始と終了の瞬間に、社会的・物理的な行動を必ずくみこむ。

・開始と終了の瞬間に加えて、あなたの現在のカレンダーに、会議の時間、だれにも邪魔されない仕事の時間、社会的交流の時間（相手は同僚でも、家族や友人でもかまわない）、体を動かす時間や運動の時間も書きこむ。予定は立てないと実行されないのだ！

・次に、バランスの悪い部分に着目し（とくに、体を動かすことや運動の面）、スケジュールにひとつかふたつ、小さな調整をおこない、気分の変化を確かめる。最初は、ハードルを低く設定して、歩数のような、測定可能な小さな変更から試してみてほしい。一日五〇〇〇歩という目標が高すぎると思うなら、まずは二〇〇〇歩。ふつうのペースで二〇分くらい歩けば、じゅうぶんに達成できる。

・そうしたら、日々のリズムを心地よく感じ、遅くまで働かなくてもほとんどの仕事を終えられるようになるまで、スケジュールに小さな変更を加えつづける。日中にプライベートな時間や子どもと過ごす時間をくみこみたいなら、まったく問題ない。仕事の時間を、子どもの就寝後に移動させればいい。ほとんどの家庭で、とくに生産性が高く、黙々と仕事に集中できるゴールデンタイムだ。いずれにせよ、あなたの新しい自由を存分に活かして、週単位で、あなたのニーズに合ったワークライフのスケジュールを立てよう。

演習2――プレゼンテーションを磨く

古いプレゼンテーションを引っぱりだして、構成を調べてみてほしい。たぶん、ただの箇条書きのリストにすぎず、論理的な順序にはなっているかもしれないが、まとまった物語にはなっていないだろう。叩き台なので、それで問題ない。そうしたら、三〇分ほどかけて、次のデザイン原則に沿ってデザインしなおしてみてほしい。

・すべてのプレゼンテーションに物語がある。本章で紹介した七種類のプロット（怪物退治、立身出世、冒険、旅と帰還、喜劇、悲劇、再生）のうち、このプレゼンテーション内の情報をまとめるのに最適なのはどれだろう？

・聴衆に伝えたい三つのキーポイントは？　覚えて帰ってほしい内容は？

・その三つのキーポイントはどう強調され、明確化されているか？　キーポイントをおさらいする最終スライドは用意してあるか？

・スライドの数を三割、単語数を五割削減する。そのためには、どの部分を凝縮して、三つのキーポイントを明確にすればいいか？　削除できる不要な内容は？　長い文章を画像、図式、グラフィックスで置き換えられないか？　聴衆がスライドを読む手間を軽減できないか？

・物語のはじまり、中間、終わりは？　順番をうまく入れ替えられないか？

・スライドの〝見栄え〟は？　意図をもってデザインされているか？　グラフィックスや写真は粗くなく、きれいか？　フォントは適切か？（ヒント――フォントの世界は奥が深いので、フォントの勉強をしたくないなら、とりあえず装飾のない基本的なゴシック体を使おう。ほとんどのパソコンに標準搭載されているし、すっきりとしていて見やすく、伝わりやすいからだ。タイトルは太字、その他は標準フォント、強調はカラーで。これは、自分で選ぶ時間がないひとのための万能な解決策だ）

その新しいプレゼンテーションを五回練習し、少なくとも一回は動画で撮影して、友人と一緒に鑑賞し、友人が三つのキーポイントを言いあてられるか、確かめよう。言いあてられなければ、プレゼンテーションを練りなおし、再挑戦だ。これらのデザイン原則に従うだけで、あなたのプレゼンテーションのインパクトがずっと増し、聴衆があなたのアイデアに注目してくれるようになる。きっとちがいに驚くだろう。

すべての目的は、あなたの仕事の貢献をきちんと認めてもらうことだ。第6章で定義した社内政治に関していえば、それこそがいちばん大事なことなのだ。

第14章　ひとりの人間として働く

変化の加速する混沌とした時代のなかで、だれもが未知の物事に直面し、どう対処すればいいのかと自問自答している。この異常な時代、新しい正常《ニュー・ノーマル》にどう対処していけばいいのか？

これは重要な疑問であり、一人ひとりがなんらかの答えを見つけなければならない疑問でもある。

もうひとつ、多くのひとが答えなければならない重要な疑問がある。みんながこの状況に対処するのに、わたしはどう手を貸せるのか？

この集団的な疑問に出てくるみんなというのは、あなたと一緒に働くひとびと、またはあなたのもとで働くひとびとだ。ほとんどのひとはなんらかの組織のなかで働いている。ある新興ソフトウェア企業で働く三人であれ、カリフォルニア大学で働く二〇万人であれ、ある病院で働く三七八人であれ、暖房炉の修理サービス会社で働く一二人であれ、これまでの働き方はめちゃくちゃに破壊された。それは、あなた自身の人生がどう破壊されたか、と同じくらい重要だ。

前にも書いたとおり、わたしたち筆者は企業再編のガイドブックを書くつもりはない。そういう本を書くのにもっと向いているひとはたくさんいる。それでも、わたしたちがこれまで目撃してきた事例は、きっとさまざまな状況で役立つのではないか、と思う。あなたが小事業主であれ、企業経営者であれ、チームリーダーであれ、または単純に今日の午後のスタッフたちを監督するという貧乏くじを引かされた人物であれ、これから紹介する破壊的変化のデザインのアイデアを、ぜひ役立ててほしい。

あなたは部屋にいる唯一の人間ではない。いま、あなたが一緒に働く全員が、仕事で人間性をまるまる発揮している。そして、部屋のなかにいるすべての人間が、十人十色の方法で奮闘しているのだ。

未来のリーダーシップが直面する課題

仕事と私生活をきっちりと切り分けられる時代は終わった。職場で、全員がなんらかの役割（「わたしは人事部長」「わたしはこのプロジェクトのデータを扱う品質管理技術者」「わたしは四年生の担任」）を演じていればすむ時代は終わったのだ。動画上では、だれもが子どもやペットをもち、散らかった寝室で暮らす、完全に三次元の人間になる。本性を隠し通すことなんて不可能だ。そして、そのことが、部下と上司の両方に大きな変化をもたらす。

ハイブリッドな働き方へと移行した（またはする予定の）組織はいま、新たなリーダーシップの形を必要とする重要な課題に直面している。大半の労働者が週や月に数日しか顔を合わせられないなかで、プロジェクト・チームを組んで共同作業するのが好きな情熱的な労働者でいっぱいの、前向きな社風を生みだすにはどうすればいいのか？　あなたが望む以上にお互いの私生活が丸見えになってしまう自宅で、部下とあなたがオンライン会議をしなければならないという厄介な現実にどう対処すればいいのか？　まちがいなく、前例のない出来事にちがいない。

わたしたち筆者は、この新しい仕事の現象を、「部屋のなかにいる人間《ヒューマン・イン・ザ・ルーム》」と表現している。はじめは困惑するかもしれないが、わたしたちはこの現象こそが、ハイブリッドな働き方のひとつの要素であり、組織のリーダーシップの形をよい方向に変えるのではないか、と考えている。そして、この現象は双方向に作用する。あなたの部下にとっても、あなたの自宅が丸見えになるのだ。ライフスタイル、所得水準、家族の状況。そのすべてが、オンラインで共有される。いままで憶測の域を出なかったことが周知の事実に変わり、あなたの従業員は噂をするようになる。職場のゴシップは破壊されない。現代の職場で史上はじめて、だれもが人間性をまるまるさらされる。そう、単なる労働者から、ひとりの人間へと変わるのだ。

よい仕事のデザインは、よい人生のデザインからはじまる、というのがわたしたちの以前からの理論だ。ひとびとが求めるのは、なかに仕事がある人生であって、なかに人生がある仕事ではない。しかし、全員の自宅やリアルタイムな私生活が視覚的・感情的な仕事場の一部になったいま、わたしたちはひとりの人間をまるごと見ざるをえなくなった。あなたの飼いネコ、飼い犬、子ども、母親、祖父が、みんなわたしたちと同じ部屋に共存している。テレビのニュースキャスターが、単なる自宅ではなく、後ろのソファで寝そべるネコや、画面に映りこむ子どもたちのいる自宅からリモート出演する光景を見たとき、わたしたちは時代が変わったのだと悟った（次ページ写真）。

職場でより人間らしくなったからといって、必ずしもその仕事自体が変わるわけではないし、

NBC NEWS WASHINGTON
NBC NEWS
BREAKING NEWS
TURKISH AIRSTRIKES UNDERWAY IN NORTHERN SYRIA
MSNBC

仕事に関連する会話の内容が変わるわけでもない。レポーターのレポート内容は、それまでと変わったわけではないが、同僚や視聴者に人間としてどう見られるかはまちがいなく変わった。職場のひとびと（同僚、部下、上司、顧客）に対する見方の変化にこそ、新たなリーダーシップ、より人間的なリーダーシップの機会が潜んでいる。もっといえば、部屋のなかにいる人間たちへの思いやりや同情をもったリーダーシップ、と言い換えてもいいだろう。

ズームアウトしてから、ズームインする

このように、職場で人間らしさを共有するケースが急増すると、リーダーと部下の会話を増やす絶好の機会が生まれる。この機会にうまく対処すれば、労働者たちのやる気が全面的に高まるのではないか、とわたしたちは考えている。

といっても、大きな転換をはかり、ビジネスや仕事の会話すべてに人間的な要素をどんどんと取り入れることを勧めているわけではない。それは誠実ではないし不適切だ。わたしたちが提案するのは、大きな効果が期待できるちょっとした変化からはじめることだ。まずは、会話の「入り」と「終わり」の部分に、ちょっとした人間味をつけ加えるのはどうだろう。たとえば、先ほどのレポーターのレポート内容はいつもと変わらなかったが、締めくくりに、スタジオのキャスターがいままでにない人間味をつけ加えた。

「わかりやすいレポート、ありがとうございました。明日もまたよろしくお願いします。では、かわいらしいネコちゃんとたっぷり遊んであげてくださいね」

こうした会話は大きなちがいにつながるうえ、気軽に実行できる。やりすぎないようにだけ注意すればいい。オンライン会議では、対面式の会議と比べて、明確な進行役がいる場合が多い。身ぶりやアイコンタクトによる合図が使いづらいからだ。よって、会議のリーダーが次の発言者や話題を指示することが多くなる。会話の切り替わりが増えると、人間味をつけ加えるちょっとした機会も増える。スムーズな移行や切り替わりには、ビジネス的な効果（しまりのある整然とした会議）と個人への気配り（より人間味のある会議）の両面で、大きな力があるのだ。

人間味をつけ加えることに慣れてきたら、ひとつギアを上げよう。次の機会が潜んでいるのは、主に一対一の会話のなかだ。一対一の会話で、「ズームアウト」を試してみてほしい。つまり、仕事よりも広い範囲へと、会話を一時的に広げるのだ。

本章の原稿を書いているとき、デイヴは保険代理人の事務所で書類の公証をおこなってもらうことになった。その代理人は五人家族で、寝室ふたつのかなり狭いアパートで暮らしていた。そこで事業をいとなみ、オンライン・スクールに通おうとしている三人の子どもを育てるのは、本当にたいへんだった。代理人が日誌をとりだそうとしているとき、デイヴはおもむろにこうたずねた。

「ところで、家庭の調子はどう？　まだ例のアパートに肩を寄せ合って暮らしているのかい？」

代理人は少し肩の力を抜き、順調だと答えた。ただ、学校やオフィスの閉鎖が一〇カ月もつづいているので、家がかなり狭苦しくなってきて、みんなうんざりしているらしい。

ほんの一年前なら意味をなさない質問だったが、それはすべてが変わる前の話だ。パンデミックであれ、どんな破壊的変化であれ、全員が共通の体験をすれば、人間味を表現する機会は増える。こうしたシンプルなつながりや人間味をとり入れるだけで、信頼や信憑性は高まる。この「ズームアウト」（家庭の調子をたずねること）によって、「ズームイン」（仕事の遂行）が効率的に機能し、みんなにとってより有意義なものに感じられるようになる。仕事が独立した活動ではなく、分かつことのできない人生の一部になるからだ。

そして、この「ズームアウトしてからズームイン」という手法があなた自身、あなたの状況、あなたの部下に合っていれば、この手法をもう一歩先へと進めることができる。切り替わりのコメントだけでなく、「人生の調子はどう？」という会話を部下と交わすのだ。

上司は、部下の人生全般（仕事と私生活）やハイブリッドな働き方を実際に世話しないまでも、配慮することならできる。職務の範囲外の事柄もあるので、相手の調子を知るのに細かい部分まで聞きだす必要はない。リーダーは、スタッフを単なる労働者ではなく、仕事をもった人間として扱うことができる。これが仕事の枠を超えて全体像を見るための「ズームアウト」にあたる。さらには、そうした会話を体系化することさえできる。ただし、そうすることがあなたのリーダーとしての役割や社風と合っており、部下たちに求められている場合にかぎる（必ず自由参加式にしよう）。前著『スタンフォード式　人生デザイン講座』で紹介した「コンパスづくり」の演習（本章の章末に掲載）へと部下を誘うのもいいだろう。この演習が重すぎるなら、本書の第1章で紹介したグッドワーク日誌からはじめてもいい。この演習なら気軽に試せるし、個人的な熱意や満足度がまちがいなく高まる。書いてもらったコンパスづくりのエッセイやグッドワーク日誌を提出してもらう必要はない。それは個人の問題だからだ。ただ、仕事観と人生観が一致していると感じるかどうか、たずねることならできるだろう。部下が自分の役割に一貫性や熱意を感じられるよう、どんなサポートが必要かをたずねてもいい。こうした会話は、上司と交わすにはちょっとプライベートすぎるのではないか、と思うなら、心配はいらない。チーム全体で演習をおこなったあと、二人組か三人組に分け、そのなかだけで洞察や課題を共有してもらえばいい。書きだした内容を提出したり、会話の内容を報告したりしてもらう必要はない。

職場のリーダーが、従業員の価値観に介入したり、プライバシーを侵害したりしない範囲で、仕事の熱意、一貫性、やりがいを高める手助けをおこなうことは、なんら問題ない。詳細を把握したり、善悪の判断を加えたりしなくても、そうするためのツールやプロセスを与えることはできるのだ。

こうした機会は前々からあったのだが、二〇二〇年以降、ずっと活かしやすくなった。その理由はふたつある。ひとつ目に、ハイブリッドな働き方やビデオ会議の普及で、こうした会話が劇的におこないやすくなったから。ふたつ目に、パンデミックがすべてのひとにもたらした不安定性によって、人生と仕事の一体感や一貫性を追い求める意欲と心構え、その両方が高まったからだ。

部屋に人間を招き入れる意思があったのかどうかなんて、関係ない。

だれもが人間なのだ。

そして、だれもが部屋のなかにいる。

優れたリーダーはこの現実を認め、適応していくのだ――みんなのために。

目に見えるモノから、目に見えない資産へ

役員室や巨大なデスクなしで、どうやってあなたのリーダーシップや権威を発揮すればいいのだろう？　これまで、リーダーたちが職業上の人格を築くために使ってきた、巨大なデスク、高級服、役員室、設備の充実した店やキッチン、大きな車、態度や身ぶりといった「モノ」は、その多くがもはや通用しない。これらは完全に消滅してしまったわけではないが、これまでのようなイメージをつくりだす力は、大きく衰えてしまった。あなたがどんな車でオンライン会議にやってきたかなんてわからないし、あなたのおろしたての靴や窓からの景色なんてだれにも見えない。

では、これからのリーダーはなにを頼りにすればいいのか？　外見やオフィスの広さといった目に見える「モノ」ではなく、会議の進行のうまさ、リモートでの管理能力、仕事のパフォーマンスや成果物といった目に見えない「資産」だ。前章で、時代はあなた自身の管理から成果物の管理に移ると話した。この変化は、管理される側である労働者と同じくらい（以上ではないにせよ）、管理する側であるリーダーにもあてはまる。上司は、上司としての能力だけでなく、自分自身の職務を時間どおりに遂行する能力についても、説明責任を負うようになるだろう。

たとえば、シリコンバレーは、死に物ぐるいな働き方で知られる。多くの会社では、そんな文化のひとつの表われとして、会議に五〜八分遅刻するのが当たり前だった。とくに上司はそうだ。というのも、上司は超がつくほど忙しい重要な仕事をしているので、一般の従業員よりさらに死に物ぐるいで働いていて、その合間にやっと会議をつめこんでいる状態だからだ。仮想的な仕事環境への移行は、そんなナンセンスな働き方を瞬殺した。オンライン会議は予定時刻にはじまり、予定時刻に終わる。シンプルだ。全員がイヤというほどオンラインで時間を過ごしているので、だれかが来るまで開始を待ったりはしない。そして、車の運転やエレベーター待ちはないので、遅刻の言い訳もきかない。

同じことは、会議の準備についてもあてはまる。明確な議題を立て、話しあう内容を把握し、議論をスムーズに進行させて、参加者全員をきちんと発言させる必要がある。いままでもすべて重要だったが、パンデミック後はこれらへの期待が大きく高まった。そして、いったん高まった期待がまた下がることはないだろう。

永遠に。

目に見える「モノ」を誇示する時代は終わった。

目に見えない「資産」が主役に立ったのだ。

リーダーの資産としては、次のようなものがある。あなたがこれらの資産をほとんどもちあわせていなくて、純粋な権力や人間的魅力（さらには、高級な車や靴）ばかりに頼っているなら、次の項目を積み重ねていってほしい。

●生産に関する資産

・売上

・報告書

・計画、予算

・プログラム

・製品、サービス

●プロセスに関する資産
・ワークフロー
・手順
・昇進や仕事上の成長の道筋
・コミュニケーション（対面、文書、オンライン）

●人間的な資産
・親しみやすさ
・率直さ、誠実さ、信憑性
・信頼性
・口のかたさ
・思いやり（だれにでも、ではなく）
・連絡のとりやすさ、感情的な絆
・信用
・EQ、自制心

どれも重要な資産だ。あなた自身の資産を吟味して、これから必要な資産を積み上げていこう。

在宅の多いいまこそが一対一の会話のチャンス

あなた自身の資産を吟味するついでに、人脈づくりやコミュニティについても、別の視点からとらえなおしてみよう。いろいろな組織のリーダーたち、とくに一〇〇人以上の組織をたばねるリーダーたちと話をしていて、たびたび耳にした疑問がある。パンデミックや新しいハイブリッドな働き方がもたらした人脈づくりやコミュニティの形成方法の変化に、どう対応していけばいいのか？

結論から言うと、新しいワークライフのなかでいままでより簡単になることと、難しくなることがある。

まずは簡単になることのほうから考えてみよう。

親睦会や大規模なカンファレンスでひとが集まるのは難しくなったが（不可能ではないにせよ）、一対一で会うのはいまだかつてなく簡単になった。一対一の会話は、予定された正式なものであれ、予定されていない偶然でカジュアルなものであれ、ずっと仕事の屋台骨をになってきた。一対一の会話の最大のメリットは、一人ひとりに合った個人的交流ができること、相手の話だけに注意を向けられることだ。一対一の会話は、上司と部下、同僚、仕事上の知りあい、気軽な共同作業の相手、そのあらゆるくみあわせでおこなわれる。かつては、多くのひとが忙しく、会えない場所にいるせいで、一対一の会話を交わすことが難しかった。

そういう時代は終わった。それが、この困難な時代がくれた贈り物のひとつなのだ。

いまでは、ほとんどのひとが、いつもとはいわないまでもしょっちゅう自宅にいてオンラインで過ごすようになった。通勤中なわけでも、一七階のオフィスにいるわけでも、〝出先にいる〟わけでもない。コンピューターの前に座り、地球上のほとんどのひとから、ブラウザのタブひとつぶんしか離れていない目と鼻の先にいるのだ。そして、その大半は、個人的にも仕事上でも、いままでよりずっと大きな孤独を感じていて、だれかからおもしろい連絡や貴重な連絡が来るのをうれしく思っている。

つまり、だれかと直接交流するのがこれほど簡単な時代はないのだ。いまほど、みんなのスケジュールが空いていて、あなたと話をしたいと思ってくれるひとが多い時代なんてない。

いまこそ話をするチャンスだ！

あなたがわたしたちの知る二〇二〇年以前のほとんどの管理者と同じなら、部下と一対一で会話する時間と機会を見つけるのは、いつだってたいへんだし、恐ろしくコストがかかっていた。ハイブリッドな働き方のおかげで、通勤時間や長すぎる会議の時間が浮いたいまこそ、その時間の一部を定期的な一対一の会話へと回してみてはどうだろう。研究によると、前向きな大学生活に結びつく唯一最大の要因は、あなた自身やあなたの研究を心から気にかけてくれる教授や職員との直接的で定期的な対話の機会があることなのだという。[1] これは大学ではなく人間に関する研究結果なので、仕事の世界でも大学と同じように成り立つ。実際、自分のことを気にかけてくれる上司のもとで働くひとびとは、より懸命に、熱意をもって働く傾向にある。そして、一対一の会話にかけた時間は、なににも増して、相手を気にかけているという証だ。ぜひ、このチャンスを活かしてほしい。

あなたが管理者であるにしろ、そうでないにしろ、この絶好のチャンスを活かして、一対一の会話を強化しよう。解決の必要な問題が生じたときばかりじゃなく、相手の仕事に興味があるときも、同僚に連絡をとるという誓いを立てよう。「好奇心をもち、ひとびとと話す」というデザイン原則を貫くのだ。

こうした交流は、ふつうなら前もって予定を立てる必要があるが、「食堂でばったり出くわした」ときのような偶然の会話をすることもできなくはない。かつてのような文字どおりの偶然ではないが、予定外の会話をすることができるのだ。その方法とはこうだ。相手に電話をかけ、それを即席のビデオ会合へと変えればいい。

だれかにいきなりビデオ通話モードで電話をかけ、予定外のビデオ通話を試みるのは、いまでもほとんどの労働規範ではマナー違反とされている。一方で、ほとんどの場合、礼儀と丁寧ささえ忘れなければ、いきなり電話をかけるのは問題ない。いきなり電話をかけ、相手とつながったら、もちろん名前を名乗り、会話したい旨を伝えて、こうたずねる。「ジョーン、一五分くらい話をしたいんだけど、いまの都合はどうだろう？」。断られた場合は、いつなら話ができるかをたずねよう。受け入れてくれたら、万々歳だ。そうしたら、もう少し大きなお願いをしてみる。「もし、いまオンラインなら、ビデオ通話でもいい？」。了承してくれたら、用意しておいたビデオ通話のリンクをその場で送るか、相手の希望するプラットフォームを使って連絡しなおせばいい。せいぜい二分もあればかけなおせるし、電話のかわりにビデオ通話にするだけで、ずっと個人的な交流ができるし、ずっと強烈で記憶に残る印象を与えられる。

いきなり電話をかけるのが、ちょっとやりすぎだとか、失礼すぎると感じるなら、ムリはしなくてかまわない。自然体でできないことを、ムリに試すのはよくない。ただ、するかしないかで迷っているなら、却下する前に何回か試してみてほしい。全員がずっとオフィスや仕事場にいたころは、〝なにもしていない〟時間なんてありえなかった。しかし、ハイブリッドな仕事環境では、一日じゅうずっと仕事がつづくことは少ない。一日に何回かは、ちょっとした休憩時間があるし、手が離せないほど忙しくはない比較的落ち着いた時間帯もある。今日のハイブリッドな環境では、ちょうど時間の空いているひとをつかまえられる可能性はおおいにある。礼儀正しく接し、相手の時間をうやまい、無茶な要求をしないことは大切だけれど、ぜひ挑戦してみてほしい。きっと、うまくいくことの多さに驚くはずだ。

オンラインで人間関係を築くにはどうすればいい？

リモート・ワークの爆発的急増で、一対一の会合はどんどん簡単になっているが、その反面、新人研修や、企業のコミュニティや文化の構築は、ずっと難しくなった。その理由は単純だ。遠隔通信技術は、すでにお互いをよく知るひとびとどうしの関係を維持し、活かすのには打ってつけだが、新しい関係の構築を促し、新たなひとびとを既存の人間関係のネットワークへとくみこむのには、はるかに役立たない。全員が実際に一堂に会すると、オンラインでは決して起こらないユニークな相互作用が起きる。そして、そのユニークな相互作用こそが、コミュニティや文化の形成に大きく貢献するのだ。

新人研修とは、新入社員を組織に貢献できるチームの一員として確立するプロセスだ。法務や経理に関する事務手続き。それぞれの役職で必要となるツールや情報の提供。会社の方針、製品、サービスについての教育。そしてなにより、効果的な共同作業に必要な同僚たちとの関係構築。ハイブリッドな働き方が変えたのは、この最後のステップだ。そのステップは、電子的にも、またリモートでもじゅうぶんに実行できるが、人間関係やコミュニティの形成は、石器時代から面と向かっておこなわれてきたことなので、リモートでとなるとまったく話が別で、難しくなる。適材適所な人員配置は、成功する企業の最重要機能のひとつといっていい。効果的な新人研修を通じて、新入社員を企業の共同作業のコミュニティへとくみこまないと、大きな問題が生じる。

新人が強固なネットワークに入りこむことの難しさは、ミュージシャンのマーク・ノップラーのある曲の歌詞でかなり正確に描かれている。「ときには、きみはフロントガラス／ときには、きみは虫」[2]。新入社員にとって、既存のネットワークは絶対に突き破れないフロントガラスで、自分はまるでそのフロントガラスにぶつかってグシャッとつぶれる虫のような気分だ。だれもが毎日、オフィス、研究所、キャンパス、建設現場に通い、一日じゅう一緒に過ごしていた時代は、すべてがもっとシンプルだった。

かつては、出社初日に上司があなたを全員に紹介し、あなたの役割や、あなたを仲間に加えることの重要性を、みんなに伝えていた。「アネット、ここにいるエロイースを製品発売チームのみんなに紹介しておいてくれない？　彼女には、顧客が最初に目を通す文書を書いてもらう予定なので、チームの目標をきちんと把握しておいてもらわないと」。よい上司なら、最初の週のうちに、あなたを同僚たちと結びつけてくれるネットワークの仲介役を紹介してくれるだろう。「エロイース、こちらがハラン。紹介してほしいひとがいたら、ハランに頼んで。ハランなら全員を知っているし、全員に信頼されているから。助けを求める相手がわからないときや、自分の仕事が影響を及ぼす相手がわからないときは、ハランに訊くといいと思う。なんでも知っているからね」

こうやってひとびとをチームに溶けこませる方法は、「同じ場所にいること」が大きな前提条件だった。ハランを紹介してもらったあと、いちばん賢明な行動は、彼と一緒に建物を歩き回って、一、二時間のあいだに彼が〝はちあわせ〟したひとびととの一二回の会話を、横で黙って聞くことだ。

ところが、オンラインではそうはいかない。

新しい環境への適応が必要なのだ。

では、新しいチームメンバーを迎え入れ、チームにくみこむという厄介な作業をやり遂げる最善の方法とは？　少人数のグループに分けることだ。

少人数のグループに分けて交流しよう

リモートでのオンライン・コミュニケーションは、中～大規模なグループ（七人以上）での交流をより他人行儀なものにする一方で、小規模なグループ（三～六人）での交流をより親密なものにする。わたしたち筆者は、スタンフォード大学の講座やオンラインの社会人向けワークショップで、この点をじかに目撃してきた。わたしたちはオンラインでいちどに六〇～一〇〇人以上を教えるとき、少人数での交流を促すため、大人数のグループを少人数ずつに分割する「ブレイクアウト・ルーム」機能を多用する。営利企業、非営利のNGO、サービス組織など、ほぼありとあらゆる仕事の状況で、管理者やリーダーたちから似たような報告を耳にしている。

オンラインの少人数での交流では、全員の顔が画面上に等しい大きさで分割表示される。だれかが話をしているとき、そのひとはだれの邪魔も受けない。このことがグループのダイナミクスを劇的な形で変える。外交的で騒がしいひとびとが横柄にふるまうことは少なくなり、内向的で無口なひとびとがぞんざいに扱われることは少なくなる。少人数でのビデオ会議は、全員公平な環境をつくりだし、チームの新人にとって大きな利益を生みだすのだ。こうすれば、新入社員はすぐさま重要な同僚たちと親密な交流をはかり、旧来のシステムなら数カ月はかかるような強烈な印象を与える機会が生まれるだろう。

新入社員自身とその上司の両方が、この機会を活かす行動をとれる。上司は、大人数でのオンライン・イベントの最中、三〜六人の少人数グループへの分割が必要な活動を必ずくみこむようにするといいだろう。その機会は多ければ多いほどよい。六〇人の学生やクライアントが参加する二時間のクラスの最中、わたしたちは一回七〜二〇分の三〜六人（これは魔法の数字だ）での活動を、何度もくり返す。一時間を超える会合の最中、全体と少人数グループとのあいだをリズミカルに行き来することで、魔法が働き、職場のコミュニティづくりが飛躍的に進むだろう。

そして、あなたが新入社員で、上司がこうしたことをしてくれないなら、あなた自身ですることだってできる。オンライン会議に参加したら、どんな問題が議題に上がっているのか、だれの見解があなたの仕事に影響を及ぼしそうなのかに、じっくりと注目しよう。そのうえで、会議の直後、懸念事項に対処するためにもう少し詳しく話を聞いておいたほうがよいと思う相手を数人ピックアップして、短時間の会合へと招くのだ。個人的な関係を築く機会が得られるよう、人数は三〜六人にしぼり、具体的な疑問やアクション・アイテムに対処できるよう、会合の時間は二〇分以内に抑えよう。きっと、相手の注目を得られるチャンスがぐんと高まるはずだ。

このように少人数のグループを用いて、手軽とはいえ強力な個人的関係を築けば、よりスムーズにコミュニティへと溶けこむことができる。そして、あなた自身（や部下）を、コミュニティに欠かせない重要な一員として確立することができるだろう。

みんなで集まるのが合理的なのはどういうとき？

組織のリーダーたちは、このリモート中心の新しいハイブリッドな働き方にどんな反応を示しているのか？　わたしたちが聞くかぎりでは、その反応は圧倒的に好意的だ。効果的な共同作業が可能になった。居場所にかかわらず仕事がこなせる。おまけに、全員が同じ場所で同時に働くのに必要な巨額の設備費も不要。いいことずくめだ。

「ただ――」と彼ら彼女らは言う。「すべてをリモートで、というわけにはいかない。それだと成り立たないのだ。バラバラで働いていると、途中で必ず穴が生じる。その損失はまちがいなくビジネスに深刻な影響を及ぼすのだ」

CEO、コンサルタント、経営者、小事業主など、わたしたちが話を聞いてきただれもが、こんな疑問の答えを見つけだそうとしていた。

「わたしたちが一緒にいなければ決してできないこととは？」

その答えは一言でいうとこうだ。状況による。

ひとつだけはっきりしているのは、一緒にいることはまちがいなく重要だ、ということだ――状況によっては。一緒にいることは、いつ、だれにとって重要なのか？　その答えは、企業、その業務、組織構造によって変わってくる。ひとびとが顔を合わせるのが重要なのはいつなのか、という疑問に、唯一の正解なんてない。重要なのは、組織のリーダーたちが各自でその答えを見つけ、サポートすることだ。

それはアイデア創造のためかもしれない。お互いに切磋琢磨しながらアイデアを出しあうことで、一種のフロー状態に入って有力なアイデアをずばずばと生みだしていく敏腕チームのメカニズムを体験できる。

または、お祝いのためかもしれない。みんなで集まって、さまざまなチームや個人の努力、具体的な貢献、重大な成果を認め、一緒に祝うのだ。そうすることで、ひとびとがお給料以上に求めるものが得られる。それは、同僚や上司の前で認められ、評価される機会だ。

または、コミュニケーションや連携のためかもしれない。ときどき全員が一堂に会し、質問、懸念事項、問題点など、最新のプロジェクトの状況や未解決の優先事項について情報をすりあわせるのだ。こうした対面式の〝タウンホール・ミーティング〟を開くことで、連携がうまく働き、意外な相互依存関係に不意を突かれなくてすむようになる。

または、顧客を知るためかもしれない。製品やサービスの提供者と購入者（または利用者）をひとつの場所に集め、労働者たちの日々の仕事が実際に影響を及ぼすひとびとの生活をじかに見たり触れたりするのだ。

実際に集まる努力をするべき合理的な理由は、いくらでもある。では、あなたの組織にとっての合理的な理由を探りだすには？　わたしたちの提案する方法は、おそらくもうおわかりだろう。好奇心をもち、ひとびとと話し、なにかをやってみて、物語を語る、という四つのステップだ。まずはひとびとの話を真摯に聞き、次にプロトタイピングをくり返す。このアプローチを使えば、「集まることが本当に必要なのはいつ？」という厄介で重大な疑問への効果的な答えをデザインできるだろう。

ハイブリッドな働き方は本当に成り立つのか？

ハイブリッドな組織のデザインが、うまく実行すれば本当に機能するという証拠はあるのだろうか？

ビルの教師仲間のイーライは、従来型のオフィスが存在しない組織で働いている。全員が初日からリモート・ワーカーだ。よりよいデジタル製品をデザインするためのソフトウェア・ツール（いわば、ソフトウェアをデザインするソフトウェア）を提供する先進企業のひとつ、インビジョンは、オフィスや、それにともなう伝統的なステータスがなくても、繁栄する社風を築いている。同社は、アメリカ、ヨーロッパ、アジアを含む全世界の計二八カ国、優秀な人材が見つかる場所ならどこにでも従業員を抱えている。いったいどうやってそんなことをしているのだろう？　同社は極端に〝フラット〟な組織構造をもち、階層はほとんどなく、プロジェクト中心のチーム構造をもち、全従業員に究極の説明責任を求めている。また、多くのミクロな手法を使って社風を築いている。小さく集中的なチーム、従来の意味での仕事の〝監督〟の廃止、チームの調子をうかがうための朝いちばんの一〇分間の立ち会議、多くの自然発生的な一対一の会話、プロジェクトの進捗をつねに把握するための綿密なコミュニケーション・ツールや記録ツール。そして、年一回、全社でのＩＲＬ会議を開いている。「ＩＲＬ」とは、「現実世界《イン・リアル・ライフ》で」の略だ。これは、従来のオンサイトとオフサイトに分けた考え方をおもしろおかしくとらえなおした言葉だ。二〇一一年にバーチャル・オフィス会社として創設されたインビジョンは、熱意ある従業員たちに支えられ、ニッチなビジネスで財務的な成功をつかんでいる。すべてバーチャルでも、社風を築き、人材を開発できるという証拠だ。

最後にものをいうのは「やる気が高まる場」だ

本書の冒頭で、過半数の労働者が仕事にやる気を失っている、という話をした。これは解決が待ち望まれる問題だ。わたしたちは人生のあまりにも長い時間を仕事に費やし、おそらくいままで以上に、時間の大切さを痛感している。

人生はこんなにも短く、もろい。

パンデミックの前もそうだった。

パンデミックの最中もそうだった。

そして、パンデミックのあともそうだ。

労働者はもっとやる気をもって仕事がしたい。上司は部下にもっとやる気をもって仕事をしてもらいたい。顧客は自分にサービスや製品を提供してくれる相手にもっとやる気をもってほしい。いままで以上に、ワークライフをデザインするうえで、やる気を高める仕事や職場環境をつくり出すことが大事になっている。やる気のある労働者ほど、よりよく働き、よりよい製品をつくり、よりよいサービスを提供し、より少ない時間でより多くの仕事をこなし、自宅や職場でより満足し、人間的にも仕事面でも成長できる。

そして、自宅と仕事が融合したいま、リーダーと個々の労働者の両方が、新しい正常《ニュー・ノーマル》の一部となった新しいハイブリッドな働き方のなかで、やる気を高めるためのツールや資源をうまく活用していく必要があるだろう。

ぜひ、本書で紹介したアイデアのうち、あなた自身やあなたの組織に合ったものを活かしてほしい。そして、わたしたちの提供するデザイン手法に基づいて、あなた自身の個人的、地域的、世界的な破壊的変化に対処するための独自のアイデアを築いていってほしい。

幸せになる〝許可証〟がこれほど重要な時代はない。

そして、わたしたちのワークライフは、実はわたしたちの人生そのものだ。

どんな破壊的変化が訪れようとも、あなたやみんなが輝ける人生をデザインしよう。

そのためには、お互いの力が必要だ。

いままでも。これからも。

そして、結局はそれがいちばん大事なことなのだ。

だから、がんばってほしい。わたしたちがついているから。明日への道をデザインする方法は、いつだってあるのだ。

やってみよう

演習——仕事観と人生観

仕事観について考える

自分の仕事観についてざっと振り返ってみよう。

論文レベルのものを求めているわけではないが（もちろん成績もつけない）、真剣に書きだしてほしい。頭のなかだけですませないこと。三〇分くらいかけて、Ａ４用紙一枚以内にまとめよう。

仕事とはなにか？　あなたにとってどういう意味をもつのか？　よい仕事とはなにか？　こうした疑問に答えるのが仕事観だ。仕事に求めるもの、仕事で手に入れたいものを単にリストアップするのではなくて、仕事に対するあなたの考え方全般をまとめよう。

たとえば、次のような質問に答えてみるといいだろう。

- なぜ仕事をするのか？
- 仕事はなんのためにあるのか？
- あなたにとっての仕事の意味は？
- 仕事とあなた個人、ほかのひとびと、社会との関係は？
- よい仕事や価値ある仕事とは？

・お金と仕事の関係は？
・経験、成長、充足感と仕事の関係は？

人生観について考える

仕事観と同様、人生観についても考えてみよう。

今回も三〇分間、Ａ４用紙一枚以内でまとめること。参考までに、人生観に関する一般的な質問を以下に挙げてみた。大事なのは、あなたの人生観を決定づける重要な価値観なり考え方なりを書きだすことだ。人生観とは、あなたにとっていちばん重要なことを定義するものなのだ。

・あなたはなぜここにいるのか？
・人生の意味や目的は？
・あなたと他者の関係は？
・あなたと家族、国、世界の関係は？
・善や悪とはなにか？
・人間より上位のもの、神、超越的な存在はいると思うか？　思うとすれば、あなたの人生にどんな影響を与えているか？
・喜び、悲しみ、公正、不公正、愛、平和、対立はあなたの人生にどうかかわっているか？

次に、あなたの書いた仕事観と人生観を読みなおし、次の質問にひとつずつ答えてみてほしい。

a. あなたの仕事観と人生観はどの部分で補いあっているか？

b. あなたの仕事観と人生観はどの部分で食いちがっているか？

c. あなたの仕事観と人生観に因果関係はあるか？　あるとすれば、どんな？

最後に　幸せの〝許可証〟を手にしよう

今回お届けしたのは、わたしたちの二冊目の著書の改訂版だ。

新しいツールやアイデアもたくさん紹介したが、基本的なメッセージは変わらない。あなたは人生のクリエイティブなデザイナー。一日一日をどう過ごすかで、人生をどう過ごすかが決まる。行きづまることなんて絶対にない。ときどき立ち止まることはあっても、完全に行きづまることは。あなた自身や仕事の小さな変化にせよ、世界規模の巨大な破壊的変化にせよ、少なくとも、前進の道をデザインし、より豊かで生き生きとした人生を築くための一定の行動なら、いつだって起こせる。大事なのは行動の大きさではなくて、行動を起こすことそのものなのだ、ということをどうか忘れないでほしい。

スタンフォード大学のコミュニティの欠かせない一部となった地元のビアガーデン「ゾッツ」で初めてビールをくみ交わし、ライフデザインの世界的なムーブメントの火種となった計画をふたりで練りはじめたとき、ビルのこんな言葉にハッとさせられた。

「豊かで、生きがいがあり、一貫していて、楽しい人生。そんな人生のデザイン方法を学生たちに教えるなら、自分たちでも有言実行しないとね。じゃなきゃ、われわれはキャンパス一の偽善者になっちまうぞ」

その日以来、わたしたちは自分たちが教え、書き記している考え方やツールを懸命に研究し、発展させてきた。そして、身をもって自分たちの教えを実践すべく、それ以上にがんばってきた。

事実、ライフデザインには永遠に完成なんてないのだ。

わたしたちがこの改訂版を書き終えたのは、世界的なコロナウイルス・パンデミックに終わりの兆しが見えかけてきたころだった。人生の次の段階について考えていたとき、わたしたちはふと気づいた。次になにが起こるのかわからないなんて最高じゃないか。それこそが人生をおもしろくて、楽しく、どこまでも魅力的なものにしているのだから。ときには、失敗したり、一歩後退したり、日常がめちゃくちゃに破壊されて一からやりなおすはめになったりすることもある。でも、デザイン思考があれば無敵だ。いつだって前進の道は残されているのだから。

逆に、成功することもある。ときには、まったく想像すらしない形で成功してしまい、感謝の気持ちや人生の喜びにひたるのをふと忘れてしまうことがある。

だれにだって、ときには幸せになるちょっとした〝許可証〟が必要だ。

わたしたちについていえば、ビルはスタンフォード大学での仕事や芸術家としての仕事、妻のシンシアや家族とのライフスタイルを、つねにデザインしなおしつづけている。デイヴは適切なマインドセットを保ち、世の中への公的な影響力と増えていく孫たちへの私的な影響力のバランスをとるため、努力しつづけている。

ふたりとも、「いまのところは、これでじゅうぶん」と思えるものに、積極的に目を向けようとしているのだ。

しかし、わたしたちの人生は絶えず変化しつづけているので、わたしたちの人生の物語もまた絶えず変化しつづけている。ほかのみんなと同じように、「建設的な受容」を実践しなくてはならない段階にいるのだ。妻のクラウディアに先立たれたあと、デイヴはゆっくりとはいえ、妻への愛情を、孫、友人、隣人へと向けなおすすべを学びはじめた。ビルと妻のシンシアは、お互いの母親を亡くしたことをきっかけに、田舎の土地を買って何代もつづく一家の安住の地を築くという以前からの夢を叶えた。

そしてもちろん、本書で紹介してきた実在のひとびとにも、絶えず進化し、変化しつづけているライフデザインの物語がある。[1]

「はじめに」で紹介した、仕事を転々としてきたボニーは、とうとう自分の求めているものがわかった。最大の問題は、彼女の「メーカー・ミックス」のバランスが崩れていることだった。彼女は自分が気づいている以上に、そして望む以上に、世の中への「影響力」を重視しすぎていた。理想の高いミレニアル世代として、世界を変えようと努力するのは悪いことではないが、その思いが強すぎるあまり、少しイライラがつのっていることに気づきはじめたのだ。単独で世界的な影響を及ぼせる仕事なんてありえなかった。しかし、じっくりと腰を落ち着け、「対処可能な最小限の問題」について考え、「ズームイン」し、余計な脚色をとり除いて現実を直視してみると、ある程度の安定性（「お金」）とある程度の創造性（「自己表現」）も影響力と同じくらい重要だとわかった。そこで彼女は、とある中規模企業で（新興企業《スタートアップ》は、彼女のメーカー・ミックスを実現するにはリスクが高すぎた）、ソーシャル・メディア・マーケティングを管理する念願のクリエイティブな仕事を見つけた。まちがいなく、天職というよりは仕事に近い。それでも、ようやく手に入れた空き時間に、ヨガ講師になるための訓練を受けると同時に、やりがいや社会的なつながりも築きはじめた。バランスのとれた人生だ。彼女にとっては、「いまのところは、これでじゅうぶん」だった。

それから、中堅の営業部長でトーキング・ヘッズのファンであるルイスのことは覚えているだろうか？　彼は仕事をデザインしなおすことに見事成功した。ストレングス・ファインダーで判明した強みを存分に活かして、いまでは高い自律性を手に入れ、新しい仕事に必要なスキルを習得することを楽しんでいる。

退屈した医師のマリーは、医療の世界を去ることを決めた。難しい決断だった。医師としてのアイデンティティは、小さいころから彼女の〝物語〟の一部だったからだ。しかし、これ以上〝医師の物語〟をつづけるのは難しくなった。いま、次なる自分のプロトタイプをつくっている真っ最中の彼女は、そのプロセスに興奮やスリルを感じている。メーカー・ミックスの演習を終えた結果、彼女は自分が思っていた以上に自己表現を重視していることに気づいた。そこで、次は医師よりもクリエイティブな側面を発揮できる仕事をしようと決めた。彼女は自分が仕事だけでなく人生をもデザインしなおそうとしていることに気づき、前著『スタンフォード式　人生デザイン講座』で紹介した主な演習や活動、とくに「冒険プラン」の作成をやりなおしてみた。

そして、パンデミックの影響で解雇されたホテル従業員のアンナは、自分でも驚いたことに、キャリアだけでなく家庭生活までもデザインしなおした。ホテルを解雇され、パンデミックによる屋内退避命令が出てから数カ月後、彼女は家にこもる日々にすっかり疲れ、自宅をより楽しくする方法を試しはじめた。自宅のちょっとしたリフォームをおこなって、子どもの遊び場をつくり、自宅で子どもと一緒にできる活動のプロトタイプをつくりはじめた。そうするうちに、仕事と母親業の両立こそが自分に合っているのだと気づいた。こうして得た新たなエネルギーと家族への熱意を胸に、彼女は建設業界での新しいキャリアへと突き進んでいった。

本書で紹介したすべてのひとびと、そしてわたしたちの学生、同僚、クライアント、読者たちが、前進の道をデザインし、築きつづけている。あなたを含めたたくさんのひとと、こうして人生や仕事に関する重要な会話ができるというのは、わたしたち筆者の大きな特権だと思っている。前進の道をデザインし、充実した楽しい人生を築こうとしているひとを後押しするのは、すごくやりがいのある体験だ。あなたも、そんな体験に加わってみてはどうだろうか。ぜひあなたも、前著と本作を中心として広がりつづけるムーブメントの一員になってほしい。この二冊の本がこの世に存在するのは、行きづまり思考に閉じこめられている現状に多くのひとがうんざりしているからだ。だれもが、その行きづまりから抜けだし、よりよい仕事や豊かな人生へと向かって進む方法について、より効果的で実践的なアイデアを求めているのだ。この本があなたの助けになったのなら、本当にうれしい。そして、いまや急成長するライフデザイナーのコミュニティの一員となった読者のみなさんが、人生をデザインし、物語を語り、友人、家族、職場、社会全体の真の変革を促して、実際に行きづまり思考を減らすことに成功したとしたら、こんなにうれしいことはない。本書の考え方があなたにとって役立ったなら、ぜひ次はだれかと共有することを考えてほしい。

仕事への不満、オーバーワーク、やる気の低下、破壊的変化、燃え尽き。どれも個人の問題だととらえられがちだ。仕事がうまくいかないのは、本人の責任。上司の責任。だれかの責任。しかし、実際には、まるまる個人の問題というわけではない。社会の問題、世界の問題でもある。職場でのやる気の低下は伝染する。その理由は、組織が行きづまり思考に満ちているからだ。これは生産性やパフォーマンスの大きな損失であるばかりか、世界にとっても大きな損失といえる。あまりにも多くの仕事が、ムダになったり、目的を欠いたりしている。だからこそ、解決しなければならない真の問題、立ち向かわなければならない真の課題がある。個人にとって、組織にとって、社会にとってうまく機能するよう、仕事の文化を変える必要があるのだ。あなたの仕事に対する考え方を変え、その視点の転換をほかのひとびとと共有すれば、あなたははるかに大きな意味や影響を生みだしたことになる。

どれだけ多くのひとを手助けしたって、終わりがないことはわかっている。一人ひとりにも終わりはないし、社会全体にも終わりはない。それでも、人生においてもっと多くの楽しみや目的、影響力、生きがい、そしてそう、お金を手にする資格のあるひとは、世の中にまだまだおおぜいいる。あなた自身がライフデザイナーになるのに、本書が役立ったことを願ってやまない。そして、多くのひとがライフデザイナーになるのを、あなたが手助けしてくれることを期待している。

ライフデザインに完成はない。完璧もない。

でも、それでいい。

それがいい。

わたしたちが絶対の自信をもって言えることはただひとつ——人生は、つまらない仕事をつづけるには短すぎる。

そして、人生は、つまらない人生をつづけるには貴重すぎる。

謝辞

本書は、前著『スタンフォード式 人生デザイン講座』への世界的な反響から生まれた。多くのすばらしいひとびとの貢献なくしては、本書は誕生しなかっただろう。

ラーラ・ラヴは、わたしたちにとってのライターであり、主な告白の相手であり、良心であり、このうえなく辛抱強い聞き役だ。彼女は自分の声を見つける手助けをしてくれたばかりか、わたしたちがつねにその声で語りかけられるよう気を配ってくれる。彼女の努力なくしては、本書は絶対に完成しなかったと思う。

担当編集者のヴィッキー・ウィルソンは、「これは本じゃなく、ムーブメントなの。だから、そのムーブメントをつづけ、次の本を書く義務があると思う」と言ってくれた。だから、わたしたちはその助言に従った。彼女は本書の八通りのバリエーションのなかからどれで行くかを決めてくれたうえ、不満を抱えるすべての労働者の味方として、全員に語りかけるよう助言してくれた。要するに、今回もまた、編集者の役割を見事に果たしてくれたわけだ。四年前、彼女に声をかけられた瞬間から、わたしたちはこのひとにすべてを任せようと決めた。その気持ちはいまも変わらない。

ダグ・アブラムズは、わたしたちのエージェントであり、刺激の源であり、出版業界のツアーガイドだ。今回の魔法のじゅうたんの旅をはじめてくれた彼は、わたしたちにとってランプの精のような存在だ。有意義な形で壮大なアイデアを世界に届けるためなら、喜んで彼の魔力に頼ろうと思う。

ダグはまた、マーシュ・エージェンシーのすばらしい多国籍チーム（カミラ・フェリアーとジェマ・マクドナー）と、アブナー・スタインのイギリス・チーム（カスピアン・デニスとサンディー・ヴィオレット）を紹介してくれた。

出版社ヴィンテージのポピー・ハンプソンとイギリス・チームは、出会った瞬間から、献身的ですばらしい注目を捧げてくれた。感謝したい。

サヴァンナ・ピーターソンは、わたしたちにとってのメディア専門家だ。どんなムーブメントもコミュニティによって突き動かされる。そして、コミュニティは自然と生まれるわけではなく、だれかが生む必要がある。その「だれか」にあたるのがサヴァンナだ。彼女はこの作品を心から信じてくれた。ライフデザインの世界的なムーブメントの仕掛け人がいるとすれば、それは彼女のほかに考えられない。

ペンギン・ランダムハウスのキム・インジェニートとチームのみなさんは、世界じゅうの文字どおり何百カ所という会場までわたしたちを飛行機で送り、何万人というひとびととつながらせてくれた。書籍のビジネスを人間のビジネスへとこれほど見事に生まれ変わらせてくれたみなさんにお礼を言いたい。

クリスティン・ジェンセンは、ワークショップをスムーズに開催し、わたしたちの大好きなこと、つまり「教えること」を実現してくれた。

ベテラン・トレーナーのスーザン・バーネットは、ライフデザインを通じた女性の活躍推進、企業クライアントへの商品の提供、トレーナーのトレーニングの考案と実施、の三点において、かけがえのない存在だ。彼女はわたしたちがしようと思ってもできないことを、見事にやってのける。そして、わたしたちを成長させてくれる。

世界じゅうの国際的な協力者の方々にも感謝したい。とくに、日本の玉置真波さんは、この地球上でもっとも苛酷な職場文化のひとつで働く日本の労働者の方々へと、ライフデザインのワークショップを届ける活動を先導してくれている。タイの勇敢なライフデザイン・コーチでデザイン思考ワークショップのリーダーであるプームシット・ラムプラシッティポンは、タイのすべてのひとが充実した楽しい人生を築く機会を得られるよう奮闘してくれている。

スタンフォード大学ライフデザイン・ラボのマネージング・ディレクターのキャシー・デイヴィースにも感謝している。当初、ライフデザイン活動がわたしたちふたりの手元を離れて広まるなんて、だれも思わなかった。彼女は、ライフデザインがビッグ・アイデアであり、スタンフォード大学であれどこであれ、多くのひとの手によって教えられる、ということを証明してくれている。この活動を広め、スタンフォード大学以外の読者に届けるきっかけを与えてくれたキャシーには、感謝してもしきれない。

それから、スタンフォード大学dライフのすばらしいフェローのみなさんにも。だれよりもまず、一〇〇以上の大学、一〇〇万人以上の学生にライフデザインを届ける、ライフデザイン・スタジオを築き上げてくれた、ガブリエル・サンタ゠ドナートに大きなお礼を言いたい。普及、とはまさにこのことだ。そして、わたしたちの最高の教師とデザイナーのチーム、とくにジョン・アームストロング、エミリー・チアン、クリス・シマモラは、つねに学生たちや、一緒に働いた相手を驚かせている。本当に頭が下がる。

クリエイティブ・ライブのすばらしいチームのみなさんは、個人向けのオンライン体験を念入りに築き上げてくれた。おかげで、「わたしでも講座を受けられますか?」という質問に、「もちろんです!」と答えられるようになった。だれでも、どこでも、いつでも。

一流の作家であり、思想のリーダーであり、助言者でもある親友のダニエル・ピンクは、みずからの体験や洞察を惜しげもなく共有し、新人作家のわたしたちを支えてくれた。本当にありがとう。

また、ふたり合計七五年以上のキャリアのなかで、わたしたちと仕事をしてくれた何十人という最高の上司やパートナーの方々にも感謝したい。みなさんにはたくさんのことを教えられた。みなさんの知恵(と広い心)こそが、本書の揺るぎない土台になったことはまちがいない。

そして、強力なライフデザイナー、サポーター、メンターのコミュニティにもお世話になった。スタンフォード大学ライフデザイン・ラボに参加し、教育の向上という目標を推進してくれている三〇〇人以上の教育者のみなさん。

コーチングの認定を受け、ひとびとが真の変化を起こして充実した楽しい人生を実現できるよう後押ししている一〇〇人以上の献身的なライフ・コーチやエグゼクティブ・コーチのみなさん。

わたしたちを世界じゅうのイベントやコミュニティでの講演に招き、わたしたちも含めた多くのひとにとって、リアルで個人的なつながりを生みだしてくれた二〇〇人近いイベント主催者のみなさん。

三〇〇人以上のコミュニティ・リーダーや、三万人以上のオンライン・コミュニティのメンバーのみなさん。

みなさんの献身的な努力、忍耐力、サポートこそが、ライフデザイン・ムーブメントの原動力になっている。本当に、ありがとう。

訳者あとがき

仕事がつまらない。仕事が退屈。仕事にやる気を感じない。自分に合う仕事とはなんだろう？職場で最高に輝ける自分になるには？

多くのひとがそんな悩みを抱えながら生きている。

本書『スタンフォード式　人生デザイン講座　仕事篇』（原題：*Designing Your New Work Life: How to Thrive and Change and Find Happiness—and a New Freedom—at Work*）は、そんな悩みを抱えるひとびとのために書かれた本だ。ビル・バーネットとデイヴ・エヴァンスの前作『スタンフォード式　人生デザイン講座』が、デザイン思考を用いて楽しく充実した人生をデザインする方法を紹介した本だとすれば、本作はいわばその仕事篇だ。デザイン思考の考え方を用いて、楽しく充実した仕事（本書でいうワークライフ）を築くためのアイデアがぎっしりとつまっている。このワークライフという言葉には、仕事《ワーク》と人生《ライフ》は切り離せないものだ、という意味がこめられているように思う。仕事は人生のなかで多くの時間を占めるし、仕事をデザインしなおすことは、人生をデザインしなおすことにもつながるからだ。

両氏の著書の邦訳としては、これが二冊目になるのだが、実は本作の前に、*Designing Your Work Life*という本が二〇二〇年初頭に刊行されている。わたし自身も刊行のしばらく前にその本のリーディング（出版検討中の海外書籍のあらすじや所感をまとめる作業）を担当し、たいへん楽しく読ませていただいたのだが、長いあいだ邦訳書の刊行は実現していなかった。ところが、そうこうしているときに、まえがきでも触れられているとおり、コロナ・パンデミックが発生し、仕事をめぐる状況が劇的に変化した。在宅ワークが急増し、ひととひととの交流のしかたはがらりと変わってしまった。そこで、パンデミック後の未来に備えるための章（第11～14章）を大幅に加筆し、前作の原題にNewをつけた改訂版として出版されたのが今回の原書だ。本書は、その改訂版のほうの邦訳にあたる。

とはいえ、著者も書中で述べているとおり、仕事をデザインするための基本的なプロセスは、パンデミック前後で変わらない。前作で登場したデザイン思考の五つのマインドセットと、本書で新登場した六つ目のマインドセット「物語」を使えば、現在地がどこであれ、前進していけるからだ。本書を読めば、状況が変わっても、前に進む基本的な方法論は変わらないことがわかる。今回の改訂版では、そこに今回のパンデミックのような破壊的変化《ディスラプション》を乗り越えるためのデザイン・ツールも加わり、いっそう充実した内容になっている。日本の一般的な書籍と比べるとかなりのボリュームに一瞬ひるんでしまうが、ぜひ自分の置かれた状況に合った章からでも読んでいってくれたらうれしい。

仕事をデザインする、というと、いままでにない仕事をつくるとか、新しいキャリアを築くことをイメージしてしまうのだが、本書の序盤では、まずいまある仕事をもっと楽しく充実したものに変えるためのアイデアが紹介されている。仕事で悩むことがあるわたし自身も、いまの仕事はあなたにとってそう悪くないかもしれない、「いまのところは、これでじゅうぶん」と思えるようになればいい、という著者の言葉には、とても心を暖められた。そこを出発地として、ハードルを低く設定しながら、少しずつ仕事をデザインしなおしていけばいいのだ。

本書の中盤では、いまの仕事をデザインしなおすだけではうまくいかなかったひとのために、未来につながる仕事の辞め方、新しい仕事の探し方、フリーへの転身方法を紹介している。

そして、本書の終盤では、人生や仕事を一変させるような破壊的変化に見舞われたときの対処法や、新時代の働き方との向きあい方を紹介している。仕事にやる気を失っているひと、仕事がないひと、退職や転職を検討しているひと、新しいキャリアを築こうとしているひと。きっとどんな状況にいるひとにも、役立つアイデアが見つかるはずだ。

本書は決して、どんな仕事の問題でもたちどころに解決できるハウトゥ・マニュアルではない。それでも、いまある現実を受け入れ、「好奇心をもつ」「ひとびとと話をする」「やってみる」「物語を語る」というデザイン思考のマインドセットを活かせば、少なくとも行きづまることはない。少しずつなら、前へ前へと進んでいける。そんな著者の言葉は、未来への希望だ。本書を読んで、少しでも未来に希望を抱いてくださる方がいたら、訳者としてたいへんうれしく思う。

本書は前作『スタンフォード式　人生デザイン講座』で思い描いた人生を具体的な形にするための実践本だ。本作だけを読んでも内容が理解できるよう、なるべく説明や訳注を補ったつもりだが、さらに理解を深めたい方は、ぜひ前作もあわせて読んでみてほしい。

最後に、短い時間のなか、的確な編集をしてくださった早川書房の編集者の石井広行さんと、千代延良介さん、そして同社の校正者の方々に深くお礼を申し上げたい。それでも本書の翻訳に不備が残っているとすれば、それはすべて訳者の責任だ。

二〇二二年九月

原　註

はじめに　職場で最高に輝ける自分になろう

1. ビル・バーネット＆デイヴ・エヴァンス『スタンフォード式　人生デザイン講座』（千葉敏生訳、ハヤカワNF文庫、2019年）の第6章または www.designingyour.life を参照。
2. 同書第5章または www.designingyour.life を参照。
3. *State of the Global Workplace* (Gallup Press, 2017), p. 183.
4. *State of the Global Workplace* (Gallup Press, 2017), p. 22.
5. *State of the Global Workplace* (Gallup Press, 2017), p. 133.
6. 物語に関する追加の資料については、以下を確認してほしい。
   www.storycorps.net
   www.themoth.org
   www.wnycstudios.org/shows/radiolab
7. *Brain World*, Summer 2018, pp. 16–18.

第1章　まだ着かないの？

1.『スタンフォード式　人生デザイン講座』の第1章または www.designingyour.life を参照。
2. E. Lindqvist, R. Östling, and D. Cesarini, "Long-run Effects of Lottery Wealth on Psychological Well-being," NBER Working Paper No. 24667, May 2018.
3. www.adultdevelopmentstudy.org.
4. George E. Vaillant, *Triumphs of Experience: The Men of the Harvard Grant Study* (Cambridge, MA: Belknap Press, 2012).
5. 組織における"政治"の実際の仕組みについては、第6章で。
6. J. C. Norcross, M. S. Mrykalo, and M. D. Blagys, "Auld Lang Syne: Success Predictors, Change Processes, and Self-Reported Outcomes of New Year's Resolvers and Nonresolvers," *Journal of Clinical Psychology* 58 (2002): 397–405.
7. スタンフォード大学教授のB・J・フォッグの研究を参照。また、TEDxの動画 www.youtube.com/watch?v=AdKUJxjn-R8 も視聴してみてほしい。
8. www.dominican.edu/academics/lae/under-graduate-programs/psych/faculty/assets-gail-matthews/researchsummary2.pdf.

原　註

第２章　お金とやりがい、どっちをとる？

1.『スタンフォード式　人生デザイン講座』の「最後に」を参照。
2.「教師が生みだすもの」については、YouTubeにアクセスして、話し言葉を使った詩人テイラー・マリのすばらしい詩 www.youtube.com/watch?v=RxsOVK4syxU をぜひ視聴してほしい。
3. メーカー・ミックスを設定するうえで考慮すべき条件はいくつかある。明らかに、費やす時間はそのひとつだが、単純に、3つの項目にそれぞれ週何時間ずつを費やすか、という問題ではない。ほかの活動より時間がかかるからといって（たとえば、通勤や洗濯）、必ずしもそのぶんだけ価値があるとか、重要だということにはならない。わずかな時間でも有意義に感じられる活動もあれば、時間はかかるが些細に感じられる活動もある。重要なのは、あなたの生みだしているものにどれだけ価値があると思うのか、なのだ。ビルの現在のメーカー・ミックスを例にとれば、彼は「自己表現」を30パーセントくらいに設定したが、自己表現に全時間のまるまる30パーセントをかけているわけではない（現時点では、だが）。しかし、芸術を制作する体験は、彼にとってすごく濃密で重要な時間だ。それは1週間に数時間くらいしか彼の注目を奪わないので（本業が50時間以上なのと比べて）、彼の活動時間の文字どおり5分の1を占めるわけではない。だが、最低でも20パーセントくらいには感じられる（あなたの主観でかまわない）。3種類の項目の相対的な重みに、正解も不正解もない。このツールの目的は、つくり手のあなたにとっての現状を理解し、できることならあなた自身のメーカー・ミックスをどう修正したいのかを明確にすることなのだ。
4. ひとつの役割でも、マップ上の位置が必ず1カ所に定まるとはかぎらない。その役割についてどう考え、説明するのか？　その役割はあなたにとってどう感じられるのか？　それによって、マップ上の位置が決まるのだ。ビルが教師としての役割を、ある課程で自分が教えている学生たちという観点から主にとらえるなら、「教師」を特定の位置にプロットするだろう。この10年間で教えてきた1000人の学生たちという観点から主にとらえるなら、それとは別の場所に変わるだろう。そして、自分のプログラムがほかの大学のデザイン教育をどう変えているのかという観点から主にとらえるなら、また別の位置になるだろう。どれも“正解”だ。すべては、ビルが自分のかかわっている相手やその役割の及ぼす影響についてどう考えるかによって決まるのだ。

第３章　解決すべき問題はなに？

1. www.gottman.com.
2. 大金を稼いでいる詩人の種類がひとつだけある。ボブ・ディランのようなソングライターや、ジェイ・Zのようなラッパーは、詩を儲かる商売へと変える方法を見つけた。し

かし、これは宝くじにあたるようなものだ。有名なラッパーになれるチャンスなんて100万にひとつしかない。予備のアイデアを用意しておいたほうがいいだろう。

第4章　オーバーワークを乗り越える

1. Mayo Clinic, "Job Burnout: How to Spot It and Take Action" (www.mayoclinic.org/healthy-lifestyle/adult-health/in-depth/burnout/art-20046642) を参照。

第5章　マインドセット、やり抜く力、働くひとの三つの心理的欲求

1. キャロル・S・ドゥエック『マインドセット「やればできる！」の研究』（今西康子訳、草思社、2016年）を参照。
2. 同13～14ページ（表記などの関係から引用せず、当方で訳をつけた）。
3. 同27ページより引用。
4. アンジェラ・ダックワース『やり抜く力 GRIT（グリット）――人生のあらゆる成功を決める「究極の能力」を身につける』（神崎朗子訳、ダイヤモンド社、2016年）の第6～9章を参照。
5. ダニエル・ピンク『モチベーション3.0――持続する「やる気！」をいかに引き出すか』（大前研一訳、講談社、2010年）の「はじめに」を参照。
6. E. L. Deci and R. M. Ryan, "The 'What' and 'Why' of Goal Pursuits," *Psychological Inquiry* 11, no. 4 (2000): 227–68.
7. コンピューターのマザーボードとは、メイン・コンピューター・チップであるCPUが、制御チップやメモリ・チップと並んで存在する場所だ。このマザーボードには、CPUやメモリを起動し、OSをロードする機能を確立するためだけのコードを搭載した「ブートROM」と呼ばれるものが存在する。WindowsやMacにはすべてブートROMがあるし、わたしたちの小さなコンピューターにもあった。シリコンバレーには、ブートROMが機能を確立し、ディスプレイが点灯したら、"Hello World" という文字を真っ先に表示する、という長い伝統がある。
8. Suzanne Lucas, "How Much Employee Turnover Really Costs You," *Inc.*, August 30, 2013, www.inc.com/suzanne-lucas/why-employee-turnover-is-so-costly.html.

第6章　あえて、権力と政治の話

1. Jim Holden and Ryan Kubacki, *The New Power Base Selling: Master the Politics, Create Unexpected Value and Higher Margins, and Outsmart the Competition*(Hoboken, NJ: Wiley, 2012).
   権力をテーマにした書籍はたくさんあるが、本章の政治に関する内容の主な情報源や参考

図書となったのが同書だ。これはセールスのトレーニング本だ。「セールスのトレーニング？　それとライフデザインにどんな関係があるの？」と思うかもしれない。

説明させてほしい。営業担当者の仕事とは、買い手が適切な判断を下し、自社の製品やサービスを購入してくれるよう後押しすることだ。優秀な売り手はリピート顧客を求める。そして、前回購入した製品やサービスに満足した顧客だけがリピート顧客になる。だから、優秀な売り手は、買い手に適切な購入判断をしてほしいのだ。難しいのは、営業担当者にはなんの権力もないことだ。見込み客になにかを買わせる権限なんていっさいない。だから、営業担当者にできるのは、買い手の購入判断に影響力を行使しようとすることだけだ。しかも、営業担当者の行使する影響力というのは、自分自身の影響力ではなく、購入組織の内部にいるほかのひとびとの影響力だ。このプロセスはすべて、ほかのひとびとを通じて間接的におこなわれる。そして、売り手はそれを部外者としておこなわなければならない。それを首尾よくおこなうのは至難のわざなので、一流の営業担当者は必然的に、健全な影響力を巧みに操る技術にたけている。成功する営業担当者は健全な政治を操る職人なのだ。

現実には、だれもがほかのひとびとの意思決定に影響を及ぼし、自分が重視する物事（たとえば、中華料理ではなくピザを食べに行くこと）をアピールするために大きな労力を費やしている。だからこそ、わたしたちのお気に入りの作家のひとり、ダニエル・ピンクは、『人を動かす、新たな３原則――売らないセールスで、誰もが成功する！』（神田昌典訳、講談社、2013年）を著したのだ。ある意味、だれもがセールスマン（ウーマン）だ。この点に興味のある方は、ぜひジム・ホールデンとピンクの両著書を読んでみてほしい。

第７章　仕事を辞めずに、デザインしなおそう！

1. www.gallupstrengthscenter.com を参照。テストは有料だが、わたしたちはこのテストを紹介したり、リンクを共有したりしてキックバックを受けとっているわけではないので、どうか安心してほしい。
2. https://www.gallup.com/cliftonstrengths/en/253790/science-of-cliftonstrengths.aspx.

第８章　仕事を上手に辞める

1. https://qz.com/955079/research-proves-its-easier-to-get-a-job-when-you-already-have-a-job/. この結論のもとになるデータは、Liberty Street Economics, https://libertystreeteconomics.newyorkfed.org/2017/04/how-do-people-find-jobs.html より。
2. イギリスの軍人で、少年少女のスカウト運動の創始者であるロバート・ベーデン＝パウエルの 1910 年ごろの言葉とされているが、真偽は不明。

第 10 章　フリーになる

1.『スタンフォード式　人生デザイン講座』邦訳 134 ページを参照。
2. https://uxmastery.com/how-to-create-a-customer-journey-map.
3. www.linkedin.com/pulse/mckinsey-study-concludes-automation-physical-knowledge-saf-stern/?articleId=6085882246508658688.

第 12 章　わたしたちの現在地は？

1. エリザベス・キューブラー・ロス『死ぬ瞬間——死とその過程について』（鈴木晶訳、中公文庫、改版、2020 年）を参照。
2. David Kessler, *Finding Meaning: The Sixth Stage of Grief* (New York: Scribner, 2019).

第 13 章　破壊的変化をデザインする

1. https://www.nytimes.com/2008/03/18/technology/18check.html. この記事によると、磁気搭乗券からバーコード式搭乗券への切り替えにより、2011 年に推定 5 億ドルのコストが削減されたという。搭乗券の印刷が不要な電子搭乗券への切り替えによるコスト削減は、それをはるかに上回る。https://adventure.howstuffworks.com/destinations/travel-guide/tips/how-airline-e-tickets-work.htm を参照。この記事によると、e チケットへの完全な切り替えにより、年間推定 30 億ドルのコストが削減される。電子搭乗券はその一部だ。
2. Katie Dowd, “Pinterest Pays $89.5 Million to Terminate San Francisco Office Lease,” SFGATE, August 30, 2020; https://www.sfgate.com/business/article/Pinterest-terminate-SF-office-lease-88-Bluxome-15525421.php.
3. Monica Buchanan Pitrelli, “The List of Countries Where Travelers Can Go Live and Work Remotely Is Growing,” CNBC, September 18, 2020; https://www.cnbc.com/2020/09/18/countries-that-gives-visas-to-remote-workers-during-covid-19-pandemic.html.
4. https://www.aetnainternational.com/en/about-us/press-releases/2020/lockdown-mental-health-pressures-hinder-work-productivity.html. エトナの同報告書はこう結論づけている。「医療保険や公衆衛生ソリューションを世界規模で提供する大手企業、エトナ・インターナショナルが依頼した、イギリス、アメリカ、シンガポール、アラブ首長国連邦の 4000 人以上のオフィスワーカーを対象とする最新の研究によれば、4 人に 3 人が、COVID-19 パンデミックに関連する精神衛生的なプレッシャーによってパフォーマンスや生産性が激減したと答えた。いちばんの影響を受けたのは、とくに若い世代であり、18 ～ 24 歳の 88 パーセントが同様の回答をした。この結果は企業にとって、COVID-19 の流行がはじまって

以来、労働者のパフォーマンスに悪影響を及ぼしてきた数々の要因にともなう、潜在的な重要問題を浮き彫りにしている。そうした問題のなかには、精神衛生の悪化（74パーセント）、長時間労働（70パーセント）、仕事と家庭生活の境界のあいまい化（67パーセント）、リモート・ワークの環境（66パーセント）などが含まれる」

5.『スタンフォード式　人生デザイン講座』の第3章「熱中できる道を探す」の邦訳109ページを参照。

6. https://www.fastcompany.com/90601567/how-covid-19-has-us-doing-more-in-less-time. オリジナルのデータは、Prodoscore, https://www.businesswire.com/news/home/20201217005250/en/Prodoscore-Research-Productivity-of-Remote-Workforce-Remains-Strong-During-Pandemic より。「データによると、2019年5～8月と2020年5～8月を比較して、生産性が5パーセント向上した。この事実は、在宅勤務の従業員はオフィス勤務の従業員より生産性が低い、というビジネス・リーダーたちの固定観念に疑義を投げかけた」

7. 以下に挙げる文法書も参照してみてほしい。このなかには、一般的な文法書と比べればさほど淡々としていないものもあるし、いまだに文章で苦労しているプロのライターの必携書もある（ストランクとホワイトなら、わたしたちが本書で多用しているダッシュ記号をどう思うだろう？）。

Mignon Fogarty, *Grammar Girl's Quick and Dirty Tips for Better Writing.* (New York: St. Martin's Griffin, 2008).

Verlyn Klinkenborg, *Several Short Sentences About Writing.* (New York: Knopf, 2012).

Geoffrey Leech, Benita Cruickshank, and Roz Ivanič, *The A–Z of English Grammar & Usage*, 2nd ed. (New York: Addison-Wesley Longman, 2001).

Patricia O'Conner, *Woe Is I: The Grammarphobe's Guide to Better English in Plain English*, 4th ed. (New York: Riverhead Books, 2019).

Steven Pinker, *The Sense of Style: The Thinking Person's Guide to Writing in the 21st Century.* (New York: Viking, 2014).

Michael Swan, *Practical English Usage*, 4th ed. (New York: Oxford University Press, 2017).

Lynne Truss, *Eats, Shoots & Leaves: The Zero Tolerance Approach to Punctuation.* (New York: Avery, 2004).

Jan Venolia, *Write Right! A Desktop Digest of Punctuation, Grammar, and Style*, 4th rev. ed. (New York: Ten Speed Press, 2001).

8. ビルは、デジタル・プロジェクターが登場する前の時代、つまりプレゼンテーションが実物のコダック・ウルトラマックス35mmフィルムのスライドを使ってつくられていたころを覚えている。1980年代、彼はそうしたスライドを作成するためのデスクトップ・カラー・スライド・メーカーを製造していた新興企業《スタートアップ》で働いていた（結局、破綻）。また、彼は1990年代に講義で使っていた旧式の“シート”もみんなとってある。これらはコピー機または手書きで作成され、オーバーヘッド・プロジェクターの上に置かれた。大

半は白黒で、画像はなく、フォントはヘルベチカ一択だった。ああ、懐かしい。
9. https://www.brainyquote.com/quotes/jeanluc_godard_108249.
10. Christopher Booker, *The Seven Basic Plots: Why We Tell Stories* (New York: Bloomsbury Continuum, 2019).
11. https://www.youtube.com/watch?v=762tbD11LxI.
12. https://rework.withgoogle.com/blog/five-keys-to-a-successful-google-team/.

第14章　ひとりの人間として働く

1. Gallup-Purdue Study Report—Big Six College Experiences Linked to Life Preparedness, https://news.gallup.com/poll/182306/big-six-college-experiences-linked-life-preparedness.aspx.
2. “The Bug” by Mark Knopfler, Dire Straits, 1991.

最後に　幸せの〝許可証〟を手にしよう

1. わたしたちの最初の著書『スタンフォード式　人生デザイン講座』をお読みになった方々のため、同書内でエピソードを紹介したひとびとのその後の人生を紹介しておこう。
　同書に登場した石好きの女の子、エレンは、まだ同じ会社で働いているが、3回の昇進を重ね、いまではかなり大きなグループを管理している。「当時は、5年後もこの会社で働いているなんて、予想もしませんでしたが、仕事を楽しいものにし、新しい物事を学ぶ機会を探しつづけています」。次は、とても一貫した人生を送るわたしたちの友人、ティムだ。彼は、安定した豊かな家庭生活を送るのにじゅうぶんなお金を稼ぐ方法をデザインした一方で、最大の趣味である音楽とカクテルづくりに時間を費やすだけの余裕と資源を築いた。20年以上、自社で頼れる指導者を務めてきた彼は、解雇され、当然ながら一時は進むべき方向を見失った。しかし、少しして、彼は人脈を強化し、たくさんのひとびとと話した結果、とうとう元同僚から、会社に未公開の求人があることを知らされた。彼は見事にその仕事を勝ちとり、かつての安定したライフスタイルとワークスタイルを再建すべく順調に歩んでいる。「最後の最後までどうなるかわからなかったけど、なんとか昇進と昇給を得たよ。行きづまりから抜けだす方法をデザインできて、本当にうれしい」

スタンフォード式《しき》　人生《じんせい》デザイン講座《こうざ》　仕事篇《しごとへん》

2022年10月20日　初版印刷
2022年10月25日　初版発行

＊

著　者　ビル・バーネット
　　　　デイヴ・エヴァンス
訳　者　千葉敏生《ちばとしお》
発行者　早川　浩

＊

印刷所　株式会社精興社
製本所　株式会社フォーネット社

＊

発行所　株式会社　早川書房
東京都千代田区神田多町2－2
電話　03-3252-3111
振替　00160-3-47799
https://www.hayakawa-online.co.jp
定価はカバーに表示してあります
ISBN978-4-15-210177-8　C0030
Printed and bound in Japan
乱丁・落丁本は小社制作部宛お送り下さい。
送料小社負担にてお取りかえいたします。

スタンフォード式 人生デザイン講座

DESIGNING YOUR LIFE
ビル・バーネット&
デイヴ・エヴァンス
千葉敏生訳
ハヤカワ文庫NF

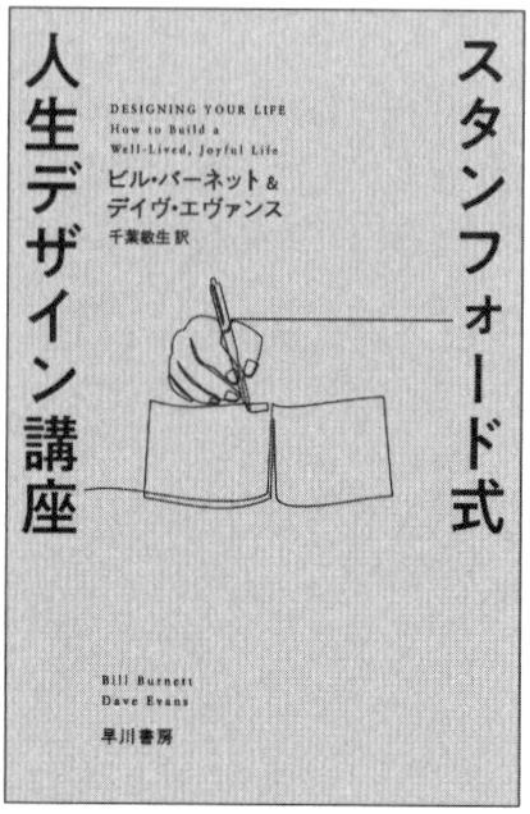

仕事がつまらない。就活がうまくいかない。退職後の生活が想像できない……。行きづまりにぶつかる人々を、スタンフォード大学発「幸福な人生のためのデザイン思考」で導く人気講座がここに。誰でもいつでも使えるデザイナー式解決策を説いたベストセラーに日本版序文を新規収録。『LIFE DESIGN』改題・文庫化

デジタル・ミニマリスト
スマホに依存しない生き方

DIGITAL MINIMALISM

カル・ニューポート
池田真紀子訳

ハヤカワ文庫ＮＦ

スマホに巧妙に仕掛けられた「依存の罠」を逃れ、仕事、勉強、趣味、何であれ「本当に大切なこと」に集中するために。一六〇〇人を対象にした「デジタル片づけ」実験が導き出したのは、デジタル・ミニマリストという生き方だった。気鋭の研究者が提唱する、全てオンラインの時代の生き抜き方。解説／佐々木典士

The Path

ハーバードの人生が変わる東洋哲学

――悩めるエリートを熱狂させた超人気講義

マイケル・ピュエット＆
クリスティーン・グロス＝ロー
熊谷淳子訳

ハヤカワ文庫ＮＦ

「この講義が終わるまでに、きみの人生は必ず変わる」そんな約束から始まる東洋思想の講座がハーバードで絶大な人気を誇っているのはなぜか？　カレッジ教授賞を受賞した有名教授が語る孔子や老子の真のメッセージが、悩めるエリート達の目を輝かせる。彼らの常識を覆した中国思想の教えとは？　解説／中島隆博

ハヤカワ・ノンフィクション

デザイン思考が世界を変える〈アップデート版〉

―イノベーションを導く新しい考え方―

CHANGE BY DESIGN REVISED AND UPDATED

ティム・ブラウン
千葉敏生訳

46判上製

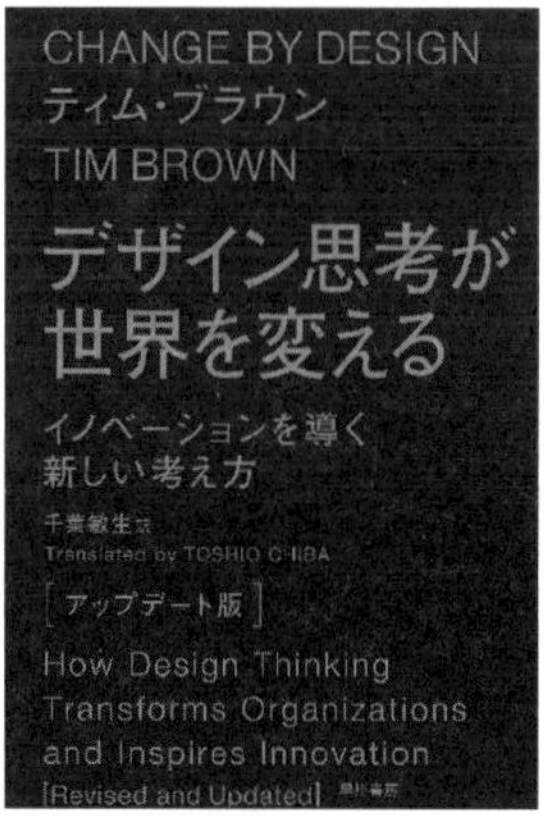

人々の隠れたニーズを探り出し、飛躍的発想で生活を豊かにする「デザイン思考」。その方法論を世界に広めた伝説的なデザインファームＩＤＥＯのＣＥＯによる名著が、刊行10年を機に内容を大幅刷新。ネットフリックスやツイッターなど最新の成功例を盛り込み、イノベーションを生み出すための秘訣を明かす